大学问

始于问而终于明

守望学术的视界

中国道路的
内生性逻辑

文明与革命

张城 著

广西师范大学出版社
·桂林·

文明与革命：中国道路的内生性逻辑
WENMING YU GEMING: ZHONGGUO DAOLU DE NEISHENGXING LUOJI

策划编辑	刘隆进
责任编辑	梁嗣辰　曾　翔
责任技编	伍先林
营销编辑	罗诗卉
书籍设计	阳玳玮［广大迅风艺术🌀］

图书在版编目（CIP）数据

文明与革命：中国道路的内生性逻辑 / 张城著. -- 桂林：广西师范大学出版社，2023.9（2024.2 重印）
ISBN 978-7-5598-6398-0

Ⅰ. ①文… Ⅱ. ①张… Ⅲ. ①中国特色社会主义－社会主义建设模式－研究 Ⅳ. ①D616

中国国家版本馆 CIP 数据核字（2023）第 178832 号

广西师范大学出版社出版发行
（广西桂林市五里店路9号　邮政编码：541004）
网址：http://www.bbtpress.com
出版人：黄轩庄
全国新华书店经销
广西民族印刷包装集团有限公司印刷
（南宁市高新区高新三路1号　邮政编码：530007）
开本：880 mm × 1 240 mm　1/32
印张：8.875　　字数：190 千
2023 年 9 月第 1 版　　2024 年 2 月第 2 次印刷
定价：68.00 元

如发现印装质量问题，影响阅读，请与出版社发行部门联系调换。

目 录

绪 论 文明、革命与道路的内生性逻辑 　　1
一、中华文明的革命传统 　　5
二、中国革命的文明自觉 　　10
三、中国道路的文明底蕴 　　19

第一章 马克思主义与中华文化早期会通的思想史考察 　　28
一、近代中国语境下马克思主义的早期传播 　　29
二、马克思主义与中华文化会通的"格义"之法 　　43
三、"格义"之法的思想史意义 　　62

第二章 "六经皆史"与马克思主义中国化 　　71
引言：一脉相承的经史问题意识 　　71
一、"六经皆史"：章学诚的经史观 　　76
二、思想之榫卯：从章太炎到范文澜的经史观 　　87
三、马克思主义中国化：毛泽东的"经史观" 　　106

四、尊经重史：经史观之方法论启示　　128

余论：道事之间——经史关系中的历史与信仰　　137

第三章　中国语境的社会主义启蒙叙事　　141

引言：中国语境下的启蒙叙事　　141

一、救亡产生启蒙——"启救亡之蒙"　　146

二、新文化启蒙运动——分道扬镳的价值抉择　　151

三、社会主义启蒙叙事——大众的觉醒与解放　　161

结语：中国梦语境下的社会主义新启蒙叙事　　180

第四章　重审现代政治思想史中的梁漱溟　　190

一、两难困境：独立于政权之理想与依附于政权之现实　　191

二、政治改革之前提：构建中国式新政治习惯　　195

三、市民社会：新社会组织构造之基础　　203

结语：中华文化因社会主义而复兴　　215

第五章　中国道路的方法论　　224

一、战前的自信：以中国为中心、以中国为方法　　226

二、清末的觉醒：以中国为中心、以西方为方法　　233

三、民初的西化：以西方为中心、以西方为方法　　239

四、延安的探索：以中国为中心、以西方为方法　　249

五、新时代的重塑：以中国为中心、以中国为方法　　263

后　记　　275

绪　论

文明、革命与道路的内生性逻辑

1944年7月14日，在延安访问的英国记者斯坦因向中共领袖提了一个非常尖锐的问题：中国共产党是"中国至上"还是"共产党至上"？对此，毛泽东毫不隐讳地答道："没有**中华民族**，就没有**中国共产党**。你还不如这样提问题，是**先有孩子**还是**先有父母**？这不是一个**理论问题**而是一个**实际问题**。……我们像其他国家的共产党一样，坚信马克思主义的正确性。当人们问我们是'共产党至上'还是'中国至上'时，可能指的就是这一点。可是，我们信奉马克思主义是正确的思想方法，这并不意味着我们忽视中国文化遗产。"[①]记者的提问可谓别有用心，认为共产党员既然自称是国际主义的马克思主义者，那基于原则立场自然既不会重视本民族自身利益，更不会尊重本土文明固有原理，

---

① 毛泽东：《同英国记者斯坦因的谈话》，载《毛泽东文集》第三卷，人民出版社，1996年，第191页。

把国际主义与爱国主义截然对立起来，似乎二者不可得兼。毫无疑问，中国共产党的指导思想当然是马克思主义，但共产党前面的"中国"二字却是其植根之母体①，中华民族和中华文明是其不竭的力量之源。毛泽东的回答确是掷地有声，以父子关系之形象譬喻（常识告诉我们，孩子是由父母所生）和实际先于理论之鲜明论断，深刻揭示了中国共产党的历史渊源与民族根性，深刻阐释了革命与文明的内生性逻辑关系。

中国共产党是近代以来历次中国革命斗争的忠实继承者和五四以来中国革命的坚强领导者，其血脉中流淌着鲜明的革命基因，革命党始终是中国共产党鲜明的身份意识。中国革命虽然深受俄国十月革命影响，但外因通过内因才能起作用，中国革命的发生发展有其民族内部的历史脉动和规律性②。正如中共中央决议所指出的那样："**革命不能输出，亦不能输入，而只能由每个民族内部的发展所引起。这是马克思列宁主义者从来所阐发的真**

---

① 亦如刘少奇在延安时期所言："我们共产党不是天上掉下来的，而是从中国社会中产生的。每个党员都是从中国社会中来的，并且今天还是生活在这个社会中。"见刘少奇《论共产党员的修养》，载《刘少奇选集》上卷，人民出版社，1981年，第103页。

② "十月社会主义革命不只是开创了俄国历史的新纪元，而且开创了世界历史的新纪元，影响到世界各国内部的变化，同样地而且还特别深刻地影响到中国内部的变化，但是这种变化是通过了各国内部和中国内部自己的规律性而起的。"见毛泽东《矛盾论》，载《毛泽东选集》第一卷，人民出版社，1991年，第303页。

理,中国共产党的实践,完全把这个真理证明了。"①中国共产党诞生于中华民族危难之际,与这个民族血肉相连,共产党员是从中国社会土壤中生长起来,亦与民族文明传统血肉相连,伟大的中华文明滋养沁润着生于斯长于斯的每一位共产党员。1943年7月1日《解放日报》社论特别指出:"中国共产党,就是这样**顺天应人**产生出来的。中国共产党的产生,既非'外来的',也不是几个人凭空制造出来的。它的所以发生,所以发展,所以没有人能把它取消得掉,那是因为**中华民族的历史发展要求有这样一个政党**。"②中国共产党诞生于中华大地是近代以来中国社会政治的时也势也,顺天应人,中国共产党是中华民族天命之"担道者",是中华文明五千年悠久传统内生性演化之结晶,承继了中华民族最基本的文化基因,与生俱来有着鲜明的中华文明特质。中国共产党领导之中国革命以马克思主义为指导,立足中华大地,依靠中国人民,是为着彻底解决近代以来文明蒙尘、国家蒙辱、人民蒙难之中国问题而生,始终致力于人民解放、民族独立与文明复兴。胡乔木晚年曾言及中国革命与中国文化之关系:"中国是东方大国,有自己本民族的悠久的文化。要不要把马克思主义中国化,怎样在中国实践马克思主义,发展马克思主义,

---

① 《中共中央关于共产国际执委主席团提议解散共产国际的决定》,载中共中央文献研究室、中央档案馆编《建党以来重要文献选编》第20册,中央文献出版社,2011年,第318页。
② 《中国共产党与中华民族——为中共二十二周年纪念而作》(《解放日报》1943年7月1日社论),载中共中央文献研究室、中央档案馆编《建党以来重要文献选编》第20册,第372页。

怎样在发展中把中国的历史文化与马克思主义有机地结合起来，增加新的内容，使之发展，做出贡献，确实是个问题。……**中国文化在中国革命中发挥了很大作用。**"①虽未能对此做出系统回答，但从延安时期起就长期在毛泽东身边工作的他更能敏锐觉察到此问题之重要性。中国革命虽是世界革命重要之一环，但首先是因文明蒙尘、国家蒙辱、人民蒙难问题而生，中国革命的目标必须先有中华民族的独立自主，中国人民的自由解放，和中华文明的重焕荣光，"我们中华民族有同自己的敌人血战到底的气概，有在自力更生的基础上光复旧物的决心，有自立于世界民族之林的能力"②。唯有在此基础上，爱国主义和国际主义才能真正有机统一，进而达到世界大同，实现共产主义。由此可见，在中国近代以来独特的社会政治语境中，革命、道路与文明并非互不相关甚至水火不容截然对立，而是有着深切的内生性逻辑关系。中国革命激活中华文明并使其焕发出强大生命力，中国道路赋予中华文明以现代力量；中华文明给予中国革命以中国风格与中国气派并使其牢牢扎根于中国大地，中华文明赋予中国道路以深厚文明底蕴。中国革命、中国道路是中华文明再造之前提，中华文明是中国革命、中国道路植根之母体。

---

① 胡乔木：《党史研究中的两个重要理论问题》，载《胡乔木传》编写组编《胡乔木谈中共党史》，人民出版社，2015年，第230—231页。
② 毛泽东：《论反对日本帝国主义的策略》，载《毛泽东选集》第一卷，第161页。

一、中华文明的革命传统

《中华人民共和国宪法》序言段首开宗明义："中国是世界上历史最悠久的国家之一。中国各族人民共同创造了光辉灿烂的文化，具有光荣的革命传统。"《宪法》乃国家根本大法，开篇序言的历史叙事即把新中国置身于伟大的中华文明历史传统之中，阐述了文明与革命的内生性逻辑：中国历史悠久，文明灿烂光辉，革命传统内蕴其中源远流长，历史—文明—革命的叙事逻辑由此清晰呈现出来，贯穿其中的历史主体则是中国人民。这段序言是1982年修改宪法时重新写入的，自然有其深思熟虑，但亦并非横空出世，而自有其经典出处，即源于毛泽东在《中国革命和中国共产党》中所言："在中华民族的几千年的历史中，产生了很多的民族英雄和革命领袖。所以，中华民族又是一个有光荣的革命传统和优秀的历史遗产的民族。"① 这篇雄文力图阐述的核心主旨即中国共产党领导中国革命的正当性亦即领导权问题②，作者把中国革命的正当性与领导权问题置于中华民族数千年历史文明脉络之中，让中国革命有了更加深远的历史纵深和更为深厚的文明底蕴，由此深刻反映了毛泽东思考中国革命问题的政治远见和

---

① 毛泽东：《中国革命和中国共产党》，载《毛泽东选集》第二卷，第623页。
② "中国革命的全部结果……就是无产阶级和共产党在全国政治势力中的比重的增长，**就是农民、知识分子和城市小资产阶级或者已经或者可能承认无产阶级和共产党的领导权**。"见毛泽东《中国革命和中国共产党》，载《毛泽东选集》第二卷，第650页。

宏大气象。

近代中国从太平天国运动始,直至义和团运动,各种运动风起云涌,但一般皆是以"造反""起义"或"光复"等相号召,很少以"革命"为旗帜。自孙中山沿用日人革命党之说以自喻起①,革命二字从此不胫而走,风靡华夏。之所以如此快速地为国人所接受,其因在于革命一词实属古已有之,于中华文明经史典籍中渊源有自。《易经·革卦·彖辞》曰:"天地革而四时成,汤武革命,顺乎天而应乎人。"革命之古典本义即是天命转移,王朝更化。正如有学者所言:从词源上考察,"革命"由"革"和"命"两个汉字组成,依据许慎的解释,古文"革"字上为"廿",下为"十",其含义是"三十年为一世而道更",即

---

① 冯自由在《革命逸史》中曾记载"革命"二字之由来:在清季乙未年(光绪二十一年,1895)兴中会失败以前,中国革命党人向未采用"革命"二字为名称。从太平天国以至兴中会,党人均沿用"造反"或"起义""光复"等名词。及乙未九月兴中会在广州失败,孙中山、陈少白、郑弼臣三人自香港东渡日本,舟过神户时,三人登岸购得日本报纸,中有新闻一则,题曰"支那革命党首领孙逸仙抵日"。孙中山语少白曰:"'革命'二字出于易经汤武革命,顺乎天而应乎人一语,日人称吾党为革命党,意义甚佳,吾党以后即称革命党可也。"按:日人初译英文 Revolution 为"革命",但揆诸易所谓汤武革命之本义,原专指政治变革而言,故曰革其王命,又曰王者易姓曰革命。自译名既定,于是关于政治上或社会上之大变革,咸通称曰革命。今国人遂亦沿用之。见冯自由《革命逸史》(上),东方出版社,2011年,第9页。孙中山晚年还曾对人谈起自己革命思想渊源于中华文明之道统:"我们中国有一个立国的精神,有一个自尧、舜、禹、汤、文、武、周公、孔子数千年来历圣相传的正统思想,这个就是我们中华民族的道统,**我的革命思想、革命主义,就是从这个道统遗传下来的。**我现在就是要继承我们中华民族的道统,就是继续发扬我们中华民族历代祖宗遗传下来的正统精神。"转引自李侃《孙中山与传统儒学》,《历史研究》1986年第5期。

"革"是指某种周期性更替。"命"的意思为君主下令,以形成某种秩序。又据《礼记·祭法》云:"大凡生于天地之间者皆曰命",这样"命"亦用于表示某种上天给予的秩序。所谓天命和性命都从天所赋予的这一层含义中引出。故"命"的意义在某种程度上和英文"order"相当。"革"与"命"两个字的连用,是表达某种秩序或天命的周期性变化。① 就一般意义而言,尤其诸如法国大革命之类暴力革命给人造成的固有印象,似乎革命与血雨腥风的暴力活动密不可分。中国古典的这种天命转移之革命的确时常伴随着暴力,但中华文明从不推崇暴力,更不主张以暴制暴。"子谓《韶》:'尽美矣,又尽善也。'谓《武》:'尽美矣,未尽善也。'"(《论语·八佾》)在孔子看来,尧舜以禅让实现权力之和平交替实属尽善尽美,是三代之理想,而武王以征伐实现天命转移虽是时势使然历史之道,然毕竟有暴力之面相,故夫子未能许之尽善。"不嗜杀人者能一之"(《孟子·梁惠王上》),"行一不义、杀一不辜而得天下,皆不为也"(《孟子·公孙丑上》),孟子亦认为施行仁政比之于暴力嗜杀更能征服民心而王天下,因此在应答齐宣王齐桓晋文之问时孟子坦诚直言:"仲尼之徒,无道桓、文之事者。"(《孟子·梁惠王上》)因此,对于《尚书·武成》"血流漂杵"之记载,孟子并不认同,在他看来,"尽信《书》,则不如无《书》。吾于《武成》,取二三策而

---

① 金观涛、刘青峰:《中国当代思想形成的历史结构》,载潘公凯主编《自觉与中国现代性的探询——中国现代美术之路系列研讨会文集之一:香港研讨会》,人民出版社,2010年,第70—71页。

已矣。仁人无敌于天下,以至仁伐至不仁,而何其血之流杵也"(《孟子·尽心下》)。孟子并非真迂远而阔于事情,这正体现了孟子的革命正义观。暴力本身并没有正当性,如果说暴力革命是历史进步进程中不可避免的必要之恶,那其背后必须有指向顺天意应人心之德性目的,这样革命才具有正当性①。自殷周之变以来,在上之统治者逐渐有了人文主义之觉醒,深刻意识到"天命靡常"(《诗经·大雅·文王》),"皇天无亲,惟德是辅"(《左传·僖公五年》),天子受之于天命而居天子之位的正当性,必须"以德配天""敬德保民","德"与"民"是天命所归之核心指向,而天命转移之革命则是失德于天、失信于民。昏暴之君虽窃居天子之位而无应有之德,"德不配位",民心尽失,由此天命转移之革命才并非一般意义上易姓改号的政权更迭,而是具有了古典德性之正当性。《孟子·梁惠王下》曾载:"齐宣王问曰:'汤放桀,武王伐纣,有诸?'孟子对曰:'于传有之。'曰:'臣弑其君,可乎?'曰:'贼仁者谓之贼,贼义者谓之残;残贼之人谓之一夫。闻诛一夫纣矣,未闻弑君也。'"宋儒朱熹对此作了如下注解:"《书》曰:'独夫纣'。盖四海归之则为天子,天下

---

① 对于革命中出现的这种暴力性,有学者即指出:"唯有摧折扫荡一切阻碍的革命,方能实现上述目标。但正因其摧枯拉朽之势,其中亦有暴力、杀戮和黑暗,有无辜者的鲜血和死亡,这是历史的现实。但历史从来不是可以用简单的道德判断便能加以通约解释的。即便在'武王领导的当时的人民解放战争'中,也有类似伯夷、叔齐这样的无辜者死去。这是最正义的革命也不得不付出的代价。对于革命中无辜受难者最好的纪念,不是去否定革命的意义,恰恰在于认同并捍卫革命的成果,让他们的死不至归于空虚。"见白钢、丁耘、韩潮等《中国道路与马克思主义》,中国人民大学出版社,2015年,第63页。

叛之则为独夫。"强调的仍是民心即天道。桀纣虽窃居天子之位，而德不配位天命已失，实属独夫民贼，汤武放伐则是替天行道，回归天命之常道，而非以暴易暴、犯上作乱之弑君篡夺。管仲曾对齐桓公言道："禹平治天下，及桀而乱之。汤放桀，以定禹功也。汤平治天下，及纣而乱之。武王伐纣，以定汤功也。且善之伐不善也，自古至今，未有改之。"（《管子·中匡》）汤武革命是替天行道顺应民心，重定禹汤之功，回归三代之道。由此可见，革命所带来之天命转移，不是简单的异姓改号、王朝更迭，并非"肉食者谋之"，而是有着强烈的古典政治之德性目的，是复归三代以来天地之常道，各正性命，各归其位，重塑天下之秩序。

"三代之得天下也以仁，其失天下也以不仁。"（《孟子·离娄上》）三代之所以成为士人君子的"理想国"，就在于树立了一个古典政治的德性正义秩序，而革命之功用则是对现实政治始终能保持巨大之威慑，如在上者荒淫无道失德失民，天命就会转移，革命则可随时随地揭竿而起，纠偏校正使其复归常道。革命看似王朝颠覆造成历史断裂，实则有其德性仁义之指引，是对常道之坚守。"殷因于夏礼，所损益，可知也；周因于殷礼，所损益，可知也。其或继周者，虽百世，可知也。"（《论语·为政》）孔子并非预言家，而是深知历史损益之常道，历史进程虽变化无穷，但又万变不离其宗，损益之中有常道，所以百世可知者常道也，而非历史变化之具体实际与细微末节。革命即蕴含于历史损益之中，体现了继承与变革的有机统一。"三代之所以为三代的道理，正是革命原理的体现，或者说，三代之所以成为理想，正是为了确立革命的原理……'革命'是经由损益而实现的主体的历史贯通，而不是另一种历史的开端。"①因此，无论孙中山起初有意以经史典籍为人心基础相袭沿用革命一词，还是毛泽东匠心独运把中国革命置于伟大的民族历史文明传统之中，皆有其深谋远虑远见卓识，力图贯通革命与文明，赋予中国革命以历史纵深与文明底蕴，让革命具有古典之常道、德性之正义。

二、中国革命的文明自觉

新中国建政前夕，毛泽东曾有自信豪迈之言："自从中国人学会了马克思列宁主义以后，中国人在精神上就由被动转入主动。从这时起，近代世界历史上那种看不起中国人，看不起中国文化的时代应当完结了。**伟大的胜利的中国人民解放战争和人民大革命，已经复兴了并正在复兴着伟大的中国人民的文化。**"②伟大的中国革命不仅没有中断伟大的中华文明，反而以马克思主义的真理力量激活其伟大的生命力，使中华文明再次得以复兴再造，并焕发出更为强大的精神力量。中国革命植根于中华大地，吸吮着五千年文明之养分，有一种深刻的文明自觉。

早在清末民初之际，为了寻求反清革命之正当性，早期革命者试图从历史传统中找寻思想资源。章太炎即直言不讳："辛亥

---

① 张志强等：《人民共和国的文明内涵》，《开放时代》2018年第1期。
② 毛泽东：《唯心历史观的破产》，载《毛泽东选集》第四卷，第1516页。

革命排满,就是由历史来的,不是由学理来的。"①认为革命自有渊源于悠久历史文明之传统。"吾所谓革命者,非革命也,曰光复也,光复中国之种族也,光复中国之州郡也,光复中国之政权也。以此光复之实而被以革命之名。"②这种光复,即是以革命方式获取政权,回归天地之常道,恢复天下本有之秩序。1929年历史学家周予同即在《康有为与章太炎》一文中深刻指出中华文明与中国革命的这种内生性逻辑关系:"中国革命思想的萌芽,不出于全部民众之事实的需求,而由于少数青年之情感的冒险;而指导这少数青年从事革命之学术思想,则又不是出发于美国独立与法国革命的理论,而是出发于中国固有的常州经今文学派与浙东史学派的学术。"③革命军中马前卒的邹容在《革命军》中更是直接区分了"文明之革命"与"野蛮之革命":"野蛮之革命,有破坏无建设,横暴恣肆,适足以造成恐怖之时代,如庚子之义和团,意大利之加波拿里,为国民增祸乱。文明之革命,有破坏有建设,为建设而破坏,为国民购自由、平等、独立、自主之一切权利,为国民增幸福。"④野蛮革命破旧而不立新,纯粹的暴力缺乏正当性,而文明之革命则是破旧立新,暴力背后有其革命正

---

① 章太炎:《历史的价值》,载《章太炎全集·演讲集(上)》,上海人民出版社,2015年,第291页。

② 姜义华、朱维铮编:《章太炎选集》,上海人民出版社,1981年,第292页。

③ 朱维铮编:《周予同经学史论著选集》,上海人民出版社,1983年,第108页。

④ 邹容:《革命军》,载张枬、王忍之编《辛亥革命前十年间时论选集》(第一卷·下册),生活·读书·新知三联书店,1960年,第665页。

义之指向，这是文明革命的初步自觉。十月革命后面对苏俄革命之胜利，李大钊把社会主义革命视为一种新文明："吾人对于俄罗斯今日之事变，惟有翘首以迎其世界的新文明之曙光。"[①]伴随对世界各国革命之观察与对中国革命之深入思考，他明确提出社会主义与国情相结合的命题："社会主义的理想。因各地、各时之情形不同，务求其适合者行之，遂发生共性与特性结合的一种新制度（共性是普遍者，特性是随时随地不同者），故中国将来发生之时，必与英、德、俄……有异。"[②]在此基础上李大钊把文明与革命深相结合起来，充分运用历史文化资源构建革命理论，提出人道主义和社会主义、个性解放和大同团结相统一的社会理想，力图构建"第三新文明"[③]，由此中国革命的文明意蕴已彰明较著。1920年春天就在青年毛泽东深受马克思主义与苏俄革命影响之重要时节，其心中已初步萌发出关于中国革命的文明自觉。在给同学周世钊信中曾从世界文明史的高度看待中国革命，展现了其远见卓识："世界文明分东西两流，东方文明在世界文明内，要占个半壁的地位。然东方文明可以说就是中国文明。吾人似应先研究过吾国古今学说制度的大要，再到西洋留学才有可资比较的东西。""吾人如果要在现今的世界稍为尽一点力，当然

---

① 李大钊：《法俄革命之比较观》，载《李大钊全集》第二卷，人民出版社，2013年，第332页。

② 李大钊：《社会主义与社会运动》，载《李大钊全集》第四卷，第248页。

③ "由今言之，东洋文明既衰颓于静止之中，而西洋文明又疲命于物质之下，为救世之危机，非有第三新文明之崛起，不足以渡此危崖。"见李大钊《东西文明根本之异点》，载《李大钊全集》第二卷，第311页。

脱不开'中国'这个地盘。关于这地盘内的情形，似不可不加以实地的调查，及研究。"[1]俄国十月革命后，中国共产党所领导的中国革命虽属于世界社会主义革命的时空范畴，但有其自身鲜明的民族特点和文化传统。中国历史深远悠久，的确是精华与糟粕并存，现代中国革命诞生于五四新文化运动之际，以反对旧传统旧道德旧伦理相号召，陈独秀即把伦理觉悟视为"吾人最后觉悟之最后觉悟"。但中国共产党人不是历史虚无主义者，亦不是文化虚无主义者，而是马克思主义的历史主义者，在其领导之下的中国革命从不主张割断历史，而是"尊重自己的历史"，有着深刻的历史文明自觉，十分注意汲取从孔夫子到孙中山伟大历史传统中的积极养分，不断推进马克思主义中国化，不断推进中华文明现代化。延安时期中共中央文件明确指出：**"中国共产党人是中华民族最优秀的子孙**……是我们民族一切文化、思想、道德的最优秀传统的继承者，**把这一切优秀传统看成和自己血肉相连的东西，而且将继续加以发扬光大。"**[2]并且与无产阶级革命的欧洲模式与苏俄模式不同，中国共产党虽是中国工人阶级的先锋队，具有一般意义上的无产阶级的**阶级先进性**，如"最有觉悟""最有预见""能够看清前途"等，但同时亦十分自觉地认为党是中国人民和中华民族的先锋队，共产党员与中华民族血肉相连，是

---

[1] 毛泽东：《致周世钊信》，载《毛泽东早期文稿》，湖南人民出版社，2008年，第428页。
[2] 中共中央文献研究室、中央档案馆编：《建党以来重要文献选编》第20册，第318页。

民族文化思想道德最优秀传统的继承者，具有**道德先进性**，如注重德性修养，提倡自我批评，提倡艰苦奋斗、谦虚谨慎不骄不躁，强调"全心全意"，保持党同人民群众的"血肉联系"，等等，这些都具有非常鲜明的中华文明特质。中国共产党非常注重从中华文明中汲取思想资源涵养道德先进性，老一辈革命家在中华传统文化修养功夫方面普遍比较深，尤其是延安时期毛泽东的"老三篇"（《纪念白求恩》《为人民服务》《愚公移山》），刘少奇的《论共产党员的修养》等就是这方面的杰作。由此可见，中国革命有一种深刻的文明自觉，中国共产党这种深刻的文明主体性与文明自觉意识，可以说把中国革命从严重脱离中国历史实际和革命实际的教条主义危机中拯救出来，使革命深深扎根于中华文明沃土之中，具有了内生性的中国文明特质，由此才能把真理本土化，才能具有人民大众所喜闻乐见的中国作风和中国气派，进而深入人心，"唤起工农千百万，同心干"，重塑中国的社会组织结构，实现中国历史上亘古未有的超大规模的民族革命动员。

1944年美国记者福尔曼赴延安等地进行采访，通过5个月深入的观察思考，他得出一个鲜明结论："共产党员极端注重他们的文化。"认为这或许就是中国共产党能把自己的根深植于中国最广大民众之中的谜底之一。历史学者杜赞奇对延安时期革命与文明的这种内在关系作了深入阐释："和现代社会中其他的民族国家一样，新中国政权依然有联结过去与将来的需要……值得注意的是，当民族国家遭受外部竞争者或者入侵者的威胁之时，关于过去的种种才会被重新提出，以适应学习和传播的需要。在抗日战争时期,当中共与国民党形成联合统一战线,需要团结大量民众为民族事业而奋斗之时,似乎更倾向从内部看社会本身。一批五四运动中十分激进的知识分子,如何炳松和冯友兰,转而倾向以中国为中心的历史观,而马克思主义在史学领域中变得越来越有影响力。这也是中共试图从民俗和大众文化中寻根的时期。"[1]与毛泽东有过多次深入思想交锋的梁漱溟,其一生始终以"认识老中国,建设新中国"为宗旨,在面对中共革命取得巨大成功之际,心中百思而不得其解,力图从中国历史文化视角理解中共革命成功之道。在他看来,中国共产党作为无产阶级政党,其"有形的好条件",即其阶级基础中国产业工人力量甚为薄弱,这对于中共革命十分不利,却通过革命斗争锻造了十分重要的"无形的好条件",即舍生忘死的无产阶级革命精神。"无产阶级精神视我传统习俗为高,学他则精神向上提振,**同时它又和我固有精神初不相远,中国人很容易学得来,无产阶级革命在中国之能够取得如此成就实与此有莫大关系。**"[2]这种无产阶级精神"却正是中国人所早成为好尚的东西——仁与义"。中国共产党以无产阶级精神名义相号召,"对于中国人确还是投其所好"。[3]"世界唯独中国有些大量非无产阶级的人被改造得无产阶

---

[1] 杜赞奇:《历史意识与国族认同》,李盼盼等译,世纪出版集团、上海人民出版社,2013年,第93页。
[2] 梁漱溟:《中国——理性之国》,《梁漱溟全集》第4卷,山东人民出版社,2005年,第340页。
[3] 梁漱溟:《中国建国之路》,《梁漱溟全集》第3卷,第405页。

级化,则是有老中国社会为其根柢,并非一时间偶然奇遇。"①在梁漱溟看来,中共革命是以人的无产阶级化为基础,把中国文化中的仁义传统与无产阶级精神进行了互融,由此从学理上贯通了革命与文明的内生性关系。法国著名历史学家布罗代尔对中共革命亦有深入的观察与思考,深刻阐述了中国革命与中华文明的这种内生性关系:"现在的中国虽然初看上去是全新的和革命性的,但实际上与一个漫长而荣耀的传统联系在一起,这种传统在共产主义实验开始之前那一让人悲哀的世纪(1840—1949年)受到了重创。"在他看来,一方面中国革命激活了伟大的中华文明,"中国决心成为一个大国……通过这场震惊世界的革命,她重新发现了其原有的作为一个伟大文明的荣誉和尊严"。"在非常短的时间里,这一活着的最古老的文明就变成了所有欠发达国家中最年轻、最活跃的力量。"与此同时,另一方面中华文明又给予中国革命以丰厚营养,中国革命"所有这些仰赖的都是中国生活和中国文明的某些基本特征,没有这些东西,一切都是不可能的"。"她能够依赖其历史悠久文明的最长久、最坚固的特征"。②对毛泽东领导的中国革命有过深入思考的日本思想史家沟口雄三亦对文明与革命的这种内生性关系做了精辟论述:"革命反对了儒教,但是却以'民生主义'、'共产主义'的形式承续了天的统治理念('大同'和'均'),也就是说,儒教的统治理念和相

---

① 梁漱溟:《中国——理性之国》,《梁漱溟全集》第4卷,第309页。
② 费尔南·布罗代尔:《文明史纲》,肖昶等译,广西师范大学出版社,2003年,第212—215页。

互扶助的伦理在革命之后也作为国家理念和社会主义伦理被分别继承。从外观上看,也就是从'景观'上看,中国历史是不连续的,而如果沿着内在的理路去透视它,那么会意外地发现很多非直观意义上的连续性。激烈地反对儒教的毛泽东革命,正是在这种非直观的意义上,以断裂的方式把儒教伦理转化为社会主义的伦理。如果在直观的'景观'上,我们大概很难看到这样的结构关联性。"[1] 中国革命看似造成历史之断裂,实则是以其独特方式保存了中华文明之理的连续性,使得中华文明在社会主义革命建国的夙愿中获得新图景。

就在《新民主主义论》中,毛泽东为中国共产党指明了奋斗前进之方向:"我们共产党人,多年以来,不但为中国的政治革命和经济革命而奋斗,而且为中国的**文化革命而奋斗**;一切这些的目的,在于建设一个中华民族的新社会和新国家。在这个新社会和新国家中,不但有新政治、新经济,而且有新文化。这就是说,我们不但要把一个政治上受压迫、经济上受剥削的中国,变为一个政治上自由和经济上繁荣的中国,而且要把一个被旧文化统治因而愚昧落后的中国,**变为一个被新文化统治因而文明先进的中国**。一句话,我们要建立一个新中国。建立中华民族的新文化。"[2] 政治革命、经济革命之后还有一个鲜明的文化革命,革命之最终目的是要建立中华民族的新文化,有一个文明中国之理

---

[1] 沟口雄三:《中国的冲击》,王瑞根译,孙歌校,生活·读书·新知三联书店,2011年,第215页。
[2] 毛泽东:《新民主主义论》,载《毛泽东选集》第二卷,第663页。

想。在新中国诞生之际的政协第一届全体会议上,毛泽东作了令人心潮澎湃之憧憬:"随着经济建设的高潮的到来,不可避免地将要出现一个文化建设的高潮。中国人被人认为不文明的时代已经过去了,**我们将以一个具有高度文化的民族出现于世界。**"①中华民族是古老而伟大的民族,创造了绵延五千多年的灿烂文明,为人类文明进步作出了巨大贡献。中华民族与中华文明可谓同位语,只有中华文明得以复兴,中华民族才能由此获得文明主体性、精神独立性,才能真正屹立于世界之东方。在毛泽东看来,那些一向以文明自诩的帝国主义者,却是横行霸道,肆意欺压剥削侵占他国,他们不但配不上文明的称号,而且简直就与野蛮无异。与此截然不同,中国革命始终秉持古典文明的道义性,有强烈的文明自觉意识,毛泽东经常引用孟子的"春秋无义战"来说明帝国主义的横行霸道②,而文明国家是不能随意欺压侵占他国的。"帝国主义占领我们中国,这就很野蛮。我们中国过去、现在都没有占领别的国家,将来也不会去占领美国、英国作殖民地,**所以我们始终是文明国家。**"③文明中国是中国人民和中华民族先锋队的历史使命,继承五千年中华文明的中国共产党可谓**文明型政党**,其领导之中国革命则是**文明型革命**,中国革命具有高

---

①毛泽东:《中国人从此站立起来了》,载《毛泽东文集》第五卷,人民出版社,1996年,第345页。

②毛泽东:《论反对日本帝国主义的策略》,载《毛泽东选集》第一卷,第161页。

③毛泽东:《同黑非洲青年代表团的谈话》,载《毛泽东文集》第七卷,人民出版社,1999年,第382页。

度的文明自觉，始终致力于贯通文明与革命，致力于文明国家的奋斗目标，致力于建设中华民族现代文明。

三、中国道路的文明底蕴

数千年来，中华民族走着一条不同于其他国家和民族的文明发展道路。中国特色社会主义道路之开辟并非偶然，是由中华文明五千年历史传承和文化传统决定的。只有立足波澜壮阔的中华五千多年文明史，才能真正理解中国道路的历史必然、文明内涵与独特优势。习近平总书记深刻指出："我们走中国特色社会主义道路，一定要推进马克思主义中国化。如果没有中华五千年文明，哪里有什么中国特色？如果不是中国特色，哪有我们今天这么成功的中国特色社会主义道路？我们要特别重视挖掘中华五千年文明中的精华，弘扬优秀传统文化，把其中的精华同马克思主义立场观点方法结合起来，坚定不移走中国特色社会主义道路。"[①]"中国特色社会主义道路，是在马克思主义指导下走出来的，也是从5000多年中华文明史中走出来的。"[②]中国道路之所以不同于无产阶级社会主义革命的欧洲道路和苏联道路，关键即在于中国共产党把马克思主义基本原理同中国具体实际相结合、同

[①]《闽山闽水物华新——习近平福建足迹》（下），人民出版社、福建人民出版社，2022年，第504页。

[②]《赓续历史文脉　谱写当代华章——习近平总书记考察中国国家版本馆和中国历史研究院并出席文化传承发展座谈会纪实》，《人民日报》，2023年6月4日第1版。

中华优秀传统文化相结合,即"两个结合",**赋予中国道路以革命之现实性和文明之主体性。**

不忘历史才能开辟未来,善于继承才能善于创新。只有坚持从历史走向未来,从延续民族文化血脉中开拓前进,中国道路才能行稳致远。中国共产党从成立之日起,既是中国先进文化的积极引领者和践行者,又是中华优秀传统文化的忠实传承者和弘扬者。延安时期,党中央就已明确提出要把马克思列宁主义和中国革命实践、中国历史、中国文化深相结合起来,非常注重从五千年中华文明中汲取营养,这可谓是我们党的第一次文明自觉。在战争环境之下,历史赋予革命的中心任务是民族独立人民解放,建国后又迫于严峻的国内外形势,新生的人民政权如何站住站稳则是首要任务,在继承弘扬中华优秀传统文化方面虽作了努力与尝试,但的确做得还不够充分,不够彻底。改革开放后,我们也十分强调物质文明与精神文明两手抓、两手硬,注重从优秀传统文化中汲取思想资源,但时代赋予的中心任务的确是经济建设,带领人民致富奔小康。胡乔木晚年曾言:"延安时期毛泽东同志提出要有计划地研究中国的历史文化,但没有完成。我们不能责备前人,因为那时没有这样的条件。全国解放后,虽然有了条件,但很可惜,应该做的努力做得很差。没有集中很大的力量来做深入的探讨工作,这有待于今后,还有很长的路要走。"[①]的确,中国道路一路走来,虽然每个阶段对中华文明都有一定的

[①] 胡乔木:《党史研究中的两个重要理论问题》,载《胡乔木谈中共党史》,第231页。

理论自觉，但的确有其时代赋予的中心任务，这亦是如中国这样后发现代化国家走向现代化的必由之路。亨廷顿即认为后发现代化国家走上现代化道路有三种选择：一是尽弃本国传统，全盘西方化；一是因原教旨主义态度为了反西方化而反现代化；一是追求现代化但拒绝西方化。最后一种类型在现代化过程中又可分为两阶段：早期阶段，在西方化的过程中促进了现代化；但在成熟阶段，则因经济发展到一定程度必然有一种"去西方化"和复兴"本土文化"的要求。"在变化的早期阶段，西方化促进了现代化。在后期阶段，现代化以两种方式促进了非西方化和本土文化的复兴。在社会层面上，现代化提高了社会的总体经济、军事和政治实力，鼓励这个社会的人民具有对自己文化的信心，从而成为文化的伸张者。在个人层面上，当传统纽带和社会关系断裂时，现代化便造成了异化感和反常感，并导致了需要从宗教中寻求答案的认同危机。"[1]只有国力逐渐走向强大，文化自卑才会散去，认祖归宗的意愿才会凸显，才会重新认识固有文明之价值，进而增强文化认同感与民族自豪感，产生文化自信。中国道路的历史发展确亦如此，随着改革开放一路走过来，随着正确的中国特色社会主义思想、社会主义道路的建立，随着我们在实践中真正证明这条道路是正确的，文化自信随之而来。一方面，中国道路的成功实践为文化自信提供了雄厚的现实物质基础；另一方面，文明的基因密码内蕴于中华民族的血脉之中，为中国道路的

---

[1] 塞缪尔·亨廷顿：《文明的冲突与世界秩序的重建》，新华出版社，2010年，第55页。

成功开拓与不断推进提供了深厚的文化软实力。正如习近平总书记所言:"中国走上这条道路,跟中国文化密不可分。**我们走的中国特色社会主义道路,它内在的基因密码就在这里,有中华优秀传统文化这个基因。**所以我们现在就是要理直气壮、很自豪地去做这件事,去挖掘、去结合中华优秀传统文化,真正实现马克思主义中国化时代化。"并特别指出,"强调'两个结合',这是新时代中国特色社会主义原创性的"。①

当前,世界正经历百年未有之大变局,处于大发展大变革大调整时期,世界之变、时代之变、历史之变正以前所未有的方式展开。世界多极化加速推进,"西强东弱"的现实短期内虽不可能有多大改变,但"东升西降"之历史潮流却是大势所趋,时与势在我们一边,这是我们定力和底气所在,也是我们的决心和信心所在。随着综合国力的显著提升,中国日益走近世界舞台中央,在全球治理体系中所承担的角色日益重要,发挥的作用日益凸显。但如果把中国的发展复兴仅仅视为又一个如美国霸权主义之类民族国家的崛起,那则是对于文明中国之误解误读,亦会于世界范围内引起新的恐惧与不安。作为中华文明标志性符号的万里长城就是和平之象征,中华文明历来主张和而不同,所具有的突出特性之一就是和平性,中国道路深深植根于中华文明沃土,具有深厚的文明底蕴,这就从根本上决定了中国始终是世界和平的建设者、全球发展的贡献者、国际秩序的维护者,决定了中国

---

① 《"就是要理直气壮、很自豪地去做这件事"——微镜头·习近平总书记参加党的二十大广西代表团讨论》,《人民日报》,2022年10月19日第1版。

不断追求文明交流互鉴而不搞文化霸权,决定了中国不会把自己的价值观念与政治体制强加于人,决定了中国坚持合作、不搞对抗,决不搞"党同伐异"的小圈子。"中华文明传承的是和平和睦和谐的理念,中国没有对外侵略扩张的基因……新中国成立70多年来,中国没有主动挑起过任何一场战争和冲突,没有侵占过别国一寸土地,是唯一将和平发展写入宪法和执政党党章、上升为国家意志的大国。"[1]西方很多思想家亦是从突出的和平性来看待中国历史和中华文明,如美国历史学家马兹利什在《文明及其内涵》中即认为,"就西方人而言,经济上的贪婪、传教的渴望和科学求知的探索热情持续推动着他们跨越边界","将自己的文化和文明散播出去","中国是一个大陆文明,除了控制一些朝贡国,它认为没有必要向外扩展自身势力和传播自身的价值观念","从未想过'入侵'世界上其他地区"。[2]西方根深蒂固的意识形态是唯我独尊的文明观,有一种所谓"普世价值"的自负情结,始终有传教殖民的内在冲动,甚至不惜以战争野蛮征服之方式传播所谓的文明,然而中国人的意识深处则始终是和而不同的文明观,从来没有传教的想法,如《礼记·曲礼上》所言:"礼闻来学,不闻往教",孔颖达对之注疏曰:"凡学之法,当就其师处北面伏膺;不可以屈师亲来就己。"以暴力征伐进而

---

[1] 习近平:《汇聚两国人民力量 推进中美友好事业——在美国友好团体联合欢迎宴会上的演讲》,《人民日报》,2023年11月17日第2版。
[2] 布鲁斯·马兹利什:《文明及其内涵》,汪辉译,刘文明校,商务印书馆,2020年,中文版序言、第36页。

殖民掠夺,则更是闻所未闻,正所谓"诸侯用夷礼则夷之,进于中国则中国之"①。在美国政治学者基辛格看来,与欧洲文明的传教殖民本性迥然不同,在中国郑和下西洋的时代,欧洲探险时代尚未开始,中华文明历史上既不侵略,亦不传教:"在宋朝(公元960—1279年),中国的航海技术即居世界之首,其舰队本可以将中国带入一个探险和征服的时代。然而,中国没有攫取海外殖民地,对大海另一边的诸国并无探知的兴趣。中国也没有提出过跋涉重洋向未开化之地推行儒家学说或佛教的理论。"②中华文明始终主张以德服人、以文化人,"远人不服,则修文德以来之"(《论语·季氏》)。因此,如不从源远流长博大精深的中华文明来认识中国,就不可能理解古代中国,也不可能理解现代中国,更不可能理解未来中国。中国道路植根于中华文化沃土、反映中国人民意愿、适应中国和时代发展进步要求,有着深厚历史渊源和广泛现实基础。因此,只有从中华五千年文明史的角度才能更好认识中国道路的深厚文明底蕴。正如习近平总书记所言:"在五千多年漫长文明发展史中,中国人民创造了璀璨夺目的中华文明,为人类文明进步事业作出了重大贡献。西方很多人习惯于把中国看作西方现代化理论视野中的**近现代民族国家,没有从五千多年文明史的角度来看中国**,这样就难以真正理解中国的过

---

① 韩愈:《原道》,载曾国藩编纂《经史百家杂抄》(上册),中华书局,2013年,第54页。
② 亨利·基辛格:《论中国》,胡利平等译,中信出版集团,2015年,第4—5页。

去、现在、未来。"①并且深刻阐述了中国道路的文明自信："中华民族对全人类要有更大的贡献。五千多年的文明史，现在还在往前探源，我相信，我们的文明史更悠久。传到现在，要继续往下传。不要变成中国的月亮是西方过来的，中国的太阳也是西方过来的，那不行。我们的文化在这里啊！是非常文明的、进步的、先进的。将来传下去，还要传五千年，还不止五千年。"②因此，今天我们要更好地展现可信、可爱、可敬的中国道路形象，就必须坚守中华文化立场，提炼展示中华文明的精神标识和文化精髓，加快构建中国话语和中国叙事体系，讲好中国故事、传播好中国声音，增强中华文明传播力影响力。

百余年来，中国共产党领导开辟的中国道路，是在我国历史传承、文化传统、经济社会发展的基础上长期发展、渐进改进、内生性演化的结果。习近平总书记鲜明指出："中国的发展有自身的逻辑和规律"，"中国的发展壮大有内生逻辑"。③革命战争时期，毛泽东以其宏大气象和政治远见写就《中国革命和中国共产党》，把中国革命置于中华文明数千年历史脉络之中，赋予中国革命深远的历史纵深和深厚的文明底蕴，力图以此阐述中国共产党领导中国革命的正当性亦即领导权问题。时间进入新时代，

---

① 习近平：《把中国文明历史研究引向深入，增强历史自觉坚定文化自信》，《求是》2022年第14期。

② 《推动中华文明重焕荣光——微镜头·习近平总书记考察"一馆一院"并出席文化传承发展座谈会》，《人民日报》，2023年6月5日第1版。

③ 《习近平同美国总统拜登举行中美元首会晤》，《人民日报》，2023年11月17日第1版。

今天的中国共产党人更有责任赓续好中华民族源远流长独树一帜的文明传统，传承好民族血脉之中的文化基因，写好新时代"**中国道路和中国共产党**"这篇大文章，为中国共产党团结带领全国各族人民全面建成社会主义现代化强国、实现第二个百年奋斗目标，以中国式现代化全面推进中华民族伟大复兴提供更为主动、更加强大的精神力量。习近平总书记深刻指出："马克思主义中国化时代化这个重大命题本身就决定，我们决不能抛弃马克思主义这个魂脉，决不能抛弃中华优秀传统文化这个根脉。坚守好这个魂和根，是理论创新的基础和前提。理论创新必须讲新话，但不能丢了老祖宗，**数典忘祖就等于割断了魂脉和根脉**，最终会犯失去魂脉和根脉的颠覆性错误。"[①]由此明确指出马克思主义和中华文明是中国共产党人的"两个老祖宗"，是中国道路的"魂脉"和"根脉"，是中华民族实现独立自主的精神之源。既要用马克思主义激活中华优秀传统文化中富有生命力的优秀因子并赋予新的时代内涵，又要将中华民族的伟大文明精神更深层次地注入马克思主义，把马克思主义思想精髓同中华优秀传统文化精华贯通起来，让马克思主义成为中国的，中华文明成为现代的，为中国道路造就新的文化生命体，重塑新的文化主体性，更好筑牢中国道路的文化根基和文明底蕴。

中国革命之所以能够"柳岸花明又一村"，中国道路之所以

---

① 《习近平在中共中央政治局第六次集体学习时强调　不断深化对党的理论创新的规律性认识　在新时代新征程上取得更为丰硕的理论创新成果》，《人民日报》，2023年7月2日第1版。

能够"踏平坎坷成大道",马克思主义之所以能够"从欧洲形式变为中国形式",其中之关键即在于"两个结合",赋予中国共产党文明型政党之底色,筑牢中国革命与中国道路之文明主体性。正如有学者所言:"孔夫子的传统,毛泽东的传统,邓小平的传统,是同一个中国历史文明连续统,套用从前中国公羊学的一个说法,就是要达成新时代的'通三统'。""唯有自觉地立足于中国历史文明的连续统中,方有可能在全球化时代挺拔中国文明的主体性。"[1]近代以来,先进的中国人学习西方,向西方寻找真理,实属客观之历史进程。但今天的我们必须清醒地认识到西方并非真理本身,更不能垄断真理,如仍把西方视为真理本身,要么执迷不悟要么别有用心,中华文明的开放包容性决定了并不拒绝世界上的任何文明,但我们必须把学习的过程变成中华文明主体性重塑之过程,由此无论是中国革命还是中国道路才有深厚之文明底蕴。在中国近代以来独特的社会政治语境中,文明、革命、道路有一种内生性的逻辑关系,马克思主义中国化有其深刻的内在道理。只有全面深入了解中华文明的历史,才能更有效地推动中华优秀传统文化创造性转化、创新性发展,才能更深入把握中华文明发展规律,才能不断从中华优秀传统文化中寻找源头活水,建设中华民族现代文明,实现人类文明之更新。

---

[1] 甘阳:《通三统》,生活·读书·新知三联书店,2007年,第46页、第6页。

第1章

马克思主义与中华文化早期会通的思想史考察

一百年来,中国共产党坚持把马克思主义基本原理同中国具体实际相结合,同中华优秀传统文化相结合,不断推进马克思主义中国化,由此统一思想凝聚共识,用马克思主义中国化的科学理论引领伟大实践,这即中国共产党永葆朝气之奥秘所在。"中国文化在中国革命中发挥了很大作用。中国为什么能接受马克思主义?我们很需要认真研究,答复这个问题。"[①]胡乔木晚年之问,确是关乎中国革命的重大问题,对于影响马克思主义中国化的文化传统、民族特点,亟须从中国近现代思想史深处着手,探赜索隐。早在延安时期,毛泽东就曾鲜明指出:"马克思主义中国化问题,不能说马克思主义早已中国化了。马克思主义是普遍

[①] 胡乔木:《党史研究中的两个重要理论问题》,载《胡乔木传》编写组编《胡乔木谈中共党史》,人民出版社,2015年,第230—231页。

的东西，中国有特殊情况，不能一下子就完全中国化。"①马克思主义中国化之进程并非一蹴而就，要得以持续推进，无论在历史、理论，还是实践上，都须付出持久艰辛之努力。

一、近代中国语境下马克思主义的早期传播

"中国人找到马克思主义，是经过俄国人介绍的。在十月革命以前，中国人不但不知道列宁、斯大林，也不知道马克思、恩格斯。十月革命一声炮响，给我们送来了马克思列宁主义。"②毛泽东《论人民民主专政》中的这段话，中国人可谓耳熟能详。近代以降在中华民族外患内忧、社会危机空前深重的背景下，特别在五四运动风云变幻之际，作为极具革命实践性的科学理论，马克思主义一经同正在勃兴的中国工人运动相结合，中国人在精神上就由被动转入主动，由此深刻影响了中国历史的前进方向，深刻改变了中华民族和中国人民的前途命运。就此而言，毛泽东

---

① 毛泽东：《毛泽东年谱（1893—1949）》中卷，中央文献出版社，2013年，第151页。
② 毛泽东：《论人民民主专政》，载《毛泽东选集》第4卷，人民出版社，1991年，第1471页。

的判断无疑是客观的①,亦与实际相符。这里所言的"中国人找到马克思主义",所找到的并非早期作为思潮传播的混杂于各种形形色色社会主义观念形态中的马克思主义,而是作为革命科学直接指导革命行动的马克思主义,"十月革命以后学了马克思列宁主义,建立了中国共产党。接着就进入政治斗争"②。十月革命后,中国知识分子对于马克思主义并非于书斋中的冥思苦想、寻章摘句,没有如西欧与俄国那样有一个较为长时段的理论准备与思想传播阶段,而是作为一种直接指导革命行动投入实际斗争的思想武器。本来准备多年不谈政治从事文化运动以改造国民根性的陈独秀,面对急迫的革命形势,亦通过接受马克思主义进而组织革命政党转向了更为激进的现实斗争:"中国幼稚的无产阶级所产生之幼稚的共产党,本来就没有相当时期的马克思主义和阶级斗争的锻炼,一开始便遇着大革命的斗争。"③对此有过亲身经历的刘少奇亦同毛泽东看法一致,认为马克思主义在欧洲各国传布已有近百年历史,而其传入中国并不算久,在五四运动时期才有很少的输入。延安时期他曾反复言及建党初期理论准备不足

---

①对此,在党的七大上毛泽东曾自述:"马克思、恩格斯创立马克思主义学说始于一八四三年(鸦片战争后三年),但由一八四三年到一九一七年,七十四年之久,影响主要限于欧洲,全世界大多数人还不知道有所谓马克思主义。马克思主义产生于欧洲,开始在欧洲走路,走得比较慢。"引自毛泽东《中国共产党第七次全国代表大会的工作方针》,载《毛泽东文集》第3卷,人民出版社,1996年,第290页。

②毛泽东:《论人民民主专政》,载《毛泽东选集》第4卷,第1472页。

③陈独秀:《告全党同志书》,载《陈独秀著作选编》第4卷,上海人民出版社,2010年,第419页。

问题:"马克思主义传入中国时,又由于中国当时是客观革命形势很成熟的国家,要求中国革命者立即从事、而且以全部力量去从事实际的革命活动,无暇来长期从事理论研究与斗争经验的总结(这种情形直到今天还是有的,如我们今天到处都感觉到实际工作中的干部缺乏,一切干部几乎都很难从工作中抽出作一种比较长期的理论学习等)。所以中国党一开始成立,就卷入伟大的实际革命斗争中,各方面都应付不暇。这与中国党的理论准备不够亦是有关系的。"① 确亦如刘少奇所言,因为马克思、恩格斯等都来自西欧,就在中国共产党成立之际,大部分著作仍未译成中文,而中国知识分子能读马列原著的并不多,即使能读的人也很少去读完,由此影响对马列主义理论的学习和修养,亦是理论准备不够之原因。正如李泽厚所指出的那样:"在十月革命以前,中国少数留学生知识分子便知道并介绍过马克思及其学说轮廓。其中,朱执信是最著名的一位,但在中国及知识界并没产生什么影响。因此,毛泽东在1949年总结中国革命历史并宣布基本国策的《论人民民主专政》一文中说,'十月革命一声炮响,给我们送来了马克思列宁主义',便可以说是准确的。马克思主义是与十月革命和列宁主义一起,被中国当时一部分知识分子所欢迎、所接受、所传播、所信仰。与俄国曾经经过普列汉诺夫等人

---

① 刘少奇:《答宋亮同志》,载《刘少奇选集》上卷,人民出版社,1985年,第221页。"由于我们党在创立以前没有足够的马克思列宁主义思想上的准备,在创立以后又立即全部投入轰轰烈烈的实际革命斗争中,没有很多时间来进行理论宣传工作,因而使我们党在很长时期内,马克思列宁主义的思想建设不够。"又见刘少奇《论党》,载《刘少奇选集》上卷,人民出版社,1985年,第327页。

的多年介绍、翻译、研究、宣传马克思主义,具有思想理论的准备阶段大不相同,马克思主义在中国,一开始便是作为指导当前行动的直接指南而被接受、理解和运用的。马克思主义在中国的第一天所展现的便是这种革命实践性格。"①

由此可见,就在中国无产阶级登上历史舞台之际,由于迫在眉睫的革命形势,中国共产党人(少数有留学经历系统研读马列主义者除外,"那时我们中国除极少数留学生以外,一般人就不知道"②)并没有太多时间精力沉浸于书斋,对马克思主义作象牙塔式学术研究,理论准备并不充足。尽管,毛泽东在陕北曾对斯诺言及早在1920年前后就已读过马克思主义相关著作和俄国革命的相关书籍,并十分自信地说:"到了一九二〇年夏天,我已经在理论上和在某种程度的行动上,成为一个马克思主义者,而且从此我也自认为是一个马克思主义者了。"③但在当时条件下,毛泽东所急于探寻的是中国革命道路和发展方向,只是针对现实中国问题的迫切需要而读马克思主义著作,其关注之重点亦是与实际运动紧密相关的马克思主义阶级斗争理论,"记得我在一九二〇年,第一次看了考茨基著的《阶级斗争》,陈望道翻译的《共产党宣言》,和一个英国人作的《社会主义史》,我才知道人类自有史以来就有阶级斗争,阶级斗争是社会发展的原动

---

① 李泽厚:《试谈马克思主义在中国》,载《中国现代思想史论》,生活·读书·新知三联书店,2008年,第151页。
② 毛泽东:《中国共产党第七次全国代表大会的工作方针》,载《毛泽东文集》第3卷,第290页。
③ 毛泽东:《毛泽东1936年同斯诺的谈话》,人民出版社,1979年,第39页。

力，初步地得到认识问题的方法论。可是这些书上，并没有中国的湖南、湖北，也没有中国的蒋介石和陈独秀。我只取了它四个字：'阶级斗争'，老老实实地来开始研究实际的阶级斗争"①。至于对作为科学体系的马克思主义的一整套宏大理论体系和深层逻辑结构而言，早期中国共产党党内的领导人和知识分子的确还顾不上，没有时间精力作系统钻研。正如毛泽东后来在党的七大的口头政治报告中所言，十月革命后党内许多同志都对马克思主义理论不甚了解："那时候有马克思主义，马克思主义传到中国来，被中国人民拿到了，也实行了，但是又似乎不很多，甚至似乎没有。这就是说，在那时候有一部分人是不懂马克思主义的。"②十月革命后，马克思主义来到中国之所以能如此快速地生根发芽，正是因为中国近代以降所孕育的社会条件有了这种迫切的现实需要。

与作为直接指导革命行动极具革命实践性的马克思主义相较，作为早期思潮传播的马克思主义，其时间（十月革命之后）和方式（经过俄国人介绍）都与毛泽东所言有甚大差异。早在清末民初，伴随着各种思潮竞相传入，早期马克思及其学说作为诸多社会主义思潮流派中的一种，通过各种路径涌入中国，渐为国人知晓。早期中国知识分子介绍传播的马克思主义并非首先

---

① 毛泽东：《关于农村调查》，载《毛泽东文集》第2卷，人民出版社，1993年，第378—379页。
② 毛泽东：《在中国共产党第七次全国代表大会上的口头政治报告》，载《毛泽东文集》第3卷，第307页。

源自俄国，其媒介则主要来源于日本与西欧的渠道。正如蔡元培所言："西洋的社会主义，二十年前，才输入中国。一方面是留日学生从日本间接输入的，译有《近世社会主义》等书。一方面是留法学生从法国直接输入的，载在《新世纪》周刊上。后来有《民声》周刊简单地介绍一点。俄国广义派政府成立以后，介绍马克思学说的人多起来了，在日刊月刊中常常看见这一类的题目。"[①]

马克思及其学说第一次出现于中国，首先得益于西方传教士的早期引介。据有学者考证，认为早在1898年马克思之名就已出现于《泰西民法志》（原名《社会主义史》，英国人克卡朴著，英国传教士李提摩太委托胡贻谷翻译，上海广学会出版）："马克思是社会主义史中最著名和最具势力的人物，他及他同心的朋友昂格思都被大家认为'科学的和革命的'社会主义派的首

---

① 蔡元培：《〈社会主义史〉序》（1920年7月23日），载张宝民主编《新青年·思潮卷》，河南文艺出版社，2016年，第317页。

领。"① 对此提法，曾引起学界的广泛关注与激烈讨论②。目前学界普遍公认的说法是在1899年出版的《万国公报》（美国传教士林乐知1868年创办于上海并任主编）刊载由李提摩太翻译英国进化论者本杰明·颉德的《大同学》（原名《社会的进化》）："其以百工领袖著名者，英人马克思也。"此处将马克思误为英国人，而后第三章把其国籍更正为德国。"试稽近代学派，有讲求安民

---

① 陈铨亚:《马克思主义何时传入中国》,《光明日报》, 1987年9月16日。
② 此提法得到一些学者赞同，或被相关书籍和刊物采用。例如，周尚文主编《中国共产党创建史》，上海人民出版社，1991年；周子东等著《马克思主义在上海的传播（1898—1949）》，上海社会科学院出版社，1994年；宝成关主编《政治学思想史》，湖南教育出版社，2004年；王邦佐、潘世伟主编《二十世纪中国社会科学·政治学卷》，上海人民出版社，2005年；方鸣编《近现代中国出版史大事编年（五）》,《中国出版》1991年第6期；等等（参见姜秀荣《马克思主义在中国最早翻译之梳》,《光明日报》, 2018年11月6日）。但根据学者王也扬悉心考证，对此说法进行了史料辩驳："近来笔者对《泰西民法志》一书的初版时间作了考证，结论为该书首次在中国问世并非于1898年，而是1912年。现藏上海中国基督教三自爱国运动委员会图书馆的广学会1912年度工作报告（英文）中有当年该会新版（New）和再版（Reprints）书籍的完整目录,《泰西民法志》(History of Socialism [Kirkup] by I.K.Hu) 清楚地列于1912年新版书之中，并记有印数1000册。而1898年度的广学会工作报告并无出版此书的记录。另外，笔者还见到《泰西民法志》的译者胡贻谷1917年为其老师谢洪赉（又名庐隐）撰写的《谢庐隐先生传》（现藏上海图书馆），书中写道：'著者获遇先生，在一八九八年之初，盖为余初入中西肄业之年也，时年仅十四。'显然，一个初入中西书院学习的14岁少年是不可能翻译《泰西民法志》这样的著作的。1912年出版的《泰西民法志》，书前有译者胡贻谷写于宣统庚戌（1910年）的序，版权页上印有'上海广学会藏版，上海商务印书馆代印'的字样。由于广学会多年来自己没有成规模的印刷所，该会出版的书籍多是委托上海美华书馆或商务印书馆代印。后人如不了解这一情况，亦容易做出商务印书馆代印版本不一定是初版的判断。"见王也扬《关于马克思主义何时传入中国的一个说法之误》,《马克思主义研究》2000年第2期。

新学之一家，如德国之马客偲，主于资本者。"①为向渴求获取新知的中国知识分子兜售西方救世宗教，以威廉臣、李提摩太为代表的西方传教士开始有意识介绍一些当时流行于欧美的社会主义学说，并极力使之附属于基督教之救世教义。"确立的宗旨是：在中国以及她的殖民地和附属国广泛传播基于基督教原则的西方学术，在熟悉当地人的思维方式的基础上，以中国人的立场著书立说，使之适宜于引导和提升民众，尤其是通过影响其更有知识和领导能力的阶级，引导和提升民众。"②尽管当时的西方传教士们不可能准确理解马克思主义，亦不会对之进行正面的宣传介绍，甚至可能存在主观故意的歪曲污蔑，但因其译介，客观上确为近代中国知识分子开了一扇知晓了解马克思主义之窗，一定意义上作了初步启蒙工作。

早期中国资产阶级改良派，对马克思主义在中国的初期传播作了思想铺垫。马克思主义源于欧洲，中国的马克思主义亦最早从西欧输入。就史料所及，目前所知中国最早介绍社会主义学说的是清末留英学生严复。严复在作于1895年《原强》中论及西洋贫富不均时曾言："夫贫富不均如此，是以国财虽雄而民风不竞，作奸犯科，流离颠沛之民，乃与贫国相若，而于是

---

①本杰明·颉德著，李提摩太译，蔡尔康撰文：《大同学》（摘录），载姜义华编《社会主义学说在中国的初期传播》，复旦大学出版社，1984年，第36—37页。
②李提摩太：《亲历晚清四十五年：李提摩太在华回忆录》，李宪堂、侯林莉译，江苏人民出版社，2018年，第180页。

均贫富之党兴。"①他在1898年译述的《天演论》中进一步指出："以均富言治者曰：'财之不均，乱之本也。一群之民，宜通力而合作，然必事各视其所胜，养各给其所欲，平均齐一，无有分殊。为上者职在察贰廉空，使各得分愿，而莫或并兼焉，则太平见矣。'"②严复以"必事各视其所胜，养各给其所欲，平均齐一，无有分殊"来译述比附"各尽所能，按需分配"的共产主义理想。③继严复后着力介绍马克思主义的是留法学生创办的杂志《新世纪》（该刊1907年6月于法国巴黎创刊，1910年5月停刊。由李石曾、吴稚辉等担任主笔，以宣传无政府主义为宗旨）。《新世纪》在宣介无政府主义时偶有提及马克思主义，甚至有人认为共产主义就是无政府主义。李石曾在《驳〈时报〉〈论中国今日不能提倡共产主义〉》（刊登于《新世纪》1908年11月7日）一文中明确指出："共产主义，没有什么法律，'各尽所能，各取所需'是他的大纲，其他一切法制禁令都不要。政府已经没有了，哪里还有国家？""无政府与共产主义之为二而一也。"辛亥革命前《新世纪》虽是西欧留学生传播马克思主义的重要阵地，

---

① 石峻主编：《中国近代思想史参考资料简编》，生活·读书·新知三联书店，1957年，第451页。
② 赫胥黎：《天演论》，严复译，北京理工大学出版社，2010年，第28页。
③《进化论与伦理学》（旧译为《天演论》）原文如下："社会组织不是人类所独有的。像蜜蜂和蚂蚁所组成的其他社会组织，也是由于在生存斗争中能够得到通力合作的好处而出现的。它们的社会组织和人类社会的相似点和差异，同样对我们很有启发。在蜂群组成的社会中实现了'各尽所能，按需分配'这种共产主义格言的理想。"见赫胥黎《进化论与伦理学》，《进化论与伦理学》翻译组译，科学出版社，1971年，第17页。

但其所秉持的激进无政府主义立场对马克思主义缺乏客观理性之态度。留美学生陈焕章1911年完成其在哥伦比亚大学的博士论文《孔门理财学》,这是目前所知留美学生中介绍社会主义的最早文献。他把中国古代的井田制与社会主义进行对比:"井田制类似于现代的社会主义。二者有同样的目标:即均平整个社会的财富。"①并指出儒家分配理论"像共产主义思想"。"儒家的经济理论更多地注重分配,因为儒家有较多的社会主义性质,较少个人主义性质。"②

特别是有早期留日经历的资产阶级改良派,通过对日本学者相关著述的转译推进了对马克思主义的宣传介绍。江亢虎曾言:"'社会主义'之名词,产于欧陆,译自日东,我国读书解事之人,知之者千百而一二。"③当时中国的留日学生众多,日本国内亦兴起了研究社会主义的思潮,为集中译介日本学者著作,1900年12月留日学生创办了《译书汇编》杂志(后改名为《政法学报》)。中国留日学生译介了日本学者有贺长雄《近世政治史》一书,1901年1月发表于《译书汇编》:"万国工人总会……一千八百六十六年,开总会于其内伐④,议定总会规约。麦克斯

---

① 陈焕章:《孔门理财学——孔子及其学派的经济思想》,翟玉忠译,中央编译出版社,2009年,第324页。
② 同上,第281页、285页。
③ 江亢虎:《〈社会主义述古〉绪言》(1911年9月),载江佩伟编《中国近代思想家文库·江亢虎卷》,中国人民大学出版社,2015年,第110页。
④ 即日内瓦,作者注。

自为参事会长，总理全体。"① 这可谓在中文报刊上首次出现马克思之名，以及介绍社会主义运动。紧接着，罗大维译的村井知至《社会主义》（上海广智书局1902年版），赵必振译的幸德秋水《广长舌》（商务印书馆1902年版），赵必振译的福井准造《加陆马陆科斯及其主义》（广益书局1903年版），杜世珍译的久松义典《近世社会主义评论》（《新世界学报》1903年版）。特别值得重视的是1903年日本社会主义学者幸德秋水的《社会主义神髓》一书，该书受到中国思想界的高度关注，1907年前至少就已有三个早期全译本：一是1903年中国达识译社译浙江社会主义研究社的版本；一是1906年日本中国留学生会馆社会主义研究社的版本；一是1907年创生译东京奎文馆书局的版本。此书在中国知识界流传甚广颇受青睐，梁漱溟忆及早年所受社会主义思想之影响，即是经幸德秋水《社会主义神髓》一书："曾有一段时间，非常热心于社会主义。当时中国本有所谓'社会党'，虽有声势，但内容颇空虚，颇不健全（按即江亢虎所领导者），我并未与之发生关系。其实我偶然从故纸堆中捡得一本张溥泉（继）先生翻译的日本社会主义者幸德秋水所著《社会主义之神髓》一书；阅后，心乃为之大动，且深深地反对私有财产制度，认为世间一切罪恶，皆渊于私有财产制度。……当时曾有'社会主义粹

---

① 有贺长雄著，《译书汇编》社员译：《近世政治史》，载《五四运动前马克思主义在中国的介绍与传播》，湖南人民出版社，1986年，第41页。

言'一书之写作。"①据美国学者伯纳尔考证，1903年日文著作的中译本数量竟多达187种②。由此可见，日本社会主义者系列文章著作的广泛译介，客观上为促进马克思主义在中国传播，为中国知识分子系统理解社会主义学说作了重要的思想启蒙。

二十世纪初叶，资产阶级革命派以及一些早期无政府主义者亦开始有意识宣介马克思主义。早在1905年5月孙中山游历欧洲时就已公开宣称自己是"中国社会主义者"，并特别到"布鲁塞尔来向社会党国际局申请接纳中国革命社会党"。③正如毛泽东所言："以前有人如梁启超、朱执信，也曾提过一下马克思主义。……朱执信是国民党员，这样看来，讲马克思主义倒还是国民党在先。"④确亦如此，国民党及其前身同盟会中已有人开始宣传马克思主义。1905年至1907年同盟会的机关报《民报》就已刊发系列介绍宣传马克思主义的文章。如朱执信以蛰伸之笔名在

---

① 梁漱溟：《自述》，载《梁漱溟全集》第2卷，山东人民出版社，2005年，第17页。

② 伯纳尔：《一九〇七年以前中国的社会主义思潮》，福建人民出版社，1985年，第83页。

③ 孙中山：《在布鲁塞尔访问社会党国际执行局的谈话（译文）》，载尚明轩主编《孙中山全集》第8卷，人民出版社，2015年，第80—83页。之后孙中山在复信社会党国际执行局时更是坦露心迹："当第一次革命完成之后，我当选为民国总统，本想以社会主义理想来整合中国。然而我发现自己是独行者，因为人民对社会主义一无所知，在革命同志中社会主义者为数寥寥，他们对社会主义的了解又是那么粗疏浅陋。"见孙中山《复社会党国际执行局请协助中国实现社会主义函（译文）》，载《孙中山全集》第2卷，第96页。

④ 毛泽东：《中国共产党第七次全国代表大会的工作方针》，载《毛泽东文集》第3卷，第290页。

《民报》第2期刊发《德意志社会革命家小传》,第一次较为系统介绍了马克思之生平,书中还提及《共产党宣言》和《资本论》的主要内容,他在《民报》第5期刊发《论社会革命当与政治革命并行》则更是直言:"顾自马尔克以来,学说皆变,渐趋实行,世称科学的社会主义。"①在早期宣介马克思学说的革命党人中,朱执信之贡献可谓巨大。早年追随孙中山的马君武1903年2月发表《社会主义与进化论比较》一文介绍了马克思的学说:"马克司者,以唯物论解历史学之人也。马氏尝谓阶级竞争为历史之钥。"②特别值得指出的是,文章附录中还列举了《哲学的贫困》《共产党宣言》《政治经济学批判》《资本论》等一系列马克思的经典著作,这是目前国内最早介绍马克思学说的书单。此外,早期参加同盟会而后倾向于无政府主义的刘师培等人1907年在日本创办《天义报》,在大力宣传无政府主义的同时,对马克思及其学说亦作了大量的宣传介绍,如"马氏(马克思)等所主共产说,虽与无政府共产主义不同,而此所言则甚当"③。刘师培以申叔之笔名刊发了译文《〈共产党宣言〉序》:"欲明欧洲资本制之发达,不可不研究斯篇;复以古今社会变更均由阶级之相竞,则

---

① 姜义华编:《社会主义学说在中国的初期传播》,复旦大学出版社,1984年,第391页。
② 马君武:《社会主义与进化论比较》(《译书汇编》第2年第11号1903.2.15),载《五四运动前马克思主义在中国的介绍与传播》,第106页。
③《"天义"报关于〈共产党宣言〉"论妇女问题"案语》(《天义报》第13、14卷,1907.12.30),载《五四运动前马克思主义在中国的介绍与传播》,第106页。

对于史学发明之功甚巨，讨论史编亦不得不奉为圭臬。"①1912年中国社会党绍兴支部出版的《新世界》半月刊上连载了由施仁荣翻译的恩格斯《理想社会主义和实行社会主义》（即《社会主义从空想到科学》），对此毛泽东在党的七大上还曾提及："据说还有一个什么人，在一个杂志上译过恩格斯的《社会主义从空想到科学的发展》。总之，那时我没有看到过，即使看过，也是一刹那溜过去了，没有注意。"②这可谓是中国最早的一部完整的马克思主义译著。

由此可见，作为早期思潮的马克思主义，其介绍传播的主体多元复杂，传播路径亦非源于欧美俄而是依赖于转译日本学者之著述，早期中国知识人对马克思主义的认识相对零碎肤浅，只是把其视为一种观念形态的思想学说而并未作为指导中国革命的实践指南，且影响范围仅局限于少数知识分子，即使如毛泽东这样追求进步的知识青年都未曾有初步接触，遑论之于普通工农大众。"我们那时候长得很大了，还不知道天多高，地多厚，根本不知道世界上还有什么帝国主义，什么马克思主义。进了学校，也只晓得几个资产阶级的英雄，如华盛顿、拿破仑。"③即便如此，清末民初之际混杂于各种形形色色社会主义思潮中的马克思主义的早期传播，客观上为十月革命后具有初步共产主义倾向

---

① 申叔：《〈共产党宣言〉序》（《天义报》第16—19四册合刊，1908年春），载《五四运动前马克思主义在中国的介绍与传播》，第294页。
② 毛泽东：《中国共产党第七次全国代表大会的工作方针》，载《毛泽东文集》第3卷，第290页。
③ 同上。

的进步知识分子系统宣传介绍马克思主义作了极具价值的思想铺垫。

二、马克思主义与中华文化会通的"格义"之法

社会主义抑或马克思主义诞生于西方历史文化背景之下,其母体乃是整个西方文明。一种完全不同的异质文明进入另一种文明是否可能?答案似乎确定无疑,但历史与现实业已充分说明一种异质文明的传入,无论时间上由一个时代到另一个时代,还是空间上由一个地方到另一个地方,其自身包含的许多核心观念及其内涵都会一定程度上地发生变化,将以新的面貌出现。但无论如何变化,都是为更好地融入本土文明,实现其本土化。

作为早期思潮传播的社会主义如何进入中华文明,进而实现本土化?其传入之路径与传播之方式何在?在此,可借用佛教的一个核心词即"格义",来理解社会主义与中华文明相遇之时,经受数千年中华文明熏习濡染的中国知识人如何认识这一异质文明,进而逐渐接受并阐释这一异质文明。面对传入中土之佛教,古代中国学者为更好地融合印度佛教与中华文明,选择了"格义"之方法。佛教史上,格义概念最早见之于梁代释慧皎《高僧传》卷四"晋高邑竺法雅":"时依雅门徒,并世典有功,未善佛理,雅乃与康法朗等,以经中事数,拟配外书,为生解之

例，谓之格义。及毗浮、昙相等，亦辩格义，以训门徒。"①由此可见，格义是一种对弟子的教学方法，即用本土固有观念对比外来佛教之概念，以此去理解佛教概念之实指内涵。正如汤用彤所言："什么是这种'格义'方法准确的含义呢？……'格'在这里，联系上下文来看，有'比配'的或'度量'的意思，'义'的含义是'名称'、'项目'或'概念'；'格义'则是比配观念（或项目）的一种方法或方案，或者是不同观念之间的对等。"②也有学者指出格义与比较之区别："简单的概念比对叫作格义，而复杂的思想格义称作比较。"③较之于概念之格义，比较则属于层次更高的思想之格义。

社会主义在中国的早期传播，即是应用这种中国本土概念对比社会主义相应概念的"格义"方法。王元化在总结历史上中外文化交融现象经验时即指出，佛学之传入是中国第一次大规模吸收外来文化，初期就是采用"格义"之法，而五四时期则是第二次大规模吸收外来文化，初期亦复如此。"外来思想如果不和中国传统文化思想资源结合起来，就很难在中国文化土壤上扎根。这可以举佛学在中国的传播为例，最初传播佛法是依附道术，采取外书比附内典的办法，用和佛经比较接近的老庄术语来翻译佛

---

① 释慧皎：《高僧传》卷四，载《大正新修大藏经》（简称《大正藏》）卷五十。
② 汤用彤：《论"格义"——最早一种融合印度佛教和中国思想的方法》，载《汤用彤全集》第3卷，河北人民出版社，2000年，第232—233页。
③ 陈少明：《做中国哲学：一些方法论的思考》，生活·读书·新知三联书店，2015年，第193页。

经的专门名词，这就是所谓的'格义'。"①在讨论中国早期知识分子运用这种"格义"之法前，值得注意的是其实在西方，马克思主义也是一种新学，要充分理解马克思主义亦需运用"格义"方法，即要找到沟通理解之思想媒介，在某些知识分子看来此媒介不是别的，正是西方本身所固有的基督教的核心概念。正如丸山真男所言："倾向于共产主义的是共产主义内在的理念，而它的媒介正是基督教。……引导他们走向共产主义的不是别的，正是基督教的博爱，是那种发自内心的需求，不论多么痛苦也要在地球上打造出一个神的国家。"②日本思想史家沟口雄三在谈及社会主义与中国本土的内生根源时亦指出这种思想媒介的重要作用："社会主义的土壤在中国，作为民间的社会机制，生活伦理以及政治上的统治理念本来就是存在的。……社会主义机制对于中国来讲，它不是什么外来的东西，而是土生土长之物；马克思主义不过是在使这些土生土长之物得以理论化的过程中，或在所谓阶级斗争理论指导下进行革命实践的过程中，起了极大刺激作用的媒介而已。"③

　　清末民初的中国知识分子到底运用了哪些本土固有概念作为思想媒介，来理解社会主义呢？讨论此问题，有一个前提必须先

---

① 王元化：《对于"五四"的再认识答客问》，载《王元化文论选》，上海文艺出版社，2009年，第309—310页。
② 丸山真男：《现代政治的思想与行动》，商务印书馆，2018年，第233—234页。
③ 沟口雄三：《中国的冲击》，生活·读书·新知三联书店，2011年，第124页。

弄清楚，即早期中国知识分子接触社会主义后，在其心目中到底何为社会主义，具有哪些具体特征和实质内涵。1901年1月28日《译书汇编》社员为有贺长雄《近世政治史》写了一个编者按语："西国学者，悯贫富之不平等，而为雇工者，往往受资本家之压制，遂有倡均贫富制恒产之说者，谓之社会主义，社会云者，盖谓统筹全局，非为一人一家计也。"①由此可见，《译书汇编》社员把财富平等视为社会主义的核心价值。1902年10月16日《新民丛报》第18号，梁启超刊文指出："故麦喀士日耳曼人，社会主义之泰斗也。""今之德国，有最占势力之二大思想：一曰麦喀士（Marx）之社会主义……麦喀士谓今日社会之弊，在多数之弱者为少数之强者所压伏。"②1904年2月14日梁启超发表《中国之社会主义》一文："社会主义者，近百年来世界之特产物也。概括其最要义，不过曰土地归公、资本归公，专以劳力为百物价值之源泉。麦喀士曰：现今之经济社会实少数人掠夺多数人之土地，而组成者也。"③明确把马克思视为社会主义之泰斗，而把社会主义之核心要义理解为土地归公、资本归公的公有制。一战结束参访满目疮痍的欧洲后，梁启超对何为社会主义有了更为深切之认识，并把社会主义与社会政策作了重要区分："什么叫做

---

① 有贺长雄著，《译书汇编》社员译：《近世政治史》（节录），载《五四运动前马克思主义在中国的介绍与传播》，第40页。
② 梁启超：《进化论革命者颉德之学说》，载《梁启超全集》第四集，中国人民大学出版社，2018年，第1、第7页。
③ 梁启超：《中国之社会主义》，载《五四运动前马克思主义在中国的介绍与传播》，第217页。

社会主义呢？社会主义，是要将现在经济组织不公平之点，根本改造。改造方法，虽然种种不同，或主共产，或主集产，或主生产事业全部由能生产的人管理，或主参加一部分，或用极端急进手段，或用平和渐进手段。要之对于现在的经济组织，认为不合人道，要重新组织一番，这就是社会主义。什么叫社会政策呢？社会政策，是在现在的经济组织之下，将那不公平之处，力图救济。救济方法，或是从租税上求负担平均，或是保护劳工，不叫资本家虐待。虽然许多良法美意，却与根本改造问题无涉，这就是社会政策。"① 1907年9月，刘师培在《欧洲社会主义与无政府主义异同考》一文中把社会主义之要旨归纳为财产公有与人人平等："夫社会主义之目的，在于冀一切财产之平均，以易私有为公有……况社会主义以平等为归。"② 孙中山在1912年10月演讲中更是直言："社会主义，一言以蔽之，曰社会生计而已矣。""社会主义者，人道主义也。人道主义，主张博爱、平等、自由，社会主义之真髓，亦不外此三者，实为人类之福音。""麦氏之资本公有，其学说得社会主义之真髓。"③ 孙中山视社会生计即其常言的"历史的重心是民生"作为社会主义之宗旨。早期中国知识人对于社会主义之认识，无论是资产阶级改良派，抑或资产阶级革命派，基本均把经济方面的均贫富、重民生作为社会主义之要

---

① 梁启超：《欧游心影录》，商务印书馆，2014年，第201—202页。
② 申叔：《欧洲社会主义与无政府主义异同考》，载《五四运动前马克思主义在中国的介绍与传播》，第283—284页。
③ 孙中山：《在上海中国社会党的演说》，载《孙中山全集》第2卷，第507页、第510页、第518页。

旨。1911年9月，江亢虎在《社会》刊文指出："社会主义，非西人新创之学说也，我中国夙有之……学官所立十三经，暨周经诸子之今存者，社会主义隐跃起灭于行间字里……社会主义之思想，赋自生初，周乎人类，此心此理，虑百致一，放之四海而皆准，质诸百世而不疑……今就群经诸子有关涉者，证据原文，比附新义，使知社会主义乃我国往籍所固有，不过如是如是，引伸助长，触类旁通……兹唯刺取其有合者，而余皆存而不论，意固以为社会主义亦偶散见群经诸子中，而非谓群经诸子即社会主义也。"①江亢虎这里首先指出社会主义虽为西方新名词，但中国自古亦有之，只是并非系统学说，仅散见分布于群经诸子典籍之中，进而明确指出必须用"比附"之法刺取其有合者，即上文所言"格义"之法，才能真正理解社会主义之新义。那么，清末民初的早期中国知识分子如何借用"格义"之法，即运用哪些中国本土固有的概念作为比附之思想媒介来理解外来的社会主义。

大同观念是早期知识人建构社会主义想象的思想媒介。《礼记·礼运》曰："大道之行也，天下为公。选贤与能，讲信修睦，故人不独亲其亲，不独子其子，使老有所终，壮有所用，幼有所长，矜寡孤独废疾者，皆有所养。男有分，女有归。货，恶其弃于地也，不必藏于己；力，恶其不出于身也，不必为己。是故，谋闭而不兴，盗窃乱贼而不作，故外户而不闭，是谓大同。"这里所描绘之各安其位、各尽其责、各得其所、各有所养的大同

---

① 江亢虎：《〈社会主义述古〉绪言》（1911年9月），载江佩伟编《中国近代思想家文库·江亢虎卷》，第110页。

世界，即是自古及今中国士人所向往的理想社会。当清末民初社会主义开始传入中国之时，大同观念作为理解社会主义之思想媒介备受关注。最早一批关注西方的知识分子即始用大同概念来对接理解西方的各种社会主义学说，如1874年1月的《西国近事汇编》就用"欧罗巴大同"来翻译社会主义。①1899年在翻译颉德《Social Evolution》时，由李提摩太译、蔡尔康撰文名之曰《大同学》，并在第一章"今世景象"中指出："进而究大同（二字出[自]礼运篇，盖禹汤文武成王周公之治犹仅小康耳。）之理，纵使名流接踵，多冥心屏气而不之道。其偶尔有道及之一二人，亦复凌躐失序，杂乱无章，不亦大可异欤。"②亦有人发文宣称："社会主义者，无自私自利，专凭公道真理，以图社会之进化。无国界，无种界，无人我界，以冀大同。"③1903年2月马君武亦提及当世之人有以礼记大同比拟社会主义："以今日中国文化之程度，进而与之言社会主义，其不惊疑却走也几希。虽然欧罗巴之世界既有此种奇伟光明之主义，而忍使吾国之人，昧昧然不知其为何物，则亦非以输入文明为己任者之本心也。且近人已有托

---

① 《西国近事汇编》（摘录），载姜义华编《社会主义学说在中国的初期传播》，复旦大学出版社，1984年，第12页。

② 本杰明·颉德著，李提摩太译，蔡尔康撰文：《大同学》（节录），载《五四运动前马克思主义在中国的介绍与传播》，第21页。

③ 褚民谊：《申论民族、民权、社会三主义之异同，再答来书论〈新世纪〉发刊之趣意》，载《辛亥革命前十年间时论选集》第2卷·下册，生活·读书·新知三联书店，1960年，第1008页。

礼运之片字只义，演为大同条理，陈设制度以期实行者。"①1911年7月，江亢虎撰文指出："社会主义者，大同之主义，非差别之主义。不分种界，不分国界，不分宗教界，大公无我，一视同仁，绝对平等，绝对自由，绝对亲爱。若党同伐异，流血相寻，民族之革命，国际之战争，教团之仇杀，皆社会主义所不取也。惟对于强权无限者，为富不仁者，则人道公敌也，必一致反抗之。"②欧战结束之际，梁启超亦曾言："一八四八年，德国的马克思发表一篇《共产主义宣言》，内中有一句惊心动魄的话，说是'贫民无祖国'。他的意思，以为现在人类不应拿国籍来'纵断'，只须拿阶级来'横切'，以为国籍国境的观念，足以搅乱劳工团结，反将阶级奋斗的精神减杀了，以为'爱国'两个字，不过资本家利用人类幼稚的感情，借来维持他们固有的势力。这种话是否和真理完全符合，姑且勿论，要之，是世界大同观念一部分的发现。无论何人，总该承认哩。"③特别是在《清代学术概论》中，梁启超以大同学说系统对接社会主义，并认为康有为《大同书》所体现的社会主义实是其独自创造："《礼运》之言曰：'大道之行也，天下为公，选贤与能，讲信修睦。……是谓大同。'此一段者，以今语释之，则民治主义存焉，天下……与能。国际联合主义存焉，讲信修睦。儿童公育主义存焉，故

---

① 马君武：《社会主义与进化论比较》（《译书汇编》第2年第11号1903.2.15），载《五四运动前马克思主义在中国的介绍与传播》，第114页。

② 江亢虎：《社会主义研究会宣言》（1911年8月），载江佩伟编《中国近代思想家文库·江亢虎卷》，第83页。

③ 梁启超：《欧游心影录》，第202页。

人不……其子。老病保险主义存焉，使老有……有所养。共产主义存焉，货恶……藏诸己。劳作神圣主义存焉，力恶……为己。""有为著此书时，固一无依傍，一无剿袭，在三十年前，而其理想与今世所谓世界主义、社会主义者多合符契，而陈义之高且过之，呜呼，真可谓豪杰之士也已！"①即使当时的极端保守主义者，在面对社会主义思潮时亦把儒家大同观念与之比附："所谓社会主义者，稽诸礼运，我先民固早有此胎观矣。"②亦知社会主义是一种新潮流："今之所谓新思潮，无论如何推行至满志踌躇，亦终不能出礼运大同一章之古说。"③

更甚于此者，直接把《礼运》篇具体内容搬出比附社会主义学说。蔡元培在《〈社会主义史〉序》即言："我们中国本有一种社会主义的学说……《礼运》记孔子说：'人不独亲其亲，不独子其子。使老有所终，壮有所用，幼有所长，矜寡孤独废疾者皆有所养。男有分，女有归。货恶其弃于地也，不必藏己；力恶其不出于身也，不必为己。'就是'各尽所能，各取所需'的意义，且含有男女平等主义。"④同盟会元老邵力子亦言："'货恶其弃于地也，不必藏于己；力恶其不出于身也，不必为己。'这

---

① 梁启超：《清代学术概论》，载《梁启超全集》第十集，第275页—276页。
② 张尔田：《孔教》，《甲寅杂志·通讯》第1卷第3号，1914年8月10日。
③ 柯璜：《璜对于世界新思潮之新生活惟在吾国今日大有怀疑之问题谨——表出愿与全国主张新文化者共讨论之》，载《孔教十年大事》第2卷，太原宗圣会，1924年，第85页。
④ 蔡元培：《〈社会主义史〉序》（1920年7月23日），载张宝民主编《新青年·思潮卷》，河南文艺出版社，2016年，第316页。

几句话却可以代表社会主义底神髓。"[1]俄国十月革命胜利后,孙中山观察到社会主义所迸发出来的精神力量,在致日本友人信中亦把苏维埃与大同观念进行比附:"夫苏维埃主义者,即孔子之所谓大同也。孔子曰:'大道之行,天下为公,选贤与能,讲信修睦。故人不独亲其亲,不独子其子。使老有所终,壮有所用,幼有所长,矜寡孤独废疾者皆有所养。男有分,女有归。货恶其弃于地也,不必藏于己;力恶其不出于身也,不必为己。是故谋闭而不兴,盗窃乱贼而不作,故外户而不闭,是为大同。'露国(按指苏联)立国之主义不过如此而已。"[2]为了对接社会主义思潮与中华文化传统,孙中山重释了三民主义:"民生主义就是社会主义,又名共产主义,即是大同主义。"[3]青年时期的毛泽东曾崇拜过康有为、梁启超,一度也是康德主义者,把大同世界作为人生追求的价值目标:"孔子知此义,故立太平世为鹄,而不废据乱、升平二世。大同者,吾人之鹄也。"[4]吴玉章曾忆及其自身就是通过古代大同学说才初步理解认识了社会主义:"社会主义书籍中所描绘的人人平等、消灭贫富的远大理想大大地鼓舞了我,使我联想起孙中山先生倡导的三民主义和中国古代世界大

---

[1] 陈独秀:《关于社会主义的讨论》,载新青年社编辑部编《社会主义讨论集》(民国沪上初版书·复制版),上海三联书店,2014年,第41页。

[2] 孙中山:《致犬养毅书》(1923年11月16日),载《孙中山全集》第8卷,第405页。

[3] 孙中山:《三民主义·民生主义》(1924年8月3日),载《孙中山全集》第9卷,第355页。

[4] 毛泽东:《致黎锦熙信》(1917年8月23日),载《毛泽东早期文稿》,第72页。

同的学说。所有这些东西，在我脑子里交织成一幅未来社会的美丽远景。"①1925年郭沫若虚构了一篇马克思与孔子对话的小品文《马克思进文庙》，文中孔子惊叹道："你这个理想社会和我的大同世界竟是不谋而合。你请让我背一段我的旧文章给你听罢。'大道之行也，天下为公，选贤与能，讲信修睦；故人不独亲其亲，不独子其子，使老有所终，壮有所用，幼有所长，矜寡孤独废疾者皆有所养，男有分，女有归；货恶其弃于地也不必藏于己，力恶其不出于身也不必为己；是故谋闭而不兴，盗窃乱贼而不作，故外户而不闭，是谓大同'，这不是和你的理想完全是一致的吗？"马克思由此才感叹起来："我不想在两千年前，在远远的东方，已经有了你这样的一个老同志！你我的见解完全是一致的。"②通过大同思想与社会主义的思想格义，推进了马克思主义中国化之历史进程。但值得注意的是，古代中国儒家的大同观念是"法先王"，向往唐虞三代之盛世，主要是往回看向后退，是一种退化史观；而近代西方传入之社会主义思想是"法后王"，憧憬的是人类未来理想之世，主要是往前看向前走，是一种未来史观。正如伯纳尔所言：当早期的中国知识人在介绍西方传入的

---

① 吴玉章：《回忆五四前后我的思想转变》，载中国社会科学院近代史研究所编《五四运动回忆录》，中国社会科学出版社，1959年，第3页。

② 郭沫若：《马克思进文庙》，原载《洪水》第1卷第7期（1926年1月1日），载《郭沫若全集·文学编》第10卷，人民文学出版社，1985年，第161—168页。后来郭沫若更是直言："共产主义不正是两千多年前孔夫子所倡导过的大同思想的更具体化吗？"见《迎接新中国》（郭老在香港战斗时期的佚文），《复旦学报丛书》，1979年，第53页。

社会主义思想时,"把'大同'从过去转为未来……把这个词的概念从过去转为未来"①。

井田制是早期知识人会通社会主义理想的制度憧憬。1901年1月28日,《译书汇编》社员为《近世政治史》编者按即言:"中国古世有井田之法,即所谓社会主义。"②明确把古代理想之井田制搬出来比附社会主义。1904年2月14日,梁启超在《中国之社会主义》一文中指出:"宋苏洵曰:'自井田废,田非耕者之所有,而有田者不耕也。耕者之田资于富民,富民之家地大业广,阡陌连接,募召浮客分耕其中,鞭笞驱役视以奴仆,安坐四顾指麾于其间,而役属之民夏耨秋获,无有一人违其节度以嬉,而田之所入已得其半,耕者得其半。有田者一人,而耕者十人,是以田主日累其半以至于富强,耕者日食其半以至于穷饿而无告。'此等言论,与千八百六十六年万国劳力党同盟之宣言书何其口吻之逼肖耶?中国古代井田制度,正与近世之社会主义同一立脚点。"③由此可见,梁启超亦把井田制作为对接社会主义的思想资源。1912年10月,孙中山在演说中指出:"考诸历史,我国固素主张社会主义者。井田之制,即均产主义之滥觞;而累世同居,又共产主义之嚆矢。足见我国人民之脑际,久蕴蓄社会主

---

① 伯纳尔:《一九○七年以前中国的社会主义思潮》,福建人民出版社,1985年,第14—15页。
② 有贺长雄著,《译书汇编》社员译:《近世政治史》(节录),载《五四运动前马克思主义在中国的介绍与传播》,第40页。
③ 梁启超:《中国之社会主义》,载《五四运动前马克思主义在中国的介绍与传播》,第218页。

义之精神，宜其进行之速，有一日千里之势也。"①为了更好通过井田制接引社会主义，1918年11月至1919年5月，学术界对于中国历史上是否实有井田制展开了一场辩论，参加辩论的学者有胡适、胡汉民、廖仲恺、朱执信、季融五、吕思勉等，辩论的文章发表于中华革命党机关刊物《建设》杂志。《建设》第二卷第一期登出胡适一封信，怀疑中国古代的井田制度，对此胡汉民、廖仲恺、朱执信陆续给予答辩，后来季融五参与论辩支持胡适，吕思勉则参与批评这种怀疑论。其中，胡汉民和戴季陶更是特别主张《孟子》一书中描写的古代土地制度即"井田制"，试图从中国古代制度中寻找出先于私有制的公有制形态。②1920年7月，蔡元培在《〈社会主义史〉序》中亦用中国古史中的井田制及其演变来比附西方的社会政策："中国又本有一种社会政策。《周礼》：'小司徒经土地而井牧其田野。''遂人辨其野之土，上地，中地，下地，以颁田里。'孟子说：'乡田同井；出入相友；守望相助；疾病相扶持。''设为庠序学校以教之。'《汉书·食货志》：'民年二十受田，六十归田。七十以上，上所养也。十岁以下，上所长也。十一以上，上所强也。''女修蚕织。''春令民毕出在野；冬则毕入于邑。……入者必持薪樵，轻重相分，斑白不提挈。冬民既入，妇人同巷相从，夜绩女工。……必相从者，所以

---

① 孙中山：《在上海中国社会党的演说》，载《孙中山全集》第2卷，第507页。
② 朱执信、胡汉民、吕思勉、胡适、季融五、廖仲恺：《井田制度有无之研究》，上海华通书局，1930年。又见石川祯浩《中国共产党成立史》，中国社会科学出版社，2006年，第23页。

省费燎火,同巧拙而合习俗也.'虽是偏着农业一方面,但不能不认为社会政策的一种。后来宋儒常常想恢复井田,但总没有什么机会。"①郭沫若后来更是把中国共产党的土地改革政策视为井田制之真正兑现:"土地改革……不正是两千多年前孟夫子所梦想过的井田制的兑现吗?"②可见饱受中国文化传统熏染的早期知识分子,在固有文化资源中寻寻觅觅,力图证明古老文明中早已孕育了社会主义元素,以期理解接受一种憧憬已久的理想主义。

墨子思想是早期知识人理解社会主义的思想资源。 早在19世纪末出版的《日本国志》中,黄遵宪即以墨子之学比附整个西学:"余考泰西之学,其源盖出于墨子。其谓人人有自主权利,则墨子之尚同也;其谓爱汝邻如己,则墨子之兼爱也;其谓独尊上帝,保汝灵魂,则墨子之尊天明鬼也;至于机器之精,攻守之能,则墨子备攻、备守、削鸢能飞之绪余也。而格致之学,无不引其端于《墨子》经上下篇。当孟子时,天下之言,半归于墨,而其教衍而为七。门人邓陵、禽猾之徒,且蔓延于天下,其入于泰西,源流虽不可考,而泰西之贤智推衍其说至于今日,而地球万国行墨之道者十居其七。距之辟之于二千余岁之前,逮今骎骎有东来之意。呜呼!何其奇也。"③19世纪70年代曾留学英国的严复,在目睹西欧社会因垄断资本兴起而导致严重的贫富分化后,

---

① 蔡元培:《〈社会主义史〉序》(1920年7月23日),载张宝民主编《新青年·思潮卷》,河南文艺出版社,2016年,第316—317页。
② 《迎接新中国》(郭老在香港战斗时期的佚文),第53页。
③ 黄遵宪:《日本国志》,上海古籍出版社,2001年,第332页。

1901年在天津《直报》刊文《原强》明确指出:"垄断既兴,则民贫富贵贱之相悬,滋益远矣……夫贫富不均如此,是以国财虽雄,而民风不竞,作奸犯科,流离颠沛之民,乃与贫国相若。而于是均贫富之党兴,毁君臣之议起矣。"①进而将墨家思想与西欧正在勃兴的社会主义学说等同起来,"至于墨道,则所谓社会主义Socialism"②。这可能是把墨子思想与社会主义学说格义比附的早期文献记载。1904年,墨子的兼爱主义就已被革命党人视为社会主义:"墨子之义,以为欲打破重重之阶级,不可不提倡兼爱主义。兼爱主义者,社会主义也。"③而在五四时期反对旧伦理旧礼教之急先锋吴虞看来,墨子"他的通约,就是卢梭的《民约论》;他的主张,就是列宁的劳农主义"④。梁启超亦曾宣称:"要而论之,墨子之政术,非国家主义,而世界主义社会主义也。"⑤在《墨子学案》"第二自序"中,梁启超把墨子与马克思联系起来:"至墨子之经济理想,与今世最新之主义多吻合"⑥,"今世最新之主义"即马克思主义,"墨子是个小基督,从别方面说,墨

---

① 严复:《原强》(1901年),载姜义华编《社会主义学说在中国的初期传播》,复旦大学出版社,1984年,第38页。
② 严复:《庄子评语》,载《严复集》第4册,中华书局,1986年,第1126页。
③ 觉佛:《墨翟之学说》,载《辛亥革命前十年间时论选集》第1卷·下册,生活·读书·新知三联书店,1960年,第868页。
④ 吴虞:《墨子的劳农主义》,载《吴虞文录》下卷,黄山书社,2008年,第85页。
⑤ 梁启超:《饮冰室合集·专集》之三十七,中华书局,1989年,第41页。
⑥ 梁启超:《墨子学案》,载《梁启超全集》第十一集,第121页。

子又是个大马克思。马克思的共产主义是在'唯物观'的基础上建设出来,墨子的'唯物观'比马克思还要极端"①。进而认为"近代马克思一派说,资本家的享用,都是从掠夺而来,这种立论根据,和二千年前的墨子正同",即墨子所言"暴夺人衣食之财"。②十月革命后,苏俄领导下的社会主义蓬勃发展,势头正旺,梁启超反复考究仔细审思,视其为墨子思想的当代版本:"现在俄国劳农政府治下的经济组织,很有几分实行墨子的理想。内中最可注意的两件事:第一件,他们的衣食住,都由政府干涉,任凭你很多钱,要奢侈也奢侈不来。墨子的节用主义,真做到彻底了。第二件,强迫劳作,丝毫不肯放松,很合墨子'财不足则反诸时'的道理。虽然不必'日夜不休以自苦为极',但比诸从前工党专想减少工作时刻,却是强多了。墨子说:'安有善而不可用者?'看劳农政府居然能够实现,益可信墨子不是个幻想家了。"③苏俄革命之影响,由此可见一斑。朱傪在《墨学与社会主义》一文中,则系统阐述了墨家与社会主义的思想相通之处,认为墨子的"兼爱"与社会主义的人人互助,墨子的"赖其力者生,不赖其力者不生"与社会主义的人人劳动,墨子的"有余财以相分"与社会主义的公有制度,墨子的"兼以易别"与社会主义的消灭阶级,二者在精神方面颇有相通之处。并且强调:"倘若我们要在中国思想史上找出一种类似近世社会主义的思想,

---

① 梁启超:《饮冰室合集·专集》之三十九,第20页。
② 梁启超:《墨子学案》,载《梁启超全集》第十一集,第134页。
③ 同上,第137页。

而发之远在二千年以前的,那么我们一定推举墨家学说了,……墨学的出发点,与近世社会主义的出发点根本相同。"① 毛泽东青年时期的挚友蔡和森亦曾倾慕于墨翟,对他十分推崇,并把之与列宁所开创的苏俄社会主义革命事业联系起来,愿为之奋斗牺牲,1918年8月21日给毛泽东的信中蔡和森说:"只计大体之功利,不计小己之利害。墨翟倡之,近来俄之列宁颇能行之,弟愿则而效之。"② 关于马克思与孔墨关系,蔡尚思在马克思主义传入中国后曾作了如下总结:"在马克思主义传入中国以后,就发生了孔墨与马克思的异同一个问题。这主要有三派或三说:一是孔马完全一致派,二是尊墨尊马反孔派,三是尊孔反墨反马派,认为墨子思想近于西方,就把他排斥在中国之外。我对这个问题只能说:墨子较近于马克思。"③

综上可见,大同观念、井田制和墨子思想是早期中国知识分子理解西方社会主义(马克思主义)普遍使用的格义比附之固有观念与本土学说。除此之外,还有以孔孟学说直接比附格义社会主义理想的,如梁启超认为:"社会主义自然是现代最有价值的学说。……这种精神不是外来,原是我所固有。孔子讲的'均无贫,和无寡。'孟子讲的'恒产恒心',就是这主义最精要的论据。我并没有丝毫附会。"④ 孙中山则把其三民主义之渊源追溯于

---

① 朱俊:《墨学与社会主义》,《现代评论》第4卷,1926年第84期。
② 蔡和森:《蔡林彬给毛泽东》(1918年8月21日),载《蔡和森文集》(上),人民出版社,2013年,第9页。
③ 蔡尚思:《蔡尚思自选集》,重庆出版社,1999年,第56页。
④ 梁启超:《欧游心影录》,第45页。

孟子:"我辈之提倡民族、民权、民生三大主义,业已三十年于兹矣!不过其说明系归纳的,未尝判然明言三民主义为何物,我辈之三民主义首渊源于孟子,更基于程伊川之说。孟子实为我等民主主义之鼻祖。社会改造本导于程伊川,乃民生主义之先觉。其说民主、尊民生之议论,见之于二程语丝。仅民族主义,我辈于孟子得一暗示,复鉴于近世之世界情势而提倡之也。"①而在上海中国社会党的演说中,孙中山更是直言社会主义即人道主义,而博爱是其精髓,又把中国古代尧舜孔子墨子学说与之比附,"我国古代若尧、舜之博施济众,孔子尚仁,墨翟兼爱,有近似博爱也者"②。在《共产党宣言》早期译本中,亦有把"全世界无产者联合起来",直接意译为《论语·颜渊》中的"四海之内皆兄弟"。③章太炎亦认为均田制合于社会主义,并进而认为刑名法律、科举选官等中国的典章制度更是近于社会主义,"至于中

---

① 孙中山:《与日人某君的谈话》,载《孙中山全集》第8卷,664页。
② 孙中山:《在上海中国社会党的演说》,载《孙中山全集》第2卷,第510页。
③ 金观涛、刘青峰:《观念史研究:中国现代重要政治术语的形成》,法律出版社,2009年,第207页。有学者认为:"四海之内皆兄弟也。"这句话出自《论语·颜渊》。在1920—1921年苏俄政府发行的纸币上继续用多国文字印有这个伟大口号,中文译法如上。不过这种译法已经离开原意甚远,又退回到近似原先正义者同盟的旧口号"人人皆兄弟"(也有人把"人人皆兄弟"译为"四海之内皆兄弟"。见王德周著《社会主义史大纲》,益群学社,1933年,第30页)。"原始材料我没有见过,这是1950年10月3日我亲自听到刘少奇同志在中国人民大学开学典礼上讲到他早年在苏俄的见闻时提到的。他当时提到此事是勉励大学生要学好外文并准确地翻译外文。1922年以后苏联政府决定在发行的新纸币上删去外文。"见高放《"全世界无产者,联合起来!"74种中译文考证评析》,《文史哲》2008年第2期。

国特别悠长的事，欧、美各国所万不能及的，就是均田一事，合于社会主义。……这还是最大最繁的事，其余中国一切典章制度，总是近于社会主义，……我们今日崇拜中国的典章制度，只是崇拜我的社会主义"①。安福系的王揖唐亦把许行、孟子之学说与社会主义相比附："其实此种学说吾国数千年前早有倡者，即如许行之学说，自食其力，均田均耕，与近世之共产主义相近。惟在彼时已有认为此种学说与中国不适者，即孟子是也。孟子虽反对许行之学说，然亦主张社会主义者。"②而作为新儒家代表人物的梁漱溟更是认为社会主义与中国固有精神有其相通之一面："无产阶级精神既有其高于我们传统习俗之处，同时又和我们固有精神初不相远，中国人很容易学得来。"③此外，还零星地使用过如"均平"等本土观念来比附社会主义学说。正如日本学者石川祯浩所言："在中国接受马克思主义，极易受到旧的思想框架的束缚；反过来讲，在'社会主义'的概念尚未扎根以前，就连对外国思潮造诣颇深的留学生和国民党系知识分子也难免这样去做，即为了便于理解社会主义的印象、概念而将其投射到中国固有的传统中去。的确，要按照其本来概念去理解源自西方的'社会主义'殊非易事。而随着有关社会主义的知识越来越丰富，对墨子的'兼爱'和孟子的'井田制'的顾盼则会越来越少。不

---

① 章太炎：《在东京留学生欢迎会上之演讲》，载《章太炎全集·演讲集（上）》，上海人民出版社，2015年，第9—10页。
② 《昨日安福部之议员会》，《公言报》，1919年7月9日第22版。
③ 梁漱溟：《中国——理性之国》，载《梁漱溟全集》第4卷，第342页。

过,这件事却暗示着,即使孙中山身边那些在中国最早宣传社会主义的知识分子,姑且不论他们对社会主义这一概念如何理解,当他们把这一概念传达给别人时,没有某种形式的媒介也是很难做到的。"① 由此可见,在中国早期马克思主义传播史中,找到本土思想学说中的相应概念作为思想媒介,这对中国知识分子及其民众初步理解社会主义之义理可谓至关重要。

三、"格义"之法的思想史意义

早期佛教学者在使用格义之法从事教学翻译著述一段时间后,便发现此方法之弊端。释道安早年曾借用过格义之法,逐渐发现此法不足取:"先旧格义,于理多违。"② 后来受学于鸠摩罗什的僧叡(道安弟子)在《毗摩罗诘提经义疏序》亦言:"讲肆格义,违而乖本。"③ 随着理解逐渐从其表面概念走向深层次的思想内涵,便发现格义之方法弊端日显。正如汤用彤所言:"一个值得注意的事实,即只在集中于两种不同思想(无论产生于不同个人或两个国家)的概念和名词之间的相似性,不能拿它们融合起来,这在实质上是只看到那些基础学说或基本原理的同一性。只是停留在名词和概念上对比,不可避免地会引起思想上的混乱

---

① 石川祯浩:《中国共产党成立史》,中国社会科学出版社,2006年,第23—24页。
② 释慧皎:《高僧传》卷五,载《大正藏》卷五十。
③ 《出三藏记集》卷八,载《大正藏》卷五十五。

和曲解,或者如道安所说成了'于理多违'的情况,并从而使哲学家的思想或者宗教家的教义,其深义或者核心仍然难于理解。实行对比须要密切注意的是理由或者原则,掌握一种思想体系内含的深义,这比之于概念或名词浮面浅薄的知识,显然是更为重要的。"①

与佛教学者最终抛弃简单概念名词间的"格义"之法类似,此后有学者对用本土固有概念格义比附西方社会主义学说,即提出批评意见。新儒家宗师熊十力对此格义比附之法甚为不满:"维新人士,将欲吸引西学,不得不择取经文中有可以类通之语句,而为之比附张皇。使守旧之徒,乐闻而不为峻拒,此亦用心甚苦。然此等心理,实由震慑西洋之威势而想慕其学术,欲与之亦步亦趋。其隐微之地,盖早已失其对于经籍之信仰。而二千余年来,为吾民族精神所由陶养成熟、与为吾国思想界甚深根底之经典,将濒于废绝,固造端于此矣。"②时势所迫,熊十力对此"比附张皇"之格义方法虽略表理解,称其"用心甚苦",但在他看来,如长期使用此格义方法,必将失去文化自信,失去对本土文化经典之信仰,对西洋文化"亦步亦趋",熊十力提示我们必须要注重这"隐微之地"。美国学者伯纳尔亦指出:"一个引人注目的问题是,中国传统思想在早期社会主义和

---

① 汤用彤:《论"格义"——最早一种融合印度佛教和中国思想的方法》,载《汤用彤全集》第3卷,河北人民出版社,2000年,第240页。
② 熊十力:《关于"中体西用"、"全盘西化"、"本位文化"诸论及其他》,载郭齐勇编《现代新儒学的根基——熊十力新儒学论著辑要》,中国广播电视出版社,1996年,第373页。

无政府主义以及其后的共产主义之中是如何存活并延伸的？共产主义过去常常、现在仍然被等同于传统的'大同'思想（Great Harmony）——代表一个消除了自私自利和私有财产的理想世界。社会主义也被链接到一种被称作'井田制'的共同的农业生产方式。在早期，社会主义与这些概念之间的关联得到了承认，甚至会被大肆鼓吹。在1919年以后这些关系虽然开始受到质疑，但它持续性地影响了中国的共产主义。近期的批孔运动也表明，其象征意义在今天仍在发挥潜能，虽然其中像'井田制'现在已经反过来被称作奴隶制。"①新中国成立后对此格义比附之法，毛泽东亦有批评："这种对于共产主义社会的描绘，不是什么新的东西，是古已有之的。在中国，有《礼运·大同篇》，有陶潜的《桃花源记》，有康有为的《大同书》，在外国，有法国和英国空想社会主义者的大批著作，都是这一路货色。"②

通过这种简单运用格义比附之法，早期中国知识人对社会主义（马克思主义）的理解只能浮于表面，很难对其内涵与原理有系统深入之研究。同时，社会主义（马克思主义）是西方资本主义大工业社会发展到一定阶段的产物，并非中国社会固有发展的历史逻辑。张汝伦即指出："将社会主义理解得过于简单的另一个原因是，它并非是从中国土生土长出来的，而是现代资本主

---

① 伯纳尔：《一九〇七年以前中国的社会主义思潮》原版序言，https://www.douban.com/note/502781443/。
② 毛泽东：《建国以来毛泽东文稿》第十二册，中央文献出版社，1998年，第323页。

发展到一定阶段的产物。而它传入中国和在中国流行时,中国的资本主义还处在非常幼稚的阶段,因此,中国的社会主义者们难以体会到它深刻的历史内容和丰富的理论蕴含。这个局限性也许是无法避免的,但认真地从学理上,而不是浮躁地从意识形态上去理解它,应该是可能的。然而,这个'应该'却没有变成'是'。最后,中国人接受社会主义是抱着非常功利主义的态度,就是将它纯粹作为救国的手段,因而在理解社会主义时,不免有点不求甚解。"[1] 早期的社会主义(马克思主义)并非中国的内生性逻辑,而是求变求新的知识分子意识上之追求。因此,很难短期内从学理上理解其精髓。同时,由于近代以来世界大交通,中国人逐渐开始睁眼看世界,甚至有些人走出国门游历西方,他们在赞美现代西方社会的同时,亦对西方社会日益凸显严重的贫富分化、社会不平等特别警惕。而社会主义满足了这种需求,一方面它是来自西方的先进理论,值得学习和效仿,同时它又可以避免因资本主义的过度膨胀所带来之社会弊病。"中国人接受社会主义很大程度上是为了避免西方社会已经暴露出来的严重问题。所以他们对社会主义的理解,也不免有这种倾向预设。"[2] 的确,

---

[1] 张汝伦:《在现实与理想之间——现代中国的社会主义思潮》,载《现代中国思想研究》,上海人民出版社,2014年,第362页。
[2] 同上,第365页。

社会主义的核心精神是平等①。而平等作为社会主义精神的含义，对于欧洲和对于中国，其现实意义则完全不同。在欧洲，社会主义之精神主旨是对于资本主义之批判，资本主义之制度因素是社会主义精神的物质基础，而在中国这些基础并不存在。正如刘小枫所言："中国知识人接纳社会主义精神的动力因素是什么呢？……近代中国社会主义精神与怨恨的关联，既在以儒家理念为主导的中国思想面临西方思想的压迫时的生存性比较之中，亦在社会变动的阶层重构之中。社会主义精神的价值偏爱既基于现代社会变迁中'列国竞争'引发的民族性怨恨，亦源于新兴知识人阶层在原有旧的社会秩序解体过程中因失去地位升迁而积蓄的怨恨。"②因此，无论是简单的格义比附，还是迫切的救国心态，抑或社会急剧变动而来的怨恨心态，都未能真正从社会主义（马克思主义）自身的思想发展脉络来理解其精神实质，只能是浮于

---

① 托克维尔认为相较于自由，平等才是法国大革命所追求的核心价值与目标："从大革命开始直至今日，人们多次看到对自由的酷爱时隐时现，再隐再现；这样它将反复多次，永远缺乏经验，处理不当，轻易便会沮丧，被吓倒，被打败，肤浅而易逝。在这同一时期中，对平等的酷爱始终占据着人们的内心深处，它是最先征服人心的；它与我们最珍贵的感情联在一起；前一种激情随着事件的变化，不断改变面貌，缩小、增大、加强、衰弱，而后一种激情却始终如一，永远以执着的、往往盲目的热忱专注于同一个目标，乐于为使它能够得到满足的人牺牲一切，乐于为支持和讨好它的政府提供专制制度统治所需要的习惯、思想和法律。"见托克维尔《旧制度与大革命》，商务印书馆，1992年，第245页。

② 刘小枫：《怨恨与社会主义精神》，载《现代性与现代中国》，华东师范大学出版社，2018年，第185—188页。刘小枫特别强调："社会主义精神能为中国主要政党采纳，乃因为这种价值（正义、平等）理念为民族国家提供了更具国际正当性的支持；国族间的生存比较决定了马克思主义在中国的传播及其接受的价值偏爱结构的基础。"同书，第201—202页。

表面的粗枝大叶一知半解。

俄国十月革命后，具有初步共产主义倾向的知识分子虽然在宣传介绍马克思主义时逐渐抛弃了这种简单概念名词之间的格义比附，但作为一种思潮，要想从一种文明到另一种文明扎下根来，进而相互融合开花结果，不可能一蹴而就，有个历史之发展过程，而早期的格义阶段可谓有其重要的思想史意义。这里以1912年5月8日列宁在纪念赫尔岑百周年诞辰之际而写的《纪念赫尔岑》为例，来看革命思想传播之阶段与进程。

> 我们纪念赫尔岑时，清楚地看到先后在俄国革命中活动的三代人物、三个阶级。起初是贵族和地主，十二月党人和赫尔岑。这些革命者的圈子是狭小的。他们同人民的距离非常远。但是，他们的事业没有落空。十二月党人唤醒了赫尔岑。赫尔岑开展了革命鼓动。响应、扩大、巩固和加强了这种革命鼓动的，是平民知识分子革命家，从车尔尼雪夫斯基到"民意党"的英雄们。战士的圈子扩大了，他们同人民的联系密切起来了。赫尔岑称他们是"未来风暴中的年轻航海长"。但是，这还不是风暴本身。风暴是群众自身的运动。无产阶级这个唯一彻底革命的阶级，起来领导群众了，并且第一次唤起了千百万农民进行公开的革命斗争。第一次风暴是在1905年。第二次风暴正在我们眼前开始扩展。无产阶级纪念赫尔岑时，以他为榜样来学习了解革命理论的伟大意

义……即使在播种与收获相隔几十年的时候也决不会白费。①

在列宁看来，赫尔岑不能在19世纪40年代俄国内部看见革命的人民，这并非其过错，而是其不幸。赫尔岑虽不是无产阶级革命阵营里的一员，但他对革命起了正面积极的宣传鼓动作用，这对于唤醒俄国无产阶级的革命意识功不可没。从列宁论赫尔岑精神中，可得如下启迪：革命及其革命思想之传播，不是一蹴而就，而是一代接着一代，一个阶段接着一个阶段，一个过程接着一个过程，革命运动是一个代际接替的连续发展过程。就中国革命历史进程而言，亦即经由太平天国运动—洋务自强运动—维新变法运动—义和团运动—资产阶级辛亥革命—进步知识分子新文化运动，而逐步发展到中国共产党领导的工农革命。就此而言，中国革命亦需各个历史阶段的接续不断的思想启蒙。

由此可理解，中国历史上早期的维新派、改良派、革命派以及一些进步知识分子所从事宣传鼓动工作之意义所在，正如毛泽东所言："自从一八四〇年鸦片战争失败那时起，先进的中国人，经过千辛万苦，向西方国家寻找真理。洪秀全、康有为、严复和孙中山，代表了在中国共产党出世以前向西方寻找真理的一

---

① 列宁：《纪念赫尔岑》（《社会民主党人报》第26号，1912年5月8日），载《列宁选集》第2卷，人民出版社，2012年，第289页。

派人物。"①十月革命前,早期的维新派、改良派、革命派②以及部分进步知识分子都曾对马克思主义(社会主义)及其学说初步做过一些宣传介绍。尽管他们理解不够深刻,介绍不够全面,宣传不够准确,甚至和许多错误的东西相混杂,主观上还怀有各种各样的动机和目的,但客观上确为近代以来封闭落后的中国在思想领域开了一扇窗,逐渐知晓了西洋马克思主义(社会主义)及其学说③。正如美国学者伯纳尔所指出的那样:"社会主义在二十世纪的中国起决定性的作用,还是与中国人在一九〇七年以前对社会主义的关注大有关系。早期的社会主义运动虽然夭折,其影

---

① 毛泽东:《论人民民主专政》,载《毛泽东选集》第4卷,第1469页。

② 姜义华即指出,早期资产阶级民主主义革命家为何如此热心宣传马克思主义:"马克思主义是革命的无产阶级的思想体系,而在20世纪初叶的中国,一批激进的民主主义革命家,却成了它热心的介绍者。之所以产生这样一种特异的现象,首先当然是因为……无产阶级……还非常弱小,他们还远没有形成一支独立的政治力量,更没有把他们的斗争同马克思主义直接联系起来,在正迅猛崛起的民主革命风暴中,他们还只是激进的民主主义革命家的追随者。同时,……对于激进的中国民主主义革命家来说,他们一度重视和欢迎马克思主义,并不是因为他们打算率领无产阶级去进行推翻资本主义的斗争,而是因为他们觉得自己有能力预先进行一场'社会革命',确保法国启蒙学者们一百多年前提出的各项原则得到完全、彻底的实现,那就可以避免一场未来的无产阶级领导的革命。"见姜义华《现代性:中国重撰》,北京师范大学出版社,2013年,第416页。

③ 梁漱溟曾言:中国社会长期停滞不前,处于一治一乱循环往复之中,"两千多年后,依然不过那样。假如不是近代西洋资本主义工业文明传过来,它可能长此终古!""中国历史上一治一乱,固然是盘旋,凡其一切不进者,若经济若学术亦都是在盘旋。此真人类文化一奇迹!旧著于此,早有点明:他再不能回头补走第一路(西洋之路),亦不能往下去走第三路(印度之路),假使没有外力进门,环境不变,他会要长此终古!"见梁漱溟《中国文化要义》,载《梁漱溟全集》第3卷,第169页、第282页。

响来看象在短期内消失,但其意义却是非常深远的。这是因为在二十世纪二十年代,当苏维埃革命再次与马克思和社会主义有关时,那些早期投身于社会主义运动的人,在政治上起了很大的作用。……早期的这种研讨,无疑加快了五四运动后中国人对马克思主义的反响。"[1]的确,在五四运动无产阶级登上历史舞台前的各种知识传播途径中,通过运用这种本土固有概念接引马克思主义学说的"格义"之法,形塑了早期中国知识分子对于西方社会主义之想象,为十月革命后马克思主义在中国的广泛快速传播,及其为马克思主义中国化奠定了扎实的思想前提和理论基础。

---

[1] 伯纳尔:《一九〇七年以前中国的社会主义思潮》,福建人民出版社,1985年,第205页。

第2章

"六经皆史"与马克思主义中国化

数千年来,中华民族走着一条不同于其他国家和民族的**文明发展道路**。我们开辟了中国特色社会主义道路不是偶然的,是我国历史传承和文化传统决定的。中国共产党诞生于中华民族危难之际,从中国社会土壤中生长起来,与这个民族血肉相连,是中华民族历史文化传统内生性演化之结晶,承继了中华民族最基本的文化基因,与生俱来有着鲜明的中华文明特质。

引言:一脉相承的经史问题意识

清代中叶,面对经学训诂学之兴起与挑战,章学诚提出"六经皆史",这是其历史哲学之核心。意图从**重建经史关系之视角**,修正儒生"六经为载道之书"的历史成规与理论偏见,力图为"史"正名,同时给予"经"应有之地位。浙东后辈章太炎承继"六经皆史":"百年前有个章学诚,说'六经皆史',意见就说六经都是历史,这句话,真是拨云雾见青天。"①无独有偶,师从黄侃深受章门师法影响的范文澜,对"六经皆史"亦有批判继承:"章学诚说'六经皆史',这是很对的。因为六经正是专官们保存了些文化记录流传下来被尊为经典,当初没有经的名号,也没有特别贵重的意义。"②

延安时期中国共产党开展了影响深远的整风运动。核心问题是处理党内的"经史关系",即马克思主义经典理论(经)与中国历史实践(史)之关系。就在此时,1940年刚到延安的范文澜连续三次作中国经史关系演讲,毛泽东当即去信:"文澜同志:提纲读了,十分高兴,倘能写出来,必有大益,因为用马克思主义清算经学这是头一次,因为目前大地主大资产阶级的复古反动十分猖獗,目前思想斗争的第一任务就是反对这种反动。你的历史学工作继续下去,对这一斗争必有大的影响。第三次讲演因病没有听到,不知对康、梁、章、胡的错误一面有所批判否?不知涉及廖平、吴虞、叶德辉等人否?越对这些近人有所批判,越能在学术界发生影响。我对历史完全无研究,倘能因你的研究学得一点,深为幸事。"③可见,毛泽东一方面十分关注国民党力倡的尊孔读经复古运动,迫切希望用马克思主义予以批判;另一方面

---

① 章太炎:《经的大意》,载《章太炎全集·演讲集(上)》,第99页。
② 范文澜:《中国经学史的演变》,载《范文澜历史论文选集》,中国社会科学出版社,第269页。
③ 毛泽东:《关于经学问题给范文澜的信》,载《毛泽东文集》第2卷,第296页。

表明他高度重视经学，对当代经学代表人物甚为熟悉。由此，范文澜这位史学秀才，被毛泽东这样一位在党内为数不多对经史问题极为关注的领袖相中，便绝非偶然。毛遂命其编撰中国通史，范文澜不负重托，1941年《中国通史简编》出版。对此毛泽东高度评价："我们党在延安又做了一件大事。说我们共产党人对于自己国家几千年的历史，不仅有我们的看法，而且写出了一部系统的完整的中国通史。这表明我们中国共产党对于自己国家几千年的历史有了发言权，也拿出了科学的著作了。"① 对《中国通史简编》，不但毛泽东及中国共产党如获至宝，亦引起国民党高层关注，1943年徐复观以国民党少将观察员身份受命派驻延安，回渝复命后写下见识极为深刻的观察报告《中共最近动态》（此报告受到蒋介石高度重视，当即写下按语批示全党学习），报告中说："历史之工作，由其中央研究院担任之。其代表作为《中国通史简编》，目的与方法在以研究中国历史者，毁灭中国之历史。一以欺骗社会青年，一以助其阉割民族性而增强其国际奴隶性。第三册尚未完成，内容专以污蔑本党，与本党争正统为目的。"② 由此可见，国民党高层明确把《中国通史简编》视为与其

---

① 佟冬：《我的历史》，载《中国当代社会科学家传》第4辑，书目文献出版社，1983年，第84页。据荣孟源回忆："虽然用马列主义撰写中国历史，并非从范文澜同志开始，也不只范文澜同志一人，但他是最早完成的。上册出版时，毛泽东同志非常称许，还特意请范文澜同志吃了一顿饭。"见荣孟源《范文澜同志在延安》，载温济泽等编《延安中央研究院回忆录》，中国社会科学出版社，1984年，第181页。

② 黎汉基、李明辉编：《徐复观杂文补编》第五册，台北"中研院"中国文哲研究所筹备处，2001年，第29页。

争中国历史正统解释权的核心理论著作。

近代中西遭遇以来,在坚船利炮之下中国人失却故步,丧失自信。先进的中国人急迫期望从传统"一治一乱"的循环史观,甚至是向往"三代"的退化史观中走出来,向西方寻找重建史观的思想资源。基辛格在《论中国》一书即指出了中西传统历史观的这种巨大差异:"西方人认为,历史是走向近代化的过程,是战胜邪恶与落后的过程。而中国人的历史观强调的是衰弱与复兴的周期,在这一过程中,人可以认识自然与世界,却不能完全主宰,最佳结果是与之融为一体。"[1]虽身处西北小城延安,毛泽东胸中却装着整个天下,深知重建史观是赢得中国革命胜利之关键。在他看来,共产党人无论对待马克思主义,或是历史文化传统,还是当前革命实践,都须从理论上给出准确阐释,关键就在于史观之重建。当时国民党主流史学家对史观问题并未给予足够重视,特别是深受实证主义史学和传统文献学影响的傅斯年、蒋廷黻、陈恭禄等史学家,认为史学研究之基础与关键在于搜集和甄别史料。"近代的历史学只是史料学,利用自然科学供给我们的一切工具,整理一切可逢着的史料。"[2]避免任何主观偏见和政治立场,目的在于使历史学与意识形态脱钩,进而依据史实进行客观研究,并不注重史实背后的历史哲学即史观之建构。与此相

---

[1] 亨利·基辛格:《论中国》,胡利平等译,中信出版集团,2015年版,第25页。
[2] 傅斯年:《历史语言研究所工作之旨趣》,载《傅斯年全集》第4册,(台北)联经出版事业公司,1980年,第253页。

反，共产党的史学家十分注重史观建构，面对严重危机，史学研究特别近代史研究都将民族危亡和国家富强作为历史书写的核心议题，关涉重大史观问题。正如范文澜所言："一般学习历史的人，特别是做'纯学术'的人，往往以为学历史无须学哲学。……如果不能认真学习辩证唯物主义和历史唯物主义，那末，必然解脱不了实用主义和一切其他资产阶级哲学的枷锁，也就是永远不能不做它们的奴隶。"① 如没有一套成熟系统的史观贯穿其中，历史即是一堆杂乱无章之史料。由此可知，历史哲学即史观，乃史学之基础。面对党内严重的教条主义和国民党复古运动的严峻挑战，毛泽东一到延安即开始思考共产党人的历史观，要为党史、近代史、中华民族史构建起一套建立在唯物史观基础上，符合国情的历史哲学叙事。"国共两党之争成败的原因有很多，其中很重要的一个原因是，共产党建立了意识形态的制高点。不是一般意义上的制高点，它是一个新的史观。因为有这个历史观，毛泽东就引领这个民族一步一步往社会主义的方向走，他执政就非常有自信，因为真理在自己手里。"② 正因有范文澜这样既受过经史训练有着深厚经史功底，又经革命实践真诚服膺于唯物史观的历史学家之援助，毛泽东在处理党内经史关系问题即马克思主义之经与中国革命实践之史关系时便得心应手，为中国

---

① 范文澜：《看看胡适的"历史的态度"和"科学的方法"》，载《范文澜历史论文选集》，第263页。
② 曹锦清：《百年复兴：中国共产党的时代叙事与历史使命》，载《中国道路与中国学派》，中信出版集团，2016年，第269页。

共产党人成功建构起一套中国革命的历史合法性叙事(这套叙事与传统循环史观、退化史观的明显区别即它是一套基于独立、解放、富强和复兴的面向未来的历史叙事),占领了意识形态与道义制高点,并很快使处于彷徨迷茫之中国人获得了思想武器,由此新的"天意",即历史发展规律被共产党人所掌握,进而带领人民成功实现百年来的革命建国夙愿。

一、"六经皆史":章学诚的经史观

清代中叶章学诚明确提出"六经皆史"论。仅就经即史关系而言,并非其首创,早有述及。王阳明曾言:"以事言谓之史,以道言谓之经。事即道,道即事。《春秋》亦经,五经亦史。《易》是包牺氏之史,《书》是尧、舜以下史,《礼》《乐》是三代史。其事同,其道同。安有所谓异?"又曰:"五经亦只是史。史以明善恶,示训戒。善可为训者,时存其迹以示法;恶可为戒者,存其戒而削其事以杜奸。"[1] 明末李贽更明确讲:"经史一物也,史而不经,则为秽史矣,何以垂戒鉴乎?经而不史,则为说白话矣,何以彰事实乎?故《春秋》一经,春秋一时之史也。《诗经》《书经》,二帝三王以来之史也。而《易经》则又示人以经之所自出,史所以来,为道屡迁,变易匪常,不可以一定执也。故谓六经皆史可也。"[2] 虽都明确提及经史之间的辩证互动关系,但只

---

[1] 王阳明:《传习录》,上海古籍出版社,2011年,第11页。
[2] 李贽:《焚书·续焚书》,岳麓书社,1990年,第213页。

是蜻蜓点水，直至章学诚"六经皆史"论应时而生自成系统，赋予经史关系之新内涵。正如周予同所言："直到章学诚'六经皆史'，才真正成为一种系统学说，有其'经世'理论。"①

任何具有深远历史影响的思想学说之创立，都渊源有自。如能重回历史现场，深入思想史脉络中，便会知晓章学诚"六经皆史"并非拾人牙慧，而有其深切关怀。其所处之世为乾嘉考据学兴盛之时，特别经清初顾炎武至同时代戴震的"经学即理学"命题，宣称六经乃载道之书，道毕具于六经，而六经所载文字及典章制度已非后人能识解，必须借助训诂考证："仆自十七岁时有志闻道，谓非求之六经孔孟不得，非从事于字义、制度、名物，无由能通其语言。宋儒讥训诂之学，轻语言文字，是欲渡江河而弃舟楫，欲登高而无阶梯也。为之卅余年，灼然知古今治乱之源在是。"②章学诚"六经皆史"所破所立正基于此。"章学诚与经学家们的根本分歧不在义理与考据的关系，而在六经的位置：在经学家，道自六经出，非由文字训诂而不得门径；在章学诚，六经不足以尽道，他试图在史的范畴中另觅义理的途径。"③欲与此根深蒂固之"经学即理学"针锋相对，章学诚必须自立一套从**本体到方法**的更为集中彻底之经史理论，"六经皆史"应运而生。

---

① 周予同：《章学诚"六经皆史说"初探》，载朱维铮编《周予同经学史论著选集》，上海人民出版社，1983年，第718页。
② 戴震：《与段若膺论理书》，载《戴震全集》第1册，清华大学出版社，1991年，第213页。
③ 汪晖：《现代中国思想的兴起·上卷（第一部）》，生活·读书·新知三联书店，2015年，第459页。

岛田虔次高度评价"六经皆史",视其为与孔子的"仁"、孟子的"性善"、清朝考证学的"实事求是"相提并论的"中国学术史上最著名的口号之一"①。余英时则把它称为清代学术史上的突破性创见。②

(一)章学诚的经史论

"六经皆史"乃章学诚经史观之本体论。若想理解其经史观,则须对经史先释其义。而在章学诚视域中,何为经,何又为史?

何为经?章学诚则作独特训解:"异学称经以抗六艺,愚也;儒者僭经以拟六艺,妄也。六经初不为尊称,义取经纶为世法耳,六艺皆周公之政典,故立为经。"③经非尊称,经之兴起势之然也。在章学诚看来,尊经一方面是因传而始有经。"依经而有传,对人而有我,是经传人我之名,起于势之不得已,而非其质本尔也。"④另一方面乃因诸子之兴而尊经。官师既分处士横议,私家之言脱离典章纷然而起,"儒家者流乃尊六艺而奉以为经,则又不独对传为名也。……六经之名起于孔门弟子亦明矣。"⑤经非尊称,其本义为何?"'《易曰》:云雷屯,君子以经纶。'经纶之言,纲纪世宙之谓也。"⑥经纶本义乃谓"整理蚕丝",引申

---

①岛田虔次:《六经皆史说》,载《日本学者研究中国史论著选译(七)》,中华书局,1987年,第184页。
②余英时:《"六经皆史"说发微》,载《论戴震与章学诚》,生活·读书·新知三联书店,2012年,第52、61页。
③章学诚:《文史通义·经解下》,上海世纪出版集团,2008年,第30页。
④《文史通义·经解上》,第26页。
⑤同上,第27页。
⑥同上,第26页。

为治国理政即"纲纪世宙之谓"。其如此定义经，乃是与"夫六经，皆先王得位行道，经纬世宙之迹，而非托于空言"①一脉相承，六经之迹可依可循，重实践而轻空言。**何谓史？** 章学诚对史学抱负极大："吾于史学，盖有天授，自信发凡起例，多为后世开山，而人乃拟吾于刘知几。"②其不屑于与大史家刘知几并论。对名噪一时之戴震则倍感恼火："戴君经术淹贯，名久著于公卿间，而不解史学。闻余言史事，辄盛气凌之。"③其所言史学，非四部之史部。"唐宋至今，积学之士，不过史纂、史考、史例；能文之士，不过史选、史评，古人所为史学，则未之闻矣。"④所言之史，亦非史料而是官师合一下先王之道的"撰述"，须具史德，"著书者之心术也"⑤。"史之大原本乎《春秋》，《春秋》之义昭乎笔削。**笔削之义，不仅事具始末，文成规矩已也。以夫子义则窃取之旨观之，固将纲纪天下，推明大道，……微茫秒忽之际有以独断于一心**。"⑥此笔削之义，其本在经世，能称为史学者，"史学所以经世，固非空言著述也"⑦。

由此训解，便能深晓《文史通义》之开宗明义："六经皆史也。古人不著书，古人未尝离事而言理。六经皆先王之政典

---

① 《文史通义·易教上》，第3页。
② 《文史通义·家书二》，第818页。
③ 《文史通义·记与戴东原论修志》，第295页。
④ 《文史通义·上朱大司马论文书》，第768页。
⑤ 《文史通义·史德》，第65页。
⑥ 《文史通义·答客问上》，第152页。
⑦ 《文史通义·浙东学术》，第169页。

也。"①六经皆先王政典,"未尝离事而言理",是治国理政之史迹史录。章学诚重史之地位毫无疑义,但说其抑经,却非如此。他非疑经之人,对孔子"述而不作,而表章六艺,以存周公之旧典"②更赞赏有加,推崇备至。"古人之于经史,何尝有彼疆此界,妄分孰轻孰重哉!"③与其说尊史抑经,还不如说是在尊经前提之下,纳史入经,尊史为经。内含其政教合一之三代理想,即以史为经之根柢,让经不再置于空言,而有其坚实基础。由此,经之地位更加巩固,同时又把史学抬升为经之基础地位。"章学诚的'六经皆史'说,就其主要方面而言,恐怕还不是尚存争议的尊经、抑经问题,贯穿于其间的一个中心思想,实为复原中国儒学的经世传统,倡导以史学去经世致用。"④六经基于正史,史学内涵经训,经即史,史亦即经。由此而言,章学诚其实经史并治,经史并重。

(二)章学诚的认识论

章学诚力图建构一套从本体到方法之完整经史观,以清算"经学即理学"。前述从本体论作了论述,这里从认识论对其经史观作进一步检讨。"儒家者流,守其六籍,以谓是特载道之书耳。"⑤针对此根深蒂固之偏见,章学诚提出"六经皆史",要义即严正指出何谓道,进而何以求道、明道。

①《文史通义·易教上》,第1页。
②《文史通义·原道中》,第39页。
③《文史通义·上朱中堂世叔》,第760页。
④陈祖武:《清儒学术拾零》,湖南人民出版社,2002年,第265页。
⑤《文史通义·原道中》,第39页。

何谓道？《原道》开篇："道之大原出于天"，"道者，万事万物之所以然，而非万事万物之当然也"。①道即社会发展之必然趋势，与圣人无关。"圣人创制，则犹暑之必须为葛，寒之必须为裘，而非有所容心。"②由此判定："孰为近道？曰：不知其然而然，即道也。"③**何以求道？**章学诚以求道、明道为一生志业，常叹："嗟乎！道之不明久矣。"④世人不晓，"谓六经载道之书也，而不知六经皆器也。"⑤明确指出"六经皆器"。如何求道？道无可见，众人自不必说，圣人又如何求道？道虽不可见，但有一阴一阳之迹即器，道不离器，"知道器合一，方可言学"⑥。圣人即器以见道。"六经皆史也，形而上者谓之道，形而下者谓之器。……典章事实，作者之所不敢忽，盖将即器而明道耳。"⑦故道于器中方能求，"后人不见先王，当据可守之器而思不可见之道"。⑧

求道之方。由"道器合一"之本体论便能开出"即器而明道"之认识论，而"六经皆器"则进一步开出方法论。"夫道备于六经，义蕴之匿于前者，章句训诂足以发明之。事变之出于后

---

① 《文史通义·原道上》，第33页。
② 同上，第34页。
③ 同上，第34页。
④ 《文史通义·答客问上》，第153页。
⑤ 《文史通义·原道中》，第38页。
⑥ 《文史通义·与陈鉴亭论学》，第719页。
⑦ 《文史通义·答客问上》，第153页。
⑧ 《文史通义·原道中》，第38页。

者，六经不能言，固贵约六经之旨而随时撰述以究大道也。"①道源于天，章学诚所谓道可理解为绝对真理，六经所载之道可理解为相对真理。道作为绝对真理，是无数相对真理之总和，历史在实践中不断向前，相对真理亦不断丰富发展。正如余英时所言："实斋的本意是说六经但为某一阶段（即古代）之史，而非史之全程。易言之，六经皆史而史不尽于六经。必须如此下转语，'六经皆史'的全幅涵义始能显现。……实斋以'道'在历史进程中不断展现。六经既只是古史，则最多只能透露一些'道'在古代发展的消息。至于'事变之出于后者，六经不能言'；三代以下之道便只有求之于三代以后之史了。"②六经只能明三代之道，即"义蕴之匿于前者"，而"事变之出于后者"则超出六经范围，须"随时撰述以究大道"。章学诚非好古之人，常以孔子所言"生乎今之世，反古之道。如此者，灾及其身者也"自警。但对六经非弃之不顾，特别强调"贵约六经之旨"。对经世致用之道从不怠慢，"至于古而有用，则几于身命殉之矣！"③"学之贵于考征者，将以明其义理尔。"④"未有不于古先圣王之道，得其仿佛者也。"⑤以身命殉之，可见其甚为看重"六经之旨"，同时又须"随时撰述"，不断揭示"道"之恢宏全体。

对六经不能言而后出之"大道"，则要知晓乃"时会使然"。

---

①《文史通义·原道下》，第41页。
②余英时：《"六经皆史"说发微》，载《论戴震与章学诚》，第60页。
③《文史通义·与阮学使论求遗书》，第757页。
④《文史通义·说林》，第109页。
⑤《文史通义·史释》，第70页。

六经乃周公政典，其后"君师分而治教不能合于一，气数之出于天者也"①。由此，"有志之士，以谓学当求其是，不可泥于古所云矣"②。言学者不可抱残守缺，舍今而求古，"诵法圣人之言，以为圣人别有一道在我辈日用事为之外耳"③。因此，必须与时俱进，经世为本，以时为大，这即章学诚"六经皆史"论精髓所在。三代以前官师合一，学者所习皆在官司典守，"学周公而已矣"④。而后私学勃兴，则出于势之不得已。"以吏为师，三代之旧法也。秦人之悖于古者，禁《诗》《书》而仅以法律为师耳。三代盛时，天下之学，无不以吏为师。……秦之悖于古者多矣，犹有合于古者，以吏为师也。"⑤对此，章学诚只微批以法律为师，对秦人恢复古制深以为然。同时又不能盲目复古，特别指出"以吏为师"之前提是"礼时为大"。"不知礼时为大而动言好古，必非真知古制者也。"⑥由此对法先王还是法时王，他推崇后者。"把'六经皆史'说涵义推拓至极，实斋便无可避免地会得到'贵时王之制度'的结论，因为时代愈近便愈可见'道'的最新面貌，而时王之'政典'也必然将成为后世的'六经'也。"⑦"《传》曰：'礼，时为大。'又曰：'书同文。'盖言贵时王

---

① 《文史通义·原道上》，第36页。
② 《文史通义·〈郑学斋记〉书后》，第582页。
③ 《文史通义·与邵二云论学》，第665页。
④ 《文史通义·原道上》，第36页。
⑤ 《文史通义·史释》，第70页。
⑥ 同上，第70页。
⑦ 余英时：《"六经皆史"说发微》，载《论戴震与章学诚》，第60页。

之制度也。"① 不能舍器而求道，舍今而求古，须以时王之制度为本，"故无志于学则已，君子苟有志于学，则必求当代典章以切于人伦日用，必求官司掌故而通于经术精微"②。

（三）章学诚的实践论

求道必求于政教典章。其迹，即存于众人不知其然而然，"学于众人，斯为圣人。非众可学也，求道必于一阴一阳之迹也。……盖自古圣人，皆学于众人之不知其然而然"③。此乃章学诚方法论之真谛，看似尊奉以吏为师推崇法后王，主张圣人史观。但并非如此，"故言圣人体道可也，言圣人与道同体不可也"④。驳斥了"圣人与道同体"之神秘观念。"学于众人，斯为圣人"一语道破玄机，充分说明他遵循群众路线，坚守人民史观，被侯外庐称为"乾嘉时代的光辉的命题"⑤。

圣人如何学于众人？这又充分彰显其实践论。"大道之隐也，不隐于庸愚。"⑥ 众人虽不能知万事万物之所以然，而作为总体性概念之众人却包含万事万物之当然，即不知其然而然，"不知其然而然，一阴一阳之迹"为道之迹，所蕴含的正是经世之道。同时，"公是成于众人"，"天下有公是，成于众人之不知其然而

---

① 《文史通义·史释》，第69页。
② 同上，第69页。
③ 《文史通义·原道上》，第34页。
④ 同上，第95页。
⑤ 侯外庐：《中国思想通史》，人民出版社，2011年，478页。
⑥ 《文史通义·原道中》，第39页。

然也，圣人莫能异也"①。圣人须借此迹方能见道，"非众可学也，求道必于一阴一阳之迹也"。由此，圣人须对众人的一阴一阳之迹即道之迹深度加工，"自有天地而至唐、虞、夏、商，迹既多而穷变通久之理亦大备"②。按照经世之要求，把众之迹（道之迹）中"穷变通久之理"进行"经纶制作"，集千古之大成，变成如六经等经典以垂训后世，即道之器。此道之器非空言，皆取于官司典守，"彼时从事于学者，入而申其占毕，出而即见政教典章之行事，是以学皆信而有征，而非空言相为授受也"③。六经等道之器经过实践反复检验，又可进行理论提纯，"贵约六经之旨"用以指导众人，变成道之理。余英时曾指出钱穆对章学诚"圣人学于众人"甚推崇，认为是章氏所持最精义理，并延伸说道："儒家的价值系统并不是几个古圣昔贤凭空创造出来而强加于中国人的身上的。相反的，这套价值早就潜存在中国文化——生活方式之中，不过由圣人整理成为系统而已。正是由于儒家的价值系统是从中国人日常生活中提炼出来的，所以它才能反过来发生那样深远的影响。"④由此，可清晰梳理出章学诚的认识论亦即实践论：圣人必须学于众人，道之迹（众人之感性材料）→道之作（圣人经纶制作）→道之器（编辑为经典）→道之理（变为实践指导思想），由是实践之深入随时撰述以究大道。

①《文史通义·砭异》，第192页。
②《文史通义·原道上》，第34页。
③《文史通义·原学中》，第44页。
④余英时：《钱穆与新儒家》，载《现代危机与思想人物》，生活·读书·新知三联书店，2012年，第528页。

正如汪晖所言：章学诚六经皆史"确立了一种理解经史关系的方法论视野"，六经皆史"命题的内在逻辑：知识应该与实践合一，实践总是内在于制度的实践，制度又总是存在于自然的过程之中；知识是对自然过程的认识，而认识过程又是自然过程的一部分。……这就是知行合一，这就是作为伦理与政治的反思的史学，这就是以史学形式出现的实践论"[1]。

在章学诚看来，诸子之患起于思而不学，世儒之患起于学而不思。必须学思结合，既不能误器以为道，更不能离器而言道，离事而言理，舍今而言古，"夫思，亦学者之事也。而别思于学，若谓思不可以言学者，盖谓必习于事而后可以言学，此则夫子诲人知行合一之道也"[2]。习于事乃是思之根本，学之大原。汉宋之争只是争名而已，于事无补，于道无益。由此可见，"六经皆史"实质即道器合一，学思合一，知行合一。"'六经皆史说'是章学诚的'经世'理论，是他的历史哲学的核心。'六经皆史说'是在乾嘉时代汉学盛行、宋学仍占优势的历史条件下提出的，并以之反对汉学、宋学的偏失的。在当时，他有所立、有所破。他大胆地提出'六经皆史'的命题，建立道器合一的哲学，反对风靡一时的汉学和高居堂庙的宋学，在中国思想史上是值得大书特书的。"[3]综上所述，秉承浙东史学经世传统的章学诚"六经皆

---

[1] 汪晖：《现代中国思想的兴起·上卷（第一部）》，生活·读书·新知三联书店，2015年，第485—486页。
[2] 《文史通义·原学中》，第45页。
[3] 周予同：《章学诚"六经皆史说"初探》，第724页。

史"之经史观,其核心即道器合一之本体论,即器明道之认识论,学于众人之方法论,宗旨为知行合一之实践论。

二、思想之榫卯:从章太炎到范文澜的经史观

章学诚晚年曾言:"拙撰《文史通义》,中间议论开辟,实有不得已而发挥,为千古史学辟其榛芜,然恐惊世骇俗,为不知己者诟厉,姑择其近情而可听者稍刊一二,以为就正同志之质,亦尚不欲遍示于人也。"①自知多有惊世骇俗之言,不宜刊刻。直至民国初年,才渐为人所重视。"很替章实斋抱不平。他生平眼高一世,瞧不起那班'擘绩补苴'的汉学家;他想不到那班'擘绩补苴'的汉学家的权威竟能使他的著作迟至一百二十年后方才有完全见天日的机会,竟能使他的生平事迹埋没了一百二十年无人知道。"②岛田虔次却认为章学诚"六经皆史"并未沉寂于历史,自晚清以来有一条清晰的思想传承谱系,即章学诚→龚自珍→章太炎的思想谱系:"龚自珍的'史'是史官,现在章炳麟的'史'则是史书、历史,它们都源于章学诚的'六经皆史'。""章炳麟,最饶有趣味的是他既是考证学者又是革命家;而考证学(朴学)与革命之间的媒介则是'六经皆史'说。"③

---

① 《文史通义·与汪龙庄书》,第694页。
② 胡适:《章实斋先生年谱》序,载《胡适文集》第7卷,北京大学出版社,1998年,第25页。
③ 岛田虔次:《六经皆史说》,第183页、第182页。

（一）章太炎之经史观

章太炎，被誉为"有学问的革命家"，深受章学诚影响。"会稽章学诚为文史、校雠诸通义，以复歆、固之学，其卓约近《史通》。"[1]特别"六经皆史"论，对其经史观基础之奠定功莫大焉。对于二章之思想传承思想界早有共识，梁启超言："炳麟少受学于俞樾，治小学极谨严，然固浙东人也，受全祖望、章学诚影响颇深。"[2]侯外庐认为章太炎"经史一元论，是继承了清初傅青主'经子皆王制'，章实斋'六经皆史'的思想，而发展为一家之言"[3]。周予同指出章太炎"受浙东史学的影响，兼祧了章学诚、全祖望、万斯同、黄宗羲一派的学统。……浙东史学有两个特点：其一，是严种族之别，以异族入主中原，为汉族奇耻；其二，是尊崇历史，以历史与民族的兴亡有密切的关系；……章太炎就是高举着浙东史学派的这两个火炬，向青年们号召着煽动着"[4]。的确，章太炎治经专尚古文，曾师承谭献。谭献对章学诚推崇备至，"章氏之识冠绝古今，予服膺最深"[5]。因此，不论经由龚自珍为媒介，或接续浙东史学，还是受谭献影响，路径或兼而有之，结果却是章太炎对章学诚"六经皆史"极为服膺。章

---

[1] 章太炎：《清儒》，载《章太炎经典文存》，上海大学出版社，2003年，第141页。
[2] 梁启超：《清代学术概论》，载《梁启超全集》第十集，第95页。
[3] 侯外庐：《章太炎基于"分析名相"的经史一元论》，载《侯外庐集》，中国社会科学出版社，2001年，第386页。
[4] 周予同：《康有为与章太炎》，载朱维铮编《周予同经学史论著选集》，第109页。
[5] 谭献：《复堂日记》，河北人民出版社，2001年，第17页。

太炎晚年自述:"余幼专治《左氏春秋》,谓章实斋'六经皆史'之语为有见。"[①]"直到近来,百年前有个章学诚,说'六经皆史',意见就说六经都是历史,这句话,真是拨云雾见青天。"[②]但二章所处之世却是大相径庭,基于反清革命之需要,章太炎已对"六经皆史"作出新诠释。因此,讨论二章"六经皆史"论,既要注意其一脉相承的经史问题意识,又要根据时代来理解其特定内涵。

首先,承继"古无经史之别,六艺皆掌之史官"之经史观。章太炎明确指出经"本来只是写书的名目。……真实可以称经的,原只是古人的官书"[③]。对六经皆古史,他曾言:"《尚书》《春秋》固然是史,《诗经》也记王朝列国的政治,《礼》《乐》都是周朝的法制,这不是史,又是甚么东西?惟有《易经》似乎与史不大相关。"唯《易经》不觉踏实,"似与历史无关,不知《周易》实历史之结晶"。[④]他指出六经虽不能言事变之出于后者,但并非可弃之不用。"经者何指乎?'大纲'二字,允为达诂。……宗旨曰经。"[⑤]经者宗旨,"古未必可废,所着重的,在善于推阐,假使能够发挥他的精义,忽略他的粗迹"[⑥]。六经虽非道

[①] 章太炎:《自述治学之功夫及志向》,载《章太炎全集·演讲集(下)》,第505页。

[②] 章太炎:《经的大意》,载《章太炎全集·演讲集(上)》,第99页。

[③] 同上,第98页。

[④] 章太炎:《历史之重要》,载《章太炎全集·演讲集(下)》,第491页。

[⑤] 章太炎:《论经史儒之分合》,载《章太炎全集·演讲集(下)》,第591页。

[⑥] 章太炎:《经义与治事》,载《章太炎全集·演讲集(上)》,第455页。

之恢宏全体，但有精义在，"经国利民，自有原则，经典所论政治，关于抽象者，往往千古不磨"①。忽略粗迹，发挥精义，随时推阐，必能有功于当代。

其次，对经之范围，超出章学诚之定义。"挽世有章学诚，以经皆官书，不宜以庶士僭拟。……学诚以为六经皆史，史者固不可私作。"②在章太炎看来，不能以官书为标准，"经不悉官书，官书亦不悉称经"③。认为"经之名广矣"，"经之所该至广"。④对章学诚否定私学甚不满，"学诚必以公私相格，是九流悉当燔烧"⑤，公私即官私，但如按"公私相格"，孔子亦有僭越之嫌，"准其条法，仲尼则国老耳，已去司寇，出奔被征，非有一命之位，儋石之禄，其作《春秋》亦僭也"⑥。"公私相格"与事实不符，不利于振兴学术。"古之作者，创制而已，后生依其式法条例则是，畔其式法条例则非，不在公私也。"⑦这既肯定圣人创制之功，又为后生著述开方便法门。"一般人的意见，往往把经学史学，分而为二。其实经是古代的史书，史是近代的经书，二者

---

① 章太炎：《论读经有利而无弊》，载《章太炎全集·演讲集（下）》，第569页。
② 章太炎：《原经》，载《章太炎经典文存》，第153页。
③ 同上，第157页。
④ 章太炎：《论经史儒之分合》，载《章太炎全集·演讲集（下）》，第591页。
⑤ 章太炎：《原经》，载《章太炎经典文存》，第155页。
⑥ 同上，第155页。
⑦ 同上，第154页。

本来是一致的。……史即经，经即史。"①他纳史入经，经史不分，看似经之外延扩大，实质却已触及经史关系之根本，经史著述由官学渐变为私学，为私学之繁荣奠定了正当性之基础。

再次，六经非为万世立法，力图还经学之历史本色。章学诚推崇"以吏为师"，认为六经皆先王政典肩负教化重任。章太炎对此却不赞同，力图突破经学之神圣性。在他看来，既非如今文经儒生神乎其神的尊经，亦非如疑古派怀疑经之价值，其意图在于还经学之本色，给予经以史之恰当地位。于此，要知晓其经史观，可由他对孔子地位之分析窥见一斑。首先，孔子删述六经非为万世立法，"近世缀学之士，又推孔子制法，讫于百世。法度者，与民变革，古今异宜，虽圣人安得豫制之?"②与其说制法，不如说制惑，"《春秋》二百四十二年之事，不足尽人事蕃变，典章亦非具举之。……为汉制惑，非制法也"③。认为"世欲奇伟尊严孔子，顾不知所以奇伟尊严之者"④。讥儒生欲尊孔子，却不识大体不得要领。经史无别，不能尊经过甚，"'六经皆史也'，这句话详细考察起来，实在很不错。……六经无一非史。后人于史以外，别立为经，推尊过甚，更有些近于宗教"⑤。今文经学神化孔子，其因在于认为经孔子所删述之六经载有道统，有教化功能。在他看来，此乃妄想，六经只是古代的史，乃孔子之历史学

---

① 章太炎：《经义与治事》，载《章太炎全集·演讲集（上）》，第455页。
② 章太炎：《原经》，载《章太炎经典文存》，第159页。
③ 同上，第158—159页。
④ 同上，第160页。
⑤ 章太炎：《国学十讲》，载《章太炎全集·演讲集（上）》，第319页。

而已。"周、孔的经典,是历史,不是谈理的。"①"今之经典,古之官书,其用在考迹异同,而不在寻求义理。故孔子删定六经,与太史公、班孟坚辈初无高下。其书既为记事之书,其学惟为客观之学。"②因此,欲尊孔则须还孔子历史学家之地位:"孔氏之教,本以历史为宗,宗孔氏者,当沙汰其干禄致用之术,惟取前王成迹可以感怀者,流连弗替。……视一切历史为刍狗,则违于孔氏远矣!"因此,"不言孔学则已,若言孔学,愿亟以提倡历史为职"。③

对疑古派怀疑经学之历史价值,欲打倒经学,章太炎予以严正驳斥。"如我学人,废经不习,忘民族之大闲,则必沦胥以尽,终为奴虏而已矣。"④如此重经,在于国难当头,必须保持民族性,发扬爱国心。"吾人读经主旨,在求修己之道,严夷夏之辨,……若至经史道丧,儒学废绝,则吾炎黄裔胄,真沦于九幽之下矣。"⑤故孔子实非儒家教主,尤其对康有为成立孔教会视孔子为教主深恶痛绝,认为"中土素无国教矣",孔子之历史贡献在于:"孔子所以为中国斗杓者,在制历史、布文籍、振学术、

---

①章太炎:《论教育的根本要从自国自心发出来》,载《章太炎全集·演讲集(上)》,第112页。

②章太炎:《诸子学略说》,载《章太炎经典文存》,第91页。

③章太炎:《答铁铮》,载《章太炎全集·太炎文录初编》,第388—389页。

④章太炎:《论读经有利而无弊》,载《章太炎全集·演讲集(下)》,第567页。

⑤章太炎:《论经史儒之分合》,载《章太炎全集·演讲集(下)》,第599页。

平阶级而已。……孔子于中国,为保民开化之宗,不为教主。"①孔子之身份乃"良史也"②。章太炎对孔子再造华夏之功赞不绝口,"功为第一"③。对经学与孔子,应本着历史主义之态度,既不能刻意拔高于史实不符,又不能妄自菲薄陷入历史虚无主义。并倡言以治史方式治经方为正途:"今文家所说往往与古文情形不对,古文家将经当历史看,能够以治史的法子来治经,就没有纷乱的弊病,经就可治了。这是治经的途径。"④在章太炎看来,经史并重就能少却许多门户之争,方能于历史中见真知。

最后,"六经皆史"内涵之知行合一观,章太炎承继其精神实质。"经与史关系至深,章实斋云'六经皆史',此言是也。"⑤经史关系之重建,实为一种认识论范式之转化。经史并重,即是把经重新植根于历史脉络之中,让其有血有肉变得丰富,而非仅为圣贤之抽象语录与教条。"经外并没有史,经就是古人的史,史就是后世的经。"⑥含义甚深,正说明经必须从史中出,经的范围小于史,而史却非仅为经,孔子所删定的只有六经,"不是说删定之后,其余的书一概作废,不过这六件是通常讲诵的,

---

① 章太炎:《驳建立孔教议》,载《章太炎全集·太炎文录初编》,第200—203页。
② 章太炎:《订孔》,载《章太炎经典文存》,第133页。
③ 章太炎:《驳建立孔教议》,载《章太炎全集·太炎文录初编》,第202页。
④ 章太炎:《研究中国文学的途径》,载《章太炎全集·演讲集(上)》,第286页。
⑤ 章太炎:《历史之重要》,载《章太炎全集·演讲集(下)》,第599页。
⑥ 章太炎:《经的大意》,载《章太炎全集·演讲集(上)》,第100页。

其余当作参考书罢了"①。更需注意"史就是后世的经",有一个从史的发展进程中,不断纳史入经。由此,史就非一般意义的记录,而能垂训后世,由此选出之"经"亦非空洞说教,而有实在之理。

"经者古史,史即新经。远古之事,或不尽适用于今。事愈近者,愈切实用,荀子所谓'法后王'也。自汉以后,秉国政者,无不参用经史,以致治平。"②章太炎明显承继"礼时为大"之思想。"夫神化之道,与时宜之,故五帝不同礼,三王不沿乐。"③事愈近者,愈切实用。只有不断从实践中汲取治国理政人伦日用之道,才能通经以致用。"今亦可言通史致用,史即经也。"④"最要紧的,是亲自埋头干去,在干的中间,积蓄你如何如何的经验。"⑤迷信经书,终归只是教条主义。"历史不是要人一步一步,都学古人。学棋谱者下棋不能呆照棋谱,必须临机应变。"⑥强调随时变化,注重从实干中积累经验。章太炎以"六经皆史"为基,重建经史关系之方法论,反对教条,注重经典中所内蕴之民族意识与家国情怀,并直言不讳:"辛亥革命排满,就是由历史来的,不是由学理来的。"⑦面对内忧日重、外患日深之

① 同上,第98页。
② 章太炎:《论读史之利益》,载《章太炎全集·演讲集(下)》,第601页。
③ 章太炎:《订孔》,载《章太炎经典文存》,第133页。
④ 章太炎:《论读史之利益》,载《章太炎全集·演讲集(下)》,第601页。
⑤ 章太炎:《经义与治事》,载《章太炎全集·演讲集(上)》,第457页。
⑥ 章太炎:《历史的价值》,载《章太炎全集·演讲集(上)》,第291—292页。
⑦ 同上,第291页。

局面,力图以"国粹激动种性,增进爱国的热肠"[1]。由此可见,经史观与历史实践精神密切相关[2],学术与政治自来即为孪生兄弟。这对其浙东后生范文澜,亦为如此。

(二)范文澜之经史观

范文澜,与毛泽东同庚,被誉为马克思主义史学的开山宗师。早年师从黄侃,深得章门真传,由此奠定其经史功底。奔赴延安前,范文澜就已出版《文心雕龙讲疏》《群经概论》《正史考略》等颇有影响之作。并且范文澜与二章同为浙东人,深受浙东学术影响,对二章"六经皆史"论演变脉络了然于心。与章太炎大赞《文史通义》"卓约近《史通》"近似,范亦甚赞"学诚著《文史通义》,与唐朝刘知几《史通》并称历史学两大名著"[3]。他特别看重由黄宗羲开创的浙东史学传统,认为章学诚深得其思想精髓:"经学可以经世,不通经,便是迂腐之儒,而学经必须同时学史。……章学诚都是传黄学的。……章学诚的《文史通义》造诣很深。"[4]特别值得指出的是,1941年9月延安马列研究院改

---

[1] 章太炎:《在东京留学生欢迎会上之演讲》,载《章太炎全集·演讲集(上)》,第1页。

[2] 经史观与革命实践紧密关联:"中国革命思想的萌芽,不出于全部民众之事实的需求,而由于少数青年之情感的冒险;而指导这少数青年从事革命之学术思想,则又不是出发于美国独立与法国革命的理论,而是出发于中国固有的常州经今文学派与浙东史学派的学术。"见朱维铮《周予同经学史论著选集》,第108页。章太炎直言不讳:"辛亥革命排满,就是由历史来的,不是由学理来的。"见章太炎《历史的价值》,载《章太炎全集·演讲集(上)》,第291—292页。

[3] 范文澜:《中国通史简编》(下),载《范文澜全集》第8卷,河北教育出版社,2002年,第655页。

[4] 范文澜:《经学讲演录》,载《范文澜历史论文选集》,第331页。

名为中央研究院,范文澜任中央研究院中国历史研究室主任,1942年2月3日在为中国历史研究室制定的三年研究计划中,专门列有研究批判各种非科学之历史方法,其中就有章学诚的中国古典方法研究,"刘知几,郑樵,章学诚等中国古典方法之研究,胡适,梁启超,何炳松,王宜昌,朱谦之等历史观之批判等"①。范文澜对"六经皆史"论赞誉有加:"章学诚说'六经皆史',这是很对的。因为六经正是专官们保存了些文化记录流传下来被尊为经典,当初既没有经的名号,也没有特别贵重的意义。"②

在转向马列主义投身共产革命前,范文澜以"追踪乾嘉老辈"的好古之学为志业,常被大师"谬奖",视为可传衣钵之人。"我那时受老师宿儒的影响,想把汉学的训诂考据和宋学的性命义理融成一片,希望做个沟通汉宋的学者,对那些新思想,认为没有多大道理。"③范如不因外敌来犯,定能成经学大家,但从小所受浙东史学传统之教育,特别是愈发急蹙的民族危机,都没有机会安心求学。"'九一八'以后中国明明只有抗战一条道路,我虽说是个'学究',也还懂得不抗战就要亡国。……我细心考察,切实证明了共产党抗日主张的言行一致,想救自己免当亡国奴,理应对共产党以及好青年表示亲近。"④特别经抗战及马

---

① 《中国历史研究室研究计划(三年计划)》,载温济泽等编《延安中央研究院回忆录》,中国社会科学出版社,1984年,第283页。
② 范文澜:《中国经学史的演变》,载《范文澜历史论文选集》,第269页。
③ 范文澜:《忆鲁迅先生》,载《范文澜全集》第10卷,第18页。
④ 范文澜:《从烦恼到快乐》,延安《中国青年》第3卷第2期,1940年12月。

克思主义初步洗礼后,对自以为是之"好古"志业大彻大悟,经同乡共产党员引导,范文澜从此变换门庭,以成为马克思主义史学家为志业:"我读了以后才知道革命不是快意高谈,而是伟大艰苦的实际行动,回头看'追踪乾嘉老辈'那个'大志'实在不但不大而且是渺乎小哉了。我毫不犹豫地放弃老营寨,愿意在新时代前面缴械投诚。"①对此思想转变历程,周恩来曾把其树为青年学习之榜样:"'五四'那天,我看到范文澜同志写的一篇文章说:当时'五四'运动的人有些浮躁。的确许多人也是有些浮躁。那时他就专门研究汉学,学习旧的。但是范文澜同志一旦脑子通了,对编写中国历史就有帮助,就可以运用自如。"②到达延安后范文澜备受礼遇,毛泽东亲笔去信鼓励其用马克思主义史观清算经学。从早年《群经概论》到延安《中国经学史的演变》,特别是对"乾嘉老辈"之自觉批判,意味着对传统"师法"之背叛,由此范文澜所秉持的历史观与方法论发生深刻转变,愈加坚定用马克思主义系统诠释传统经史之立场。

首先,继承"六经皆史"之基本内涵,强调六经皆古史。"《尚书》《春秋》《三礼》记载'言''行''制',显然是史。《易经》是卜筮书,《诗经》是歌诗集,都包含着丰富的历史材料。所以章学诚说,'六经皆史'。"③对于何为经,范文澜从唯物

---

① 同上。
② 周恩来:《学习毛泽东》(1949年5月7日),《人民日报》,1978年10月8日第1版。
③ 范文澜:《中国经学史的演变》,载《范文澜历史论文选集》,第266页。

史观予以阐释，认为经是封建统治阶级用一套"天经地义"的永恒真理证明其地位"万古不刊"，从思想上巩固政权，谁敢"非圣无法，谁就该死"。但"经两千多年，经学本身起了无数变化和派别，每一变化和派别，都是适应当时政治上的需要而发生的。所以不了解经学，很不容易了解中国文化的根柢"。① 在他看来，封建社会本身变动着，经虽然写定但要适应社会发展，必须依靠经学。而儒生之重任即不断释经，使经能适应新社会需要。因此，同样的经，不同解释就成不同的经，亦就发生不同之作用，这即经学。"所以经、儒生、经学是三位一体的东西，缺少一个，其余两个就成为无用之物。统治阶级表面上教人尊圣、读经，实际上教人尊迎合君主的儒生，读改头换面的经学。"② 同时，五四后西方实证主义史学思潮影响颇大。新起之史学研究者，一面继承章太炎观点，即六经非为万世立法，还经学之历史本色；另一面又突破章太炎之观点，即经本身作为信史（其中严夷夏之辨保存难能可贵的民族主义意识），而认为六经只是"待证而后信"的古史研究材料，进而以"六经皆史料"来重释"六经皆史"。正如章太炎弟子朱希祖所言："然先师之意，以为古代史料，具于六经，六经即史，故治经必以史学治之，此实先师之所以异乎前贤者。且推先师之意，即四部书籍，亦皆可以史视

---

① 范文澜：《中国通史简编》（上），载《范文澜全集》第7卷，第75页。
② 范文澜：《中国经学史的演变》，载《范文澜历史论文选集》，第267页。

之，即亦皆可以史料视之，与鄙意实相同也。"①此论严重曲解其师本意。"六经皆史"其前提皆以经为信史，这与受西方实证主义史学影响的"六经皆史料"有本质差别。后者认为六经只是史料，只有整理后才能辨别其真伪。范文澜确受了实证主义史学方法影响，曾明确提出"经本身是古代史料（六经皆史）"②，认为经学保留了大量古代史料。如从史料来看经，看似贬低经之地位，但经作为史料却非像疑古派那样"丢到茅厕里"，相反有很高价值，"经学里面多少含有民主性革命性的东西，尤其是讲做人道理的格言，可采的更多。还有些封建统治阶级的'嘉言懿行'，按其本质是反动的，如果移植到无产阶级文化中来，一样可变为有用。例如宋儒所说'节烈'，……孟子所言大丈夫，也只有无产阶级具备这种品质，能够发扬这种精神"③。范文澜认为可以唯物史观为方法进行甄别，创造性转化，即能从经学所保存的丰富史料中提纯共产党人所需之精神信仰。

其次，"经"获得新生之路——"变经学为史学"。贬经为史料，经之神圣性瓦解，经学之价值崩塌。这对于脱离旧经学窠臼并接受马克思主义史观的范文澜而言，已无传统士人"非圣无法"般之思想负担，并指出应让经回归其史料的本来地位。"章学诚有'六经皆史'之说，……有他的道理。清儒讲汉学，也讲

---

① 朱希祖：《章太炎先生之史学》，《文史杂志》5卷第11、12期合刊，1945年12月。

② 范文澜：《中国经学史的演变》，载《范文澜历史论文选集》，第266页、第298页。

③ 同上，第299页。

宋学，都把经看作神圣的书，章学诚却说经都是史，把经从神圣的地位上拉下来与史平列，这是有意义的。另外，章学诚反对'离事而言理'，就是反对宋学的空谈。章学诚偏重古文经，主张实际的考察和治史，所以有六经皆史的说法。"[1]这显然与章学诚对经之地位的维护背道而驰，亦与章太炎还经学历史本色的地位不符。在范文澜看来，不能如经生那样把六经当成神圣教条，而只能当成古史并须经考索方可古为今用，"经作为古史来研究，问题自能得到适当的解答，经作为'圣训'来背诵，死教条成为束缚思想的桎梏"[2]。孔子以来的经学家之任务是把"古史变成圣经"[3]，由此而未进入其视野的原本保存完整的旧史料渐遭废弃，导致古之信史奇缺。同时，经学本身又是封建产物，"经学依封建主义而萌芽，而发展，而没落，而死亡"[4]。"经学家如果不放弃'旧窠臼'，不别寻新的康庄大道，'末路'的前面摆着是'死路'。"[5]五四后之新民主主义革命时代，经学发展"新的康庄大道"即是"变经学为史学"，"如果在新民主主义革命时代还有人幻想着继承'道统'，企图用'读经'方法麻痹青年，放弃革命。这类人毫无疑问一定是封建残余分子或者是投靠帝国主义的奴化分子。……所以新民主主义的文化革命，必须改变经学为

---

[1] 范文澜：《经学讲演录》，载《范文澜历史论文选集》，第300—301页。
[2] 范文澜：《中国经学史的演变》，载《范文澜历史论文选集》，第267页。
[3] 同上，第273页。
[4] 同上，第298页。
[5] 同上，第296页。

史学，必须反对顽固性的道统观念"。①由此，经学虽走下神圣宝座，却纳经入史，使经学在历史实践中走向新生。

最后，中国共产党人对待经学之态度。20世纪30年代，伴随军事反共高潮而来的是文化复古思潮，国民党高举"尊孔读经"大旗大肆进攻左翼思想阵营。国共双方在文化思想领域斗争愈演愈烈。要想取得民族文化方面之主动权，经学解释权是国共双方不容回避的核心问题。

第一，运用唯物史观系统研究经学。《中国经学史的演变》前言中，范文澜谦逊地说，批判经学之武器即马列主义，他还未能窥见途径更谈不到正确运用，希望学界友人能给予批评指正。对乾嘉学派内含之形而上学思维方法，范文澜批评道："乾嘉考据学正是这样的一种学问，它在训诂名物方面，确有丰富的成就，可是当涉及较大的典章制度需要作一些历史的说明时，便显得无能为力，更不必期待它能发现什么历史发展的规律了。"②指出考据学缺乏一种历史观。特别对胡适等人所谓纯学术态度，范文澜尖锐批评指出："一些人守住'纯学术'的堡垒，以为考据是学术、是史学，运用马克思主义来研究历史，只是一种政治论文或宣传文字，不能算是学术。这是完全谬误的想法。作如是想的人，无疑是中胡适毒甚深。"③实事求是地讲，此时范文澜马克

---

①同上，第299页。
②范文澜：《看看胡适的"历史的态度"和"科学的方法"》，载《范文澜历史论文选集》，第244页。
③同上，第262页。

思主义的理论修养与党内其他大秀才如陈伯达等人相比还不算太高,但他已逐渐脱离旧学窠臼,并开始服膺于马克思主义,力图运用唯物史观来系统阐释传统经学。

第二,对清末民初的经学家进行严肃批评。毛泽东信中提及的康有为、梁启超、章太炎、胡适、廖平、吴虞、叶德辉等人,范文澜都一一作了回应。对叶德辉自以为以"世道人心"为己任,范文澜批评其实际行为恰是"世道人心"不堪问的拥护封建统治的土豪劣绅。相比,康梁等人代表进步的资产阶级思想家,利用今文经学改革政治,只是康有为以"保皇""复辟"被人唾骂而终其身,梁启超以"政客""官僚""教授"了却一生,亦不能逃离失败之命运。而胡适、吴虞等人,虽都是五四新秀,但要么厌弃经学而别有主张,要么解甲归田私下已与孔家店讲和。对廖平评价较高,认为其是新文学大师,对经学作了六次大变,但最终仍不能挽救经学颓势。至此,范文澜认为经学已穷途末路。而对章太炎之评价,范文澜却是两难的矛盾心态。首先他高度肯定章太炎反抗满洲贵族的革命性,"江浙学人章太炎、刘师培等人创办的《国粹学报》,以排满复汉为宗旨"①。但又强调其反抗满洲贵族的革命并非来源于俗见之古文经学,而是源于黄宗羲以来一脉相承之浙东史学传统,"古文学派中最后的一个代表人物是章炳麟。他是清末古文经学的代表。古文经学是学而不思,……引伸出政治上革命的思想来是很难的。章太炎虽然是革

---

①范文澜:《历史研究必须厚今薄古》,载《范文澜历史论文选集》,第336页。

命分子，但他的革命思想与古文经学没有关系，他主要是受黄宗羲浙东学派反满思想的影响。"①同时，对革命元老入民国后之表现非常不满，"章炳麟入民国后，政治上碌碌无所表现，学术上反对甲骨文，反对白话文，那末，他依然保守着他的封建顽固性"②。甚至视为晚节不保："近世革命运动中，章太炎曾经革过满清的命，但是晚节不终，不能算是真正革命者。"③从古文经学家法变换门庭，走入马列主义阵营中的范文澜，对章太炎革命不彻底性之尖锐批评自在情理之中。

第三，共产党人须用历史唯物主义对待经学。国民党用政治高压推行尊孔读经，结果是"小和尚念经，有口无心"。在范文澜看来，必须坚持历史唯物主义态度研究民族历史文化，要有史观："一般学习历史的人，特别是做'纯学术'的人，往往以为学历史无须学哲学。"④史观问题对于共产党人而言至关重要："中国共产党是实践马列主义的政党，它不会利用封建文化来欺骗青年，也不会无视历史事实而一笔抹杀。它要用马列主义的尺度，估量中国传统文化的价值，批判地采取优秀部分来丰富中国无产阶级的新文化。"⑤注重从数千年厚重的历史文化传统中汲取

---

① 范文澜：《经学讲演录》，载《范文澜历史论文选集》，第336页。
② 范文澜：《中国经学史的演变》，载《范文澜历史论文选集》，第295页。
③ 范文澜：《如果死者能立在山上看的话》，载《范文澜全集》第10卷，第30页。
④ 范文澜：《看看胡适的"历史的态度"和"科学的方法"》，载《范文澜历史论文选集》，第263页。
⑤ 范文澜：《中国经学史的演变》，载《范文澜历史论文选集》，第298页。

营养。

与此同时,对二章"六经皆史"的历史演变脉络,范文澜了然于心。首先,范文澜继承二章"礼时为大"之思想。"学古代史的读了近代史,学近代史的读了古代史,如果不读今天的历史,那还是坐在'禁闭室'里。今天的历史,主要就是《人民日报》。在《人民日报》上,党中央的文件和重要的社论,自然是解决中国当前具体问题的马克思列宁主义。"① 《人民日报》就是当代中国的典章政教,这很容易联想到章学诚所言六经皆先王政典之观点。其次,对章学诚"随时撰述以究大道",章太炎"关于抽象者,往往千古不磨",范文澜亦把其与学习马克思主义立场、观点、方法相结合,融合二者到了炉火纯青之境界。他对二章方法论之总结堪称精辟:"我们要从经典著作里学习研究历史的立场、观点和方法,更要从今天的历史里学习研究历史的立场、观点和方法。"② 把学经典与实践结合起来。学习马列经典著作,一定要区别普遍规律与个别结论:"学习马克思主要要求神似,最要不得的是貌似。学习理论是要学习马克思主义处理问题的立场、观点和方法。……这才是学习马克思主义得其神似。貌似是不管具体实践,……这是伪马克思主义,是教条主义。"③ 最后,对浙东史学知行合一之宗旨,对二章注重实践之传统,范文

---

① 范文澜:《历史研究中的几个问题》,载《范文澜历史论文选集》,第216页。
② 同上。
③ 同上,第208页。

澜亦一以贯之。从他对清初朴实学风之服膺，与对乾嘉学派脱实向虚之不满，可窥见一斑，"人心不死，民族有复兴的一天。所以清初期学风，注重经史，读书与抗满联结，著述与实践（致用）一致，可称考据学派的启蒙时期。乾嘉两朝，学者为考据而考据，学术完全脱离实际生活"①。因此，面对近代中国深重之民族危机，范文澜始终坚持不能为学术而学术，学术内生于政治，在中国问题之语境下，政治与学术始终是孪生兄弟。因此，范文澜的经史观始终坚守学思结合，心系民族危亡，不离实践。"《论语》中有两句话：'学而不思则罔，思而不学则殆。'汉学是学而不思，死记师说，不知其义。宋人则思而不学，光去空想，不读书。王阳明坐在竹子旁边格物，结果格出病来了，就是典型例子。清人想把学与思结合起来。顾炎武讲经学，黄宗羲讲史学。一是清代经学的开创者，一是清代史学的开创者。他们做学问，可以说是学、思结合，为救亡而读书。"②由此可见，范文澜虽坚持马克思主义唯物史观，但因深受浙东史学传统影响，在烽火连天的抗战年代，他把马克思主义与传统经史论融会贯通，大力推进马克思主义中国化之理论进程，最终把它落实于抗战建国的革命实践之中。

---

① 范文澜：《中国通史简编》（下），载《范文澜全集》第8卷，第655页。
② 范文澜：《经学讲演录》，载《范文澜历史论文选集》，第330页。

三、马克思主义中国化：毛泽东的"经史观"

就在范文澜抵达延安前后，中国共产党在思想文化领域斗争空前棘手，同时面临两条战线：既要反对党内日益严重的教条主义，又要应对国民党掀起的复古思潮。李怀印指出："毛最关心的是政治，亦即与党内'教条主义'及国民党'顽固派'的双重斗争。范在中国历史方面的扎实训练、浙东学术背景及其对共产党革命的热忱，都使毛确信他是有价值的。这些，再加上毛个人对中国历史和古代文献的喜爱，可以解释为何他选择范氏去重写中国近代史，也可以解释为何范深得毛泽东的青睐达数十年之久。"① 前者是共产党人面对的党内"经史"问题，即马克思主义（经）与中国历史实践（史）之关系，后者是与国民党争夺中国经史观的正统解释权。尤其前者，关乎共产党人生死存亡。如何能使党内的经史问题得以正确恰当之处理，亦即马克思主义中国化如何能在党内生根发芽，成为党内共识，进而统一思想、凝聚人心，这考验着共产党人的政治智慧，而此重任无疑落在其领袖毛泽东身上。

毛泽东自幼接受经史教育，"我熟读经书"②，"我过去读过孔夫子，五经四书，读了六年。背得，可是不懂。那时很相信孔夫

---

① 李怀印：《重构近代中国》，中华书局，2013年，第98页。
② 毛泽东口述，埃德加·斯诺笔录：《毛泽东自传》，载《早年毛泽东》，生活·读书·新知三联书店，2011年，第5页。

子，还写过文章"①。加之深受湖湘文化影响，对传统经史之演变虽谈不上有深入研究，却也并不陌生。马克思主义中国化要彻底实现，既需要马克思主义经典文献的理论素养，又需要有中国传统经史之深厚功底，以及对中国社会政治问题即国情之切实把握，而三者毛泽东身上无疑都兼备。正如好友萧三所评论："他是中国优秀文化之集大成者。……假如没有对中国历史文化最深刻的了解，没有对中国民族文化最好的修养，和假如没有丰富的中国社会知识与丰富的斗争经验，就绝不能很好地、创造性地接受马克思主义，领会它，精通它，并使它系统地中国化。"②对马克思主义和中华文明两个老祖宗，毛泽东十分恭敬，在其深厚的理论素养和丰富的革命实践经历中，使其"化"得彻头彻尾，进而使得中国共产党有条不紊地逐步推进马克思主义中国化，成为党内高度认同的权威意识形态。刘少奇曾这样称赞毛泽东："他在理论上敢于进行大胆的创造，抛弃马克思主义理论中某些已经过时的、不适合于中国具体环境的个别原理和个别结论，而代之以适合于中国历史环境的新原理和新结论，所以他能成功地进行马克思主义中国化这件艰巨的事业。"③

---

① 龚育之：《听毛泽东谈哲学》，载《龚育之回忆"阎王殿"旧事》，江西人民出版社，2008年，第222页。
② 萧三：《毛泽东的青少年时代和初期革命活动》，载《早年毛泽东》，第86页。
③ 刘少奇：《论党》，载《刘少奇选集》上卷，人民出版社，1981年，第335—336页。

(一)反对教条主义——毛泽东的"经学观"

中国共产党一经成立,就把马克思主义作为政党自身的指导思想,把马恩列著作尊为经典。(类似儒生把尧舜禹汤文武周孔所传道统奉为圭臬,六经奉为经典)毛泽东是马克思主义者不假,尊奉马克思主义为老祖宗更是真,但并不迷信老祖宗,"要使我们的同志认识到,老祖宗也有缺点,要加以分析,不要那样迷信"①。在历经大革命惨败后,毛泽东觉察到党内教条主义倾向,当即写就《反对本本主义》,此文虽不失一剂猛药,但冰冻三尺非一日之寒。伴随"左"倾机会主义日趋严重,几乎败光党在城市工作中苦心经营之家底和在农村地区来之不易的革命根据地。形势异常严峻,关乎生死存亡。在领导红军顺利到达陕北后,毛泽东开始系统思考党应如何对待自身的"经",即马克思主义之问题。

首先,尊重马列经典,学习马列经典。马克思主义经毛泽东选择成为信仰后,终生不渝。他曾同斯诺谈道:"我接受马克思主义,认为它是对历史的正确解释,以后,就一直没有动摇过。……到了1920年夏天,我已经在理论上和在某种程度的行动上,成为一个马克思主义者,而且从此我也自认为是一个马克思主义者了。"②认为马克思主义"放之四海而皆准",并把唯

---

① 毛泽东:《在成都会议上的讲话》,载《毛泽东文集》第7卷,第370页。
② 毛泽东:《毛泽东1936年同斯诺的谈话》,人民出版社,1979年,第39页。

物史观作为指导行动之哲学,"唯物史观是吾党哲学的根据"①。新中国成立后仍强调:"马克思这些老祖宗的书必须读,他们的基本原理必须遵守,这是第一。"②作为彻底的马克思主义者,毛泽东用一生革命斗争实践真正捍卫着马克思主义之"经"的崇高地位。

其次,并未把马克思捧上神坛,实事求是评价其历史地位。毛泽东并不迷信马克思,并非如宗教徒对先知、教主那样去对待马克思。"我们说马克思主义是对的,绝不是因为马克思这个人是什么'先哲',而是因为他的理论,在我们的实践中,在我们的斗争中,证明了是对的。我们的斗争需要马克思主义。我们欢迎这个理论,丝毫不存什么'先哲'一类的形式的甚至神秘的念头在里面。"③同时马克思主义亦非宗教,"那些将马克思列宁主义当宗教教条看待的人,就是这种蒙昧无知的人。对于这种人,应该老实地对他说,你的教条一点什么用处也没有"④。毛泽东一生有着鲜明的个性,始终保持革命理想主义,斗争精神十足,虽然马克思等成就伟大但仍非先知先觉的圣人,毛始终把马克思当成历史人物看待,"马克思没有做过中国这样大的革命,我们的

---

① 毛泽东:《给蔡和森的信》,载《毛泽东文集》第1卷,人民出版社,1993年,第4页。

② 毛泽东:《读苏联〈政治经济学教科书〉的谈话(节选)》,载《毛泽东文集》第8卷,人民出版社,1999年,第109页。

③ 毛泽东:《反对本本主义》,载《毛泽东选集》第1卷,第111页。

④ 毛泽东:《整顿党的作风》,载《毛泽东选集》第3卷,第820页。

实践超过了马克思，实践当中是要出道理的"①。不是造神把马克思神化，而是实事求是评价其历史地位。"他研究了自然，研究了历史，研究了无产阶级革命，创造了辩证唯物论、历史唯物论和无产阶级革命的理论。这样，马克思就成了一个代表人类最高智慧的最完全的知识分子。"②马克思是毛泽东眼里的历史巨人，但巨人亦只是人而非神。

再次，不可拘泥于马列经典的具体字句结论，要知晓贯彻其中的立场、观点、方法。"要分清创造性的马克思主义和教条式的马克思主义。"毛泽东旗帜鲜明："这些主观主义者自称为'国际路线'，穿上马克思主义的外衣，是假马克思主义。"③并致信范文澜"用马克思主义清算经学"，强调这是"目前思想斗争的第一任务"。原因在于经学方法统治中国思想数千年之久，贻害甚大。一方面共产党要建立民族的、科学的、大众的新文化，就必须打倒经学统治地位；另一方面国民党复古反动猖獗，必须用马克思主义进行斗争，争夺文化领导权。但毛泽东深知，其中更为隐蔽致命的是，经学方法流毒到党内，特别是自称"理论家"的人，用以儒生对待六经的思维方法对待马克思主义，这即教条

---

① 《毛泽东年谱（1949—1976）》第3卷，中央文献出版社，2013年，第345页。
② 毛泽东：《整顿党的作风》，载《毛泽东选集》第3卷，第817页。
③ 毛泽东：《反对主观主义和宗派主义》，载《毛泽东文集》第2卷，第372页。

主义思维方式根源所在①,是经学方法穿着马克思主义外衣"借尸还魂",这即毛泽东最为担心之处。他曾尖锐指出:"不是把他们的理论当作教条看,而是当作行动的指南。不是学习马克思列宁主义的字母,而是学习他们视察问题与解决问题的立场与方法。"②学懂弄通马列经典不能公式地背诵词句,要从立场与方法着眼,教条主义者实质是不动脑筋:"教条主义者是过分的谦虚,照抄外国,你自己干什么?你就不动脑筋。抄是要抄的,抄的是精神,是本质,而不是皮毛。"③"马克思、恩格斯、列宁、斯大林曾经反复地讲,我们的学说不是教条而是行动的指南。这些人偏偏忘记这句最重要最重要的话。"④同时个别结论亦非普遍适用,马克思主义是指导革命实践的科学,而非为学术而学术的象牙塔中脱离实践的高深学问。"许多同志的学习马克思列宁主义似乎并不是为了革命实践的需要,而是为了单纯的学习。所以虽然读了,但是消化不了。"⑤1942年毛泽东就鲜明指出:"……全党的'圣经',是'圣经',而不是教条,是可以变化的。"⑥即使党内"圣经"亦可结合实际创造性阐释。马克思主义之精髓即是

---

①冯契指出教条主义与经学方法如出一辙:"教条主义是封建经学方法在马克思主义外衣下的重演。"见《冯契文集》第七卷,华东师范大学出版社,2016年,第602—603页。

②毛泽东:《中国共产党在民族战争中的地位》,载竹内实编《毛泽东集》第6卷,日本株式会社,1983年,第259页。

③《毛泽东年谱(1949—1976)》第3卷,第346页。

④毛泽东:《整顿党的作风》,载《毛泽东选集》第3卷,第820页。

⑤毛泽东:《改造我们的学习》,载《毛泽东选集》第3卷,第797页。

⑥《毛泽东年谱(1893—1949)》中卷,第414页。

贯穿其中的立场、观点和方法。

最后，马列经典并未结束真理，而是开辟认识真理的道路，是行动的指南。"不要硬搬马克思主义书本上的话，就是它的基本原理，也要当作行动的指南，而不是当作教条。"①这即毛泽东"经学观"之核心。毛泽东对抗大学员讲话时强调："马克思主义是空前而不绝后。"②空前意味着开辟了人类发展新方向，不绝后意味着并非封闭而是开放的理论，伴随实践深入而不断发展。社会实践过程无穷决定认识过程也无穷，包括马克思在内任何伟人都身处特定时代，都不可能掌握绝对真理，只能是认识绝对真理过程中的一部分一环节。"客观现实世界的变化运动永远没有完结，人们在实践中对于真理的认识也就永远没有完结。马克思列宁主义并没有结束真理，而是在实践中不断地开辟认识真理的道路。"③这与章学诚"六经皆史"内含的反对空言著述、离事言理的经史观极其相似，二者都经史并重，强调实践才能不断出真知，这即是毛泽东之真理观。

（二）以中国问题为中心——毛泽东的"史学观"

1945年4月20日，扩大的六届七中全会举行最后一次会议审议《关于若干历史问题的决议》草案第三稿，毛泽东鲜明指出历史决议正确与否的标准首先不在于马列主义，根本在于要符合

---

① 毛泽东：《要学习世界各国的先进经验》，载《毛泽东外交文选》，中央文献出版社，1994年，第314页。
② 《毛泽东年谱（1893—1949）》中卷，第87页。
③ 毛泽东：《实践论》，载《毛泽东选集》第1卷，第296页。

人民的利益:"决议不但是领导机关内部的,而且是全党性质的,要对全党与全国人民负责的。哪些政策或哪些部分是在群众斗争中证明是适合的,哪些是不对的,如果讲得合乎事实,在观念形态上就再现了党的二十五年的历史,就对于今后的斗争有益。正确与错误的标准,虽然要看马、恩、列、斯,但归根结底看是否符合人民利益。"①由此可见,符合中国人民利益的中国问题意识才是毛泽东首先考虑之关键所在。"唯物史观是吾党哲学的根据。"②毫无疑问,毛泽东一生最重史观问题。无独有偶,经他亲自审定的《毛泽东选集》,最后一文即《唯心历史观的破产》,把唯物史观在中国语境中发挥得淋漓尽致,作为选集收官之作自有其深思熟虑。"马克思列宁主义来到中国之所以发生这样大的作用,是因为中国的社会条件有了这种需要,是因为同中国人民革命的实践发生了联系,是因为被中国人民所掌握了。任何思想,如果不和客观的实际的事物相联系,如果没有客观存在的需要,如果不为人民群众所掌握,即使是最好的东西,即使是马克思列宁主义,也是不起作用的。我们是反对历史唯心论的历史唯物论者。"③这可谓马克思主义中国化之思想总纲。核心问题意识即马克思主义必须与中国问题(中国道路)相结合,有三个具体方向:一是中国的社会条件需要,因为当时病急乱投医,向西方寻找各种真理但总不见效,甚至有重回老路之危险,急需解决中

---

① 胡乔木:《胡乔木回忆毛泽东》(增订本),人民出版社,2014年,第323页。
② 毛泽东:《给蔡和森的信》,载《毛泽东文集》第1卷,第4页。
③ 毛泽东:《唯心历史观的破产》,载《毛泽东选集》第4卷,第1515页。

国问题之药方，以求药到病除实现革命建国之夙愿；二是革命实践之联系，马克思主义传入中国之时，正在进行"打倒列强除军阀"艰苦卓绝的革命斗争，迫切需要科学理论指导，就在中华民族内忧外患之际，在马克思主义同中国工人运动相结合进程中，诞生了中国共产党；三是中国人民能掌握，因为马克思主义是人民实现彻底自由解放的革命学说，人民是主体，同时数千年悠久的历史传统中所蕴含之民族精神，如大同理想、天下主义等，为马克思主义中国化做了思想铺垫。三者兼备，这即唯物史观落实于中国大地之上的纲领性方针。

首先，中国问题意识是毛泽东唯物史观之中心。近代中国逐渐沦为半殖民地半封建社会，中国问题始终萦绕于有识之士心中，从洪秀全、严复到康有为、梁启超、章太炎、孙中山以至陈独秀、李大钊等都致力于中国问题之解决，毛泽东自幼即受其影响。他在信仰马克思主义前，也曾是康德主义者、无政府主义者，信奉过唯心论、资产阶级民主革命。"社会推动我转入革命。……只知要革命。革什么？如何革？革帝国主义，革旧社会。帝国主义是什么东西？不甚了了。如何革？更不懂。十三年学的东西。搞革命都用不着。"①十三年即指六年旧学、七年新学，虽用不着却培养了毛泽东一生的中国问题意识和中国革命精神。因此，如何对待马克思主义他异常清醒，请马克思主义到中国来就是要解决中国问题。就此而言，马克思主义之于中国问题

---

① 龚育之：《听毛泽东谈哲学》，载《龚育之回忆"阎王殿"旧事》，第222页。

就是一种工具。"要把马克思主义当作工具看待,没有什么神秘,因为它合用,别的工具不合用。……马克思创立了许多学说,如党的学说、民族学说、阶级斗争学说、无产阶级专政学说、文学艺术理论等等,也都应当当作合用的工具来看待。"① 早期的中共是共产国际一个支部,一切服从共产国际,崇尚国际主义精神。但毛泽东深知,如不顾国情一切服从国际,革命将不能取得胜利。形式上虽有此上级,毛泽东在延安与斯诺谈话中却和盘托出:"说到共产党,那末,从它诞生的一天起,它就是一个独立的政党,从来也没有一天、半天、一小时或者一分钟放弃过它的独立性,从来也没有向什么个人或什么集团或什么党派屈服过。要共产党屈服,这大概是比上天还要困难些吧?"② 在尊重国际的同时抵制其错误的发号施令,毛泽东始终坚持独立自主,这即有来源于中华民族自强不息、自尊自信的不屈服于任何外来势力的民族精神。对中国问题之把握,毛泽东坚持中国主体性,"我们研究中国就要拿中国做中心,要坐在中国的身上研究世界的东西"③。"马克思活着的时候,不能将后来出现的所有问题都看到,也就不能在那时把所有问题都加以解决。俄国的问题只能由列宁解决,中国的问题只能由中国人解决。"④ 他认为应把以中国问题

---

① 毛泽东:《在广州中央工作会议上的讲话》,载《毛泽东文集》第8卷,第263—264页。
② 毛泽东:《同美国记者斯诺的谈话》,载《毛泽东文集》第2卷,第240页。
③ 毛泽东:《如何研究中共党史》,载《毛泽东文集》第2卷,第407页。
④《毛泽东年谱(1949—1976)》第3卷,第591页。

为中心作为原则确立下来,"确立以研究中国革命实际问题为中心,以马克思列宁主义基本原则为指导的方针"①,成为全党方针遵循。对此深有体会的美国政治家基辛格,在评价列宁的革命战略与毛泽东的革命战略之间差异时明确指出,列宁革命是"世界革命",毛泽东革命则是"以中国为中心","列宁和托洛茨基把他们的革命视为世界革命的导火索。他们相信世界革命即将到来,所以在第一次世界大战中的1918年与德国签订了《布列斯特—里托夫斯克和约》退出战争,把俄国三分之一的欧洲领土割让给德国。列宁和托洛茨基认为革命的浪潮很快就会席卷欧洲,冲垮现存的政治秩序,俄国发生的任何事情都会在即将到来的革命中淹没。换了毛泽东,这完全不可想象。他的革命基本上是以中国为中心的。中国革命若要对世界产生影响,也只能通过中国人民的努力和榜样的力量"。②

其次,善于从实践中总结新理论,不断推进马克思主义中国化。"马克思主义一定要向前发展,要随着实践的发展而发展,不能停滞不前。"③毛泽东反对用形而上学看待马克思主义,由于党内思想长期被教条主义占据,党的理论应对中国革命问题苍白无力,对此他忧心忡忡。"我们还没有对革命实践的一切问题,或重大问题,加以考察,使之上升到理论的阶段。"④他把列宁视

---

① 毛泽东:《改造我们的学习》,载《毛泽东选集》第3卷,第802页。
② 亨利·基辛格:《论中国》,第100页。
③ 毛泽东:《在中国共产党全国宣传工作会议上的讲话》,载《毛泽东文集》第7卷,第281页。
④ 毛泽东:《整顿党的作风》,载《毛泽东选集》第3卷,第814页。

为运用马克思主义与俄国革命实践相结合的榜样,目的是鼓励中国同志,"要把马、恩、列、斯的方法用到中国来,在中国创造出一些新的东西。只有一般的理论,不用于中国的实际,打不得敌人"①。由此,毛泽东创造了一系列(包括农村包围城市、武装斗争、统一战线等在内)以新民主主义理论为总纲的中国理论。对此毛泽东十分自觉,必须从中国实践中产生出中国理论,以此再进一步指导中国革命实践。

再次,把中华文明作为方法,纳入社会主义之内容。建党伊始,我们党都深受列宁、斯大林关于殖民地半殖民地民族解放斗争理论影响。斯大林对东方各国民族解放曾提出要求:"我们是建设无产阶级的文化,这完全是对的。但是无产阶级的文化,其内容是社会主义的,它在被卷入社会主义建设的各人民中,依语言、风俗等的不同,而采取了各种不同的表现形式和方法,这同样也是对的。内容,是无产阶级的;形式,是民族的——这就是社会主义所走向的全人类的文化。无产阶级的文化并不取消民族的文化,而是给它以内容。反之,民族的文化,也不取消无产阶级的文化,而是给它以形式。"②毛泽东深受此影响,突出表现在新民主主义理论中:"中国文化应有自己的形式,这就是民族形式。民族的形式,新民主主义的内容——这就是我们今天的新文化。"③根据特殊国情,他只是把无产阶级的内容换成新民主主义

---

① 毛泽东:《如何研究中共党史》,载《毛泽东文集》第2卷,第408页。
② 斯大林:《论民族问题》,东北书店印行,1948年,第132页。
③ 毛泽东:《新民主主义论》,载《毛泽东选集》第2卷,第707页。

的内容。但毛泽东对此简单内容+形式机械理解马克思主义中国化颇觉隔膜。有一段话耳熟能详:"学习我们的历史遗产,用马克思主义的方法给以批判的总结,是我们学习的另一任务。我们这个民族有数千年的历史,有它的特点,有它的许多珍贵品。对于这些,我们还是小学生。今天的中国是历史的中国的一个发展;我们是马克思主义的历史主义者,我们不应当割断历史。从孔夫子到孙中山,我们应当给以总结,承继这一份珍贵的遗产。这对于指导当前的伟大的运动,是有重要的帮助的。"[1]在新中国成立后编入《毛选》时有两处重要改动:一是"我们这个民族有数千年的历史"后本来还有一句"有它的发展法则,有它的民族特点"。一是"从孔夫子到孙中山,我们应当给以总结,承继这一份珍贵的遗产",后还有一句"承继遗产,转过来就变为方法"。[2]可能考虑当时学苏,"理所当然"把此删除。但所删原文

---

[1] 毛泽东:《中国共产党在民族战争中的地位》,《毛泽东选集》第2卷,第533—534页。

[2] 毛泽东:《中国共产党在民族战争中的地位》,载竹内实编《毛泽东集》第6卷,第260—261页。"承继遗产,转过来就变为方法"和沟口雄三"以中国为方法",方法论上十分类似。在沟口看来,以往"以世界为方法,以中国为目的",这样的中国学有问题,本质是西方中心主义。以中国为目的,即试图向世界主张中国的地位,这必须以世界为标准来衡量中国,而此"世界"仍是欧洲,成了中国之方法。要把异于欧洲原理且同样作为标准的中国原理提炼出来,使二者齐头并进,创造出新世界图景。见沟口雄三《作为方法的中国》,生活·读书·新知三联书店,2011年,第130—133页。沟口雄三认为"以世界为方法"有严重问题,与毛泽东所言十分类似。"民族的形式,无产阶级的内容",实质把"以世界为方法"之"世界"从"欧洲"变成"苏联",即把中国作为原理摒弃掉,只视为苏联附庸。"承继遗产,转过来就变为方法"则力图复兴中国原理之地位,确保中国问题能得以彻底解决。

至关重要，它反映了毛泽东一生的中国方法论问题。中华民族本身"有它的发展法则"，继承中国文化遗产"转过来就变为方法"至为关键，表明中华文明并非仅仅是民族形式，而是关涉民族历史发展规律，本身即为中国社会主义内容之重要部分。"没有中华民族，就没有中国共产党。"[1]在残酷斗争实践中，毛泽东深知民族特点之于中国革命的伟大意义，"一个国家总有它的特点，不适合这个特点的东西就行不通"[2]。虽从延安时期以来，直至苏共二十大全面批判斯大林前，毛泽东碍于中苏两党两国关系特别是忌惮于斯大林权威，尽量不提"中国化"之类口号，甚至一度连毛泽东思想也不再提及。但他对内容+形式机械地理解马克思主义中国化始终不满，力图有所突破。特别新中国成立后曾明确指出，"'学'是指基本理论，这是中外一致的，不应该分中西"。表明与西方理论（马克思主义）一样，中国之学含有毫不低于西方的基本理论，这是内容之一并非仅仅民族形式，"说中国民族的东西没有规律，这是否定中国的东西，是不对的"。"中国的特点要保存。应该是在中国的基础上面，吸取外国的东西。……重视民族的东西，不要全盘西化。……这样道理才能讲通，也才不会丧失民族信心。"毛泽东最后风趣幽默地指出中国化必须"创造中国独特的新东西"，如驴马交配后之新物种，即

---

[1] 毛泽东：《同英国记者斯坦因的谈话》，载《毛泽东文集》第3卷，第191页。
[2]《毛泽东年谱（1949—1976）》第3卷，第332页。

非驴非马之"骡子"。①

对于毛泽东的中国方法论，刘少奇可谓是其知音。"中国党的理论准备，包括对于马列主义的原理与方法及对于中国社会历史发展规律的统一把握。"②刘少奇强调中国社会历史发展规律本身亦是中国共产党重要理论准备，对于夺取中国革命胜利而言，它与马克思主义的原理和方法等量齐观。其实在《新民主主义论》中，毛泽东对民族特点与民族形式已有过隐晦含蓄的区分："将马克思主义的普遍真理和中国革命的具体实践完全地恰当地统一起来，就是说，和民族的特点相结合，经过一定的民族形式，才有用处。"③马克思主义与中华文明两个老祖宗都非常重要，缺一不可。"不论是近百年的（昨天的）与古代的（前天的）中国史，在许多党员的心目中还是漆黑一团。许多马克思列宁主义的学者也是言必称希腊，只会记诵马、恩、列、斯的成语，对于自己的祖宗，则对不住，忘记了。"④在毛泽东的思想理论库

---

①毛泽东：《同音乐工作者的谈话》，载《毛泽东文集》第7卷，第76—83页。徐特立曾对毛泽东的"古今中外法"这样评价："毛泽东同志提出的古今中外法，就是说我们古代的也要，现在的也要，外国的也要，中国的也要。把古代的变为自己的，和现代的结合起来。把外国的变为自己的，和中国的结合起来。这样看问题才是马列主义的方法。……古今中外法，把古今结合，中外结合，变成我的。像吃牛肉也好，狗肉也好。吃下去了，把它变成我的肉，这就对了，绝不是说吃了狗肉我就变成了狗肉。"见中央教育科学研究所编《徐特立教育文集》，人民教育出版社，1986年，第122—123页。

②刘少奇：《答宋亮同志》，载《刘少奇选集》上卷，第222页。

③毛泽东：《新民主主义论》，载《毛泽东选集》第2卷，第707页。

④毛泽东：《改造我们的学习》，载竹内实编《毛泽东集》第7卷，第313页。

中，两个老祖宗都是共产党人思想体系的重要来源，解决中国问题就要正心诚意当好两个老祖宗的小学生。胡乔木晚年曾言："毛泽东思想和中国历史、中国文化。不讲这个不好，只说马克思主义的普遍真理跟中国革命的实际相结合，这不完全。它有一个历史背景，有一个文化背景。这本来很明显，写概论不能回避。"①毛泽东思想与中国历史文化有着紧密关系，不容回避。中国共产党指导思想当然是马克思主义，但中华历史文化与中国社会实践本身即具有一种方法论意义，以此来丰富和发展中国化马克思主义。

（三）向群众学习——毛泽东的实践论

毛泽东在《实践论》中强调："实践的观点是辩证唯物论的认识论之第一的和基本的观点。"②湘湘文化主张经世致用，如王船山"知行相资以为用"，魏源"及之而后知，履之而后艰，乌有不行二能知者乎"③，曾国藩"困知勉行"，等等，特别是毛泽东业师杨昌济尤重力行，"即知即行，知行合一。……博学、深思、力行三者不可偏废"④。毛泽东的知行观明显受其影响，听课笔记与读书札记曾言："不行架空之事"，"不谈过高之理，心知不能行，谈之不过动听，不如默尔为愈"。"闭门求学，其学无用，欲从天下国家万事万物而学习之，则汗漫九垓，遍游四宇尚

---

① 金冲及：《一本书的历史》，中央文献出版社，2014年，第248页。
② 毛泽东：《实践论》，载《毛泽东选集》第1卷，第284页。
③ 魏源：《古微堂内集·学篇》。
④ 杨昌济：《告学生》，载《杨昌济文集》，湖南人民出版社，1981年，第365—366页。

已。"①对中国哲学之精华即知行合一,在毛泽东所倡导的实事求是、理论联系实际中体现得淋漓尽致。

首先,注重实践与调查研究。"你要有知识,你就得参加变革现实的实践。你要知道梨子的滋味,你就得变革梨子,亲口吃一吃。"②在毛泽东看来,马克思主义并非凭空产生,而是具有很强的实践性。"马克思主义看重理论,正是,也仅仅是,因为它能够指导行动。"③他通过《湖南农民运动考察报告》等系列调查研究,逐步形成一套解决中国革命问题的方针策略。"'左'倾教条主义,根本不研究中国特点。在农村十年,根本不研究农村土地和阶级关系。不是到了农村就懂得农村。要研究农村各阶级、各阶层关系。我花了十年功夫,才搞清楚。"④学习不只是读书,实践是更重要的学习。"从战争学习战争——这是我们的主要方法。"⑤作为诗人的毛泽东,充盈着革命浪漫主义,但他却主张:"革命精神应与实际精神统一,要把俄国的革命热情和美国的实际精神统一起来。……革命精神不是与实践相脱离的,而是与实践相结合的。"⑥因此,为彻底解决中国问题,他不赞同改良方法而是主张大规模改造,并认为不能把中国问题孤立于时代潮

---

① 毛泽东:《讲堂录》,载《毛泽东早期文稿》,第525、530页。
② 毛泽东:《实践论》,载《毛泽东选集》第1卷,第287页。
③ 同上,第292页。
④ 龚育之:《听毛泽东谈哲学》,载《龚育之回忆"阎王殿"旧事》,第226页。
⑤ 毛泽东:《中国革命战争的战略问题》,载《毛泽东选集》第1卷,第181页。
⑥ 《毛泽东年谱(1949—1976)》第3卷,第346页。

流之外,"改良是补缀办法,应主张大规模改造。……中国问题本来是世界的问题,然从事中国改造不着眼及于世界改造,则所改造必为狭义,必妨碍世界"①。中国问题本身就是世界问题之一部分,中国问题之解决必须与时代潮流相契合。

其次,人民是历史创造者,要以小学生态度向群众学习。毛泽东一生坚持人民是历史的创造者和主人。"人民,只有人民,才是创造世界历史的动力。"②"群众是真正的英雄,而我们自己则往往是幼稚可笑的,不了解这一点,就不能得到起码的知识。"③他少年时就发现书中描写的"一切人物都是武士、官吏,或学者,从未有过一个农民英雄"④。立志要还原历史舞台上的真正主人。他在延安看京剧《逼上梁山》后给编导去信:"历史是人民创造的,但在旧戏舞台上人民却成了渣滓,由老爷太太少爷小姐们统治着舞台,这种历史的颠倒,现在由你们再颠倒过来,恢复了历史的面目。"⑤因此,对于人民——历史的创造者,必须先当学生,再当先生。"工农是最有知识的人,他们的知识比我们丰富得多,实际得多。你们出去,不要先当'老师',应

---

①毛泽东:《在新民学会长沙会员大会上的发言》,《毛泽东文集》第1卷,第1页。
②毛泽东:《论联合政府》,载《毛泽东选集》第4卷,第1031页。
③毛泽东:《〈农村调查〉的序言和跋》,载《毛泽东选集》第3卷,第790页。
④毛泽东口述,埃德加·斯诺笔录:《毛泽东自传》,载《早年毛泽东》,第6页。
⑤毛泽东:《给杨绍萱、齐燕铭的信》,《毛泽东文集》第3卷,第88页。

该先当'学生',了解情况,调查明白,再说话,再定方针。"①新中国成立后毛泽东回答外宾提问时重申:"我没有什么伟大,就是从老百姓那里学了一点知识而已。……力量的来源是人民群众。"②工农最有知识,这个知识不是写在书本上,而是解决中国问题的药方,也许工农本身对这种知识并没有自觉,并不自知,但的确需要知识分子和共产党员俯下身子去认真发掘加工提炼,进而与马克思主义相结合用以指导中国革命。愿意且实行与工农相结合,这成为在中国独特历史境遇下衡量知识分子革命性的唯一标准。"只有千百万人民的革命实践,才是检验真理的尺度。"③于此毛泽东深有感触:"我们这些人不生产粮食,也不生产机器,生产的是路线和政策。路线和政策不是凭空产生出来的,……而是老百姓告诉我们的。"④老百姓才是知识的不竭之源:"人民生活中本来存在着文学艺术原料的矿藏……这是唯一的源泉。"⑤毛泽东在延安曾与全党同志这样共勉:"和全党同志共同一起向群众学习,继续当一个小学生,这就是我的志愿。"⑥他深信共产党的伟力来自人民,只有人民群众才是真正的"铜墙铁壁"。"坚决地相信人民群众的创造力是无穷无尽的,因而信任

---

① 《毛泽东年谱(1893—1949)》中卷,第59页。
② 《毛泽东年谱(1949—1976)》第5卷,第401页。
③ 毛泽东:《新民主主义论》,载《毛泽东选集》第2卷,第663页。
④ 毛泽东:《关于人的认识问题》,载《毛泽东文集》第8卷,第393页。
⑤ 毛泽东:《在延安文艺座谈会上的讲话》,载《毛泽东选集》第3卷,第860页。
⑥ 毛泽东:《〈农村调查〉的序言和跋》,载《毛泽东选集》第3卷,第791页。

人民，和人民打成一片，那就任何困难也能克服，任何敌人也不能压倒我们，而只会被我们所压倒。"①作为人民领袖的毛泽东，始终把老百姓当成力量之源，甘拜百姓为师，甘作百姓小学生。

再次，与时俱进，以国情为一切革命问题之根据。实事求是，是中国共产党人的思想路线，亦是毛泽东为中国革命留下的宝贵精神遗产。"'实事'就是客观存在着的一切事物，'是'就是客观事物的内部联系，即规律性，'求'就是我们去研究。"②党的指导思想虽是马克思主义，但须根据客观情况调整主观认识："革命时期情况的变化是很急速的，如果革命党人的认识不能随之而急速变化，就不能引导革命走向胜利。"③初抵延安后毛泽东即开始分析中国社会性质问题，认为从鸦片战争以来中国逐渐沦为半殖民地半封建社会。"认清中国社会的性质，就是说，认清中国的国情，乃是认清一切革命问题的基本的根据。"④中国民主革命一百年，毛泽东认为可分为前八十年和后二十年，分水岭即五四运动。无产阶级于五四后成为革命领导阶级。"在中国，事情非常明白，谁能领导人民推翻帝国主义和封建势力，谁就能取得人民的信仰，……历史已经证明：中国资产阶级是不能尽此责任的，这个责任就不得不落在无产阶级的肩上了。"⑤毛泽东深

---

① 毛泽东：《论联合政府》，载《毛泽东选集》第3卷，第1096页。
② 毛泽东：《改造我们的学习》，载《毛泽东选集》第3卷，第801页。
③ 毛泽东：《实践论》，载《毛泽东选集》第3卷，第294页。
④ 毛泽东：《中国革命和中国共产党》，载《毛泽东选集》第2卷，第633页。
⑤ 毛泽东：《新民主主义论》，载《毛泽东选集》第2卷，第674页。

知党既不能犯右倾错误,更不能毕其功于一役犯"左"倾错误,须根据国情分阶段按步骤进行中国革命。"不知革命有阶段之分,只能由一个革命到另一个革命,无所谓'毕其功于一役'。"① 根据国情,形成把马克思主义创造性地中国化之纲领性理论——新民主主义,这既区别于托派所坚信中国革命本质上属于社会主义革命之论断,又不同于早期领袖认为中国革命仍与先前资产阶级民主革命没有区别之观点,新民主主义是党的重大理论创新,毛泽东十分看重以至晚年念兹在兹:"《新民主主义论》那一篇,是个完整的纲领,政治,经济,文化都讲了。"② 如何认识国情,如何正确判断中国革命运动的特点,这都是共产党人随时应注意的大课题,"运动在发展中,又有新的东西在前头,新东西是层出不穷的。研究这个运动的全面及其发展,是我们要时刻注意的大课题。"③ 在毛泽东看来,"一个中国的马克思主义者,如果不懂得从改造中国中去认识中国,又从认识中国中去改造中国,就不是一个好的中国的马克思主义者"④。不论是认识中国之前提,还是改造中国之目的,其主体自然都是中国,必须立足于国情。

毛泽东虽十分尊重马列经典,但深知要彻底解决中国问题,

---

① 同上,第685页。
② 龚育之:《听毛泽东谈哲学》,载《龚育之回忆"阎王殿"旧事》,第225页。
③ 毛泽东:《中国共产党在民族战争中的地位》,载《毛泽东选集》第2卷,第534页。
④ 毛泽东:《驳第三次"左"倾路线(节选)》,载《毛泽东文集》第2卷,第344页。

必须知晓国情，即中国历史、中国文化、中国革命实践，要把实践中不断发展之规律提炼出来，作为指导中国革命的方法论。这集中体现在延安整风运动之中，实质就是党内的经史问题即马克思主义如何实现中国化，"抗日战争时期我党内部的整风运动，是一般地收到了成效的。这种成效，主要地是在于使我们的领导机关和广大的干部和党员，进一步地掌握了马克思列宁主义的普遍真理和中国革命的具体实践的统一这样一个基本的方向"①。通过整风运动解决了党内的经史问题，使马克思主义得以彻底中国化。"用形而上学的观点来看待马克思主义，把它看成僵死的东西，这是教条主义。否定马克思主义的基本原则，否定马克思主义的普遍真理，这就是修正主义。"②在毛泽东看来，教条主义和修正主义都违反马克思主义。因此，既要尊重马列经典，把贯穿其中的立场、观点、方法提炼出来指导革命，不至于犯教条主义错误；又能根据中国革命实践之史，不断总结提炼新规律，纳史入经，使得中国革命在经史关系即马克思主义中国化的不断发展进程中，彻底解决中国问题。

---

①毛泽东：《目前形势和我们的任务》，载《毛泽东选集》第4卷，第1252页。
②毛泽东：《在中国共产党全国宣传工作会议上的讲话》，载《毛泽东文集》第7卷，第281页。

四、尊经重史：经史观之方法论启示

诞生于中国历史文化土壤中的共产党当然不能照搬马克思主义，必须结合中国革命实践、中国历史文化进行艰难的思想性创造，要使马克思主义中国化，就必须按照中国特点去应用它。作为中国特点重要组成部分的内生性思维逻辑，最具代表性即贯穿中国历史进程的经史关系方法论，特别是清代中叶以章学诚为代表的一脉相承处理经史关系问题的"六经皆史"方法论，对毛泽东延安时期不断推进马克思主义中国化，使得党内思想得以统一至为重要。有学者指出这种内在关系："在马克思主义哲学中国化的过程中，历史主义方法获得了很大发展。如果说，浙东史学主张即事而求道，进化论者提出明变而求因，那么唯物史观则进而要求从历史和逻辑的统一中来揭示发展的真正根据，把握矛盾发展的全过程。毛泽东很重视方法论的研究。"①"六经皆史"与马克思主义中国化二者，同样面临处置自身的经史关系问题，二者内在的经史思维逻辑具有某种程度的相似性，极具方法论启示。

（一）反对教条主义

尊经之地位，重史之作用。章学诚提出"六经皆史"论，认为六经并非道之恢宏全体，体道、识道、弘道须以经世为本，以时势为大，不可抱守六经以为教条，须注重经世之史学，纳史入

---

① 冯契：《冯契文集》第七卷，第633页。

经，这即"六经皆史"要义。"事变之出于后者，六经不能言，固贵约六经之旨而随时撰述以究大道也。"①六经之旨即今日之立场、观点、方法，要充分尊之。同时又要不断从"史"中总结提炼新道。章学诚以史作为经之根柢，让经不再置于空言而有坚实基础。纳史入经，尊史为经，这既可达到尊经之效果，亦可提高史之地位，避免经学教条化。章太炎亦指出："经者何指乎？'大纲'二字，允为达诂。"②经者宗旨，要尊之。"古之作者，创制而已，后生依其式法条例则是，畔其式法条例则非。"③后人只需师取其"式法条例"，即今日之立场、观点、方法。"古未必可废，所着重的，在善于推阐，假使能够发挥他的精义，忽略他的粗迹。"④"经典所论政治，关于抽象者，往往千古不磨。"⑤对此，范文澜把其与学习马克思主义立场、观点、方法相结合，融合二者达到炉火纯青之境界。"我们要从经典著作里学习研究历史的立场、观点和方法，更要从今天的历史里学习研究历史的立场、观点和方法。"⑥学习马克思主义亦如此，既不能当成教条，又不能不领会贯穿其中的立场、观点与方法。"学习马克思主要要求

①《文史通义·原道下》，第41页。
②章太炎：《论经史儒之分合》，载《章太炎全集·演讲集（下）》，第591页。
③章太炎：《原经》，载《章太炎经典文存》，第154页。
④章太炎：《经义与治事》，载《章太炎全集·演讲集（上）》，第455页。
⑤章太炎：《论读经有利而无弊》，载《章太炎全集·演讲集（下）》，第569页。
⑥范文澜：《历史研究中的几个问题》，载《范文澜历史论文选集》，第216页。

神似,最要不得的是貌似。学习理论是要学习马克思主义处理问题的立场、观点和方法。……这才是学习马克思主义得其神似。貌似是不管具体实践,……这是伪马克思主义,是教条主义。"①

这与毛泽东思考党内经史问题,即马克思主义(经)与中国革命实践(史)关系有着极相似的方法论,抑或通过范文澜作为二章与毛的思想桥梁,毛泽东从章学诚汲取了"六经皆史"所蕴含的经史观这一浙东史学精华。毛泽东视马列经典为共产党人的老祖宗,一生尊奉。但深知解决中国问题,须知晓国情即"事变之出于后者"之史,要把新规律不断提炼出来,作为指导中国革命的方法论。这集中体现在延安整风运动中,实质就是党内的经史问题,即马克思主义如何中国化。通过整风运动解决党内的经史问题,使马克思主义得以彻底中国化,由此才能既尊马列经典,把贯穿其中的立场、观点、方法提炼出来指导革命,不至犯教条主义之错误;又能根据中国革命实践之史,不断总结提炼新规律,纳史入经,使得中国革命在经史关系即马克思主义中国化的不断发展过程中,彻底解决中国革命问题。

(二)经世致用,注重实践

章学诚"六经皆史"力图以此经史关系之新视角贯彻浙东史学经世致用传统。针对汉宋之学流弊指出"君子之学术,为能持世而救偏"②。学思结合,既不能误器以为道,更不能离器而

---

① 同上,第208页。
② 《文史通义·原学下》,第46页。

言道，离事而言理，"此则夫子诲人知行合一之道也"①。"六经皆史"宗旨即知行合一之实践论。章太炎晚年曾言："经与史关系至深，章实斋云'六经皆史'，此言是也。"②以《论语·先进》释读为例，看二章非常注重经世实践。"子路使子羔为费宰。子曰：'贼夫人之子。'子路曰：'有民人焉，有社稷焉，何必读书，然后为学？'子曰：'是故恶夫佞者。'"孔子认为治民与事神皆为国之大事，要接受教育方可入仕，否则必会慢神而虐民。章学诚认为此章可作别解，学非只有诵读一途，如不是针对子羔为宰而言，子路之言未必为非。"子路曰：'有民人焉，有社稷焉，何必读书，然后为学？'夫子斥以为佞者，盖以子羔为宰，不若是说，非谓学必专于诵读也。专于诵读而言学，世儒之陋也。"故"必见于行事"，方可为真学。③章太炎亦如此看："以前子路说过'有民人焉，有社稷焉，何必读书，然后为学？'这话并未讲错。从古到今，有一种人痛恨俗吏，痛恨官僚，但是自己讲论政治多年，一旦担任职务，往往不能及到他们。这个原因，便是一在空论，一在实习。所以，我以为讲到实用，学问不过占三分之一的力量，三分之二的力量，是靠自己的练习。子路的话，并未说错，不过略嫌过分一些罢了。"④可见深受浙东史学经世传统影响之二章，皆颇重视实践之作用。

---

① 《文史通义·原学中》，第45页。
② 章太炎：《历史之重要》，载《章太炎全集·演讲集（下）》，第599页。
③ 《文史通义·原学上》，第44页。
④ 章太炎：《经义与治事》，载《章太炎全集·演讲集（上）》，第458页。

毛泽东虽未谈此章,但主张在实践中学习之精神则一以贯之。"真理的标准只能是社会的实践。"①延安时无论留苏的教条主义者,还是留学欧美的洋学生,对中国历史特别是党史和近百年史皆不甚懂,不以为耻反以为荣,只知生吞活剥地谈外国,传染到党内就变成理论与实践相脱离的学风,"对中国问题反而无兴趣,对党的指示反而不重视,他们一心向往的,就是从先生那里学来的据说是万古不变的教条"②。毛泽东痛批这只是"起了留声机的作用",忘记通过革命实践创造新理论之责任。在新中国成立后曾对外宾说:"已发表过的东西,完全满意的很少。如《实践论》就是比较满意的,《矛盾论》就并不很满意。"③毛泽东特别看重把马克思主义实践观与中国哲学知行合一观深度融会贯通之《实践论》。正因把马克思主义的实践观与中国古典经世致用的经史传统融会贯通,内化为革命理论,外化于革命实践,才从根本上解决近代以来中国人的理论求索,精神上从被动转为主动,从革命斗争实践中实现建国夙愿。

(三)向群众学习,走群众路线

《周易》云:"天地交而万物通也,上下交而其志同也。"《中庸》云:"《诗》云:'鸢飞戾天,鱼跃于渊。'言其上下察也。君子之道,造端乎夫妇,及其至也,察乎天地。"王阳明更明言:

---

① 毛泽东:《实践论》,载《毛泽东选集》第1卷,第284页。
② 毛泽东:《改造我们的学习》,载《毛泽东选集》第3卷,第798页。
③ 《毛泽东年谱(1949—1976)》第2卷,第546页。

"与愚夫愚妇同的，是谓同德。与愚夫愚妇异的，是谓异端。"①在中国圣贤及其经典中始终重视"愚夫愚妇"，走上下相交的群众路线。章学诚高度重视经典谱系之传承，明确指出"学于众人，斯为圣人"②。一语道破玄机，否认圣人史观，走的是群众路线。其实，中国共产党的群众路线一方面既来源于马克思主义的唯物史观，又有中华文化厚重的内在历史渊源。此一重视黎民大众的思想谱系亦为章太炎、范文澜一以贯之。章太炎曾言："夫史之记载，多帝王卿相事，罕有言及齐民。"③倾向大众之道德价值观，"农人于道德为最高，其人劳身苦形，终岁勤动，……知识愈进，权位愈伸，则离于道德也愈远"④。对知识人道德品格甚不满。范文澜继承发展了人民史观，修订《中国通史简编》曾言："本书肯定历史的主人是劳动人民，把旧型类历史以帝王将相作为主人的观点否定了。"⑤他之所以得到毛泽东赏识，与在其史著中贯穿群众路线的人民史观甚相关。以至他去世前毛泽东派李纳传话："中国需要一部通史，在没有新的写法以前，还是按照你那种方法写下去。通史不光是古代近代，还要包括现代。"⑥

---

① 王阳明：《传习录》，第121页。
②《文史通义·原道上》，第34页。
③ 章太炎：《论经史儒之分合》，载《章太炎全集·演讲集（下）》，第595页。
④ 章太炎：《革命道德说》，载《章太炎全集·太炎文录初编》，第289—292页。
⑤ 范文澜：《关于中国历史上的一些问题》，载《范文澜全集》第10卷，第30页。
⑥ 陈其泰：《范文澜学术思想评传》，华夏出版社，2018年，第141页。

可见与当时党内盛行的影射史学、史学政治化相比，毛泽东仍青睐于范文澜所坚持的史观。

毛泽东始终坚持人民是历史的创造者，立志还原历史舞台上的真正主人。方法就是马克思主义史观与"学于众人"文明传统相结合，即共产党人的群众路线。"将群众的意见（分散的无系统的意见）集中起来（经过研究，化为集中的系统的意见），又到群众中去作宣传解释，化为群众的意见，使群众坚持下去，见之于行动，并在群众行动中考验这些意见是否正确。然后再从群众中集中起来，再到群众中坚持下去。"[1]这与章学诚"学于众人"极相似，将群众意见集中起来，即"道之迹→道之作"；又到群众中去作宣传化为群众意见，使群众坚持下去见之于行动，即"道之器→道之理"。毛泽东在《实践论》中则把群众路线发挥得淋漓尽致。"实践、认识、再实践、再认识，这种形式，循环往复以至无穷，而实践和认识之每一循环的内容，都比较地进到了高一级的程度。这就是辩证唯物论的全部认识论，这就是辩证唯物论的知行统一观。"[2]

新中国成立后毛泽东多次重申其群众史观。1964年同人谈话时说："《毛选》，什么是我的？这是血的著作。《毛选》里的这些东西，是群众教给我们的，是付出了流血牺牲的代价的。"[3]

---

[1] 毛泽东：《关于领导方法的若干问题》，载《毛泽东选集》第3卷，第899页。
[2] 毛泽东：《实践论》，载《毛泽东选集》第1卷，第284页。
[3] 《毛泽东年谱（1949—1976）》第5卷，第329页。

与章太炎褒扬群众道德观相似，毛泽东亦言："拿未曾改造的知识分子和工人农民比较，就觉得知识分子不干净了，最干净的还是工人农民。"知识分子要想真正向群众学习，必须走群众路线。"我们知识分子出身的文艺工作者，要使自己的作品为群众所欢迎，就得把自己的思想感情来一个变化，来一番改造。"①如未具备群众感情，工农立场，便学不好掌握不了真正的马列主义。"读过马克思主义'本本'的许多人，成了革命叛徒，那些不识字的工人常常能够很好地掌握马克思主义。"②由此鲜明表达了毛泽东的人民史观与群众立场。

（四）以时为大，与时俱进的真理观

章学诚认为官师相分乃"时会使然"。"不知礼时为大而动言好古，必非真知古制者也。"③不能抱守残缺舍今求古，须以时为大，经世为本，这即"六经皆史"要义。这由章太炎到范文澜一贯继承下来。章太炎把六经视为可征信的古史材料，而非为万世立法之经，消解其神圣性。他跳出经学思维模式，改变传统"读书得知"，向客观世界求道，"理论和事实合才算好，理论和事实不合就不好，不必问他有用没用"。④在范文澜看来，六经不能当成神圣教条，"经作为'圣训'来背诵，死教条成为束缚

---

① 毛泽东：《在延安文艺座谈会上的讲话》，载《毛泽东选集》第3卷，第851页。

② 毛泽东：《反对本本主义》，载《毛泽东选集》第1卷，第111页。

③ 《文史通义·史释》，第70页。

④ 章太炎：《论教育的根本要从自国自心发出来》，载《章太炎学术史论集》，云南人民出版社，2008年，第9页。

思想的桎梏"。①经学是封建产物,五四后之新民主主义革命时代,经学发展"新的康庄大道"即是"变经学为史学","新民主主义的文化革命,必需改变经学为史学,必须反对顽固性的道统观念"。②经学虽走下神坛,却纳经入史,使经学在丰富的历史实践中走向新生。

在毛泽东看来,马克思主义并非"万古不变的教条",并未穷尽真理。虽然强调要尊重历史,但不是颂古非今,而是用唯物史观给予历史以科学解释。"对于人民群众和青年学生,主要地不是引导他们向后看,而是要引导他们向前看。"③这即毛泽东之真理观。社会实践过程无穷,决定认识过程之无穷,包括马克思在内任何伟人都身处特定时代中,不可能掌握绝对真理,只能是认识绝对真理过程中的一部分一环节。正是把马克思主义之经,成功运用中国之史即革命实践中,马克思主义中国化才能得以持续推进。与此同时,毛泽东坚持与时俱进认识国情,"运动在发展中,又有新的东西在前头,新东西是层出不穷的"④。新中国成立后毛泽东进一步阐释其与时俱进的真理观:"真理不是一次完成的,而是逐步完成的。……我们对于社会主义时期的革命和建设,还有一个很大的盲目性,……从其中找出它的固有的规

---

① 范文澜:《中国经学史的演变》,载《范文澜历史论文选集》,第267页。
② 同上,第299页。
③ 毛泽东:《新民主主义论》,载《毛泽东选集》第2卷,第708页。
④ 毛泽东:《中国共产党在民族战争中的地位》,载《毛泽东选集》第2卷,第534页。

律，以便利用这些规律为社会主义的革命和建设服务。"① 这里所言"找出它的固有的规律"与章学诚"六经皆史"内涵"固贵约六经之旨而随时撰述以究大道也"②可谓一脉相承。毛泽东深知社会主义建设在不断发展，实践经验的理论总结亦要不断发展，追求真理的过程无穷无尽，共产党人如不能坚持与时俱进的真理观，那就不是真正的马克思主义者。

余论：道事之间——经史关系中的历史与信仰

"以事言谓之史，以道言谓之经。事即道，道即事。"③ 在中国经史传统中，道与事始终是其核心议题。无论章学诚的"六经皆史"，还是中国共产党党内的经史问题，即马克思主义中国化，都要面对自身经史关系中的事与道，即历史与信仰。"中国有个以历史为本的精神世界，或者说，历史乃中国精神世界之根基。……历史所以成为中国精神世界之本，其根源在于经史一体，所谓六经皆史。"④ 章学诚的"六经皆史"，六经来自有制度实践支撑之古史，中国共产党的"马克思主义中国化"，亦必须把马克思主义立基于丰富的中国革命实践之中，二者的确都是经史一体，以事载道，以史释经，历史与信仰就在实践发展之中成

---

① 毛泽东：《主动权来自实事求是》，载《毛泽东文集》第8卷，第198页。
② 《文史通义·原道下》，第41页。
③ 王阳明：《传习录》，第11页。
④ 赵汀阳：《历史为本的精神世界》，《江海学刊》2018年第5期。

为中国人的精神世界。

"史学所以经世,固非空言著述也。"①章学诚认为六经皆先王政典,"切合当时人事",经即古史,史即新经。看似"六经皆史"论有尊史抑经之嫌,而章学诚非疑经之人,对经即道之信仰,可谓笃信不疑。"损益虽曰随时,未有薄尧、舜而诋斥禹、汤、文、武、周公而可以为治者。……未有不于古先圣王之道得其仿佛者也。"②对古先圣王之道,章学诚毕恭毕敬不敢懈怠。对孔子"述而不作,而表章六艺"③更赞赏有加,推崇备至。"孔子之立教,虽非制度立法,却是精神立法。司马迁就认为孔子之功不止于'述',实为精神立法之'作':'论诗书,作春秋,学者至今则之。'孔子'作'春秋,确认了史学在中国精神世界中至上不移之地位,几将历史化为信仰。"④与其说尊史抑经,不如说是在尊经前提下纳史入经,尊史为经。"六经皆史"内含其高亢之三代理想,即以史学作为一切经典之根柢,让经即为对道之信仰,有其坚实的史学基础。由此经之地位即道之信仰更加巩固,同时又把史抬升至作为经即信仰的合法性基础地位。"中国是一个历史感很强的民族。中国没有西方意义上的宗教,也没有西方意义上的哲学,中国的史学承载着西方史学、哲学和宗教三重责任,维系着中华民族的文化认同。章学诚讲'六经皆史',我觉

---

① 《文史通义·浙东学术》,第169页。
② 《文史通义·史释》,第70页。
③ 《文史通义·原道中》,第39页。
④ 赵汀阳:《历史之道:意义链和问题链》,《哲学研究》2019年第1期。

得非常深刻。"①因此，经非空言，史非材料，信仰基于正史，历史亦有经训，经即古史，史即新经。"在复杂变化的历史关系中，坚持礼制的形式主义是无用的，一味考据古制和经书的礼义也是不够的，重要的是通古今之变，从活生生的生活实践内部来理解世界，从'自然'之中理解'不得不然'。这就是章学诚的历史观。"②由此，道立基于源源不断的制度实践之事，历史成为信仰之坚实基座。

延安时期中国共产党开展了举世瞩目影响深远的整风运动。其核心问题意识是处理中国共产党党内的经史关系，即马克思主义经典理论（经）与中国历史实践（史）之关系。马克思主义是中国共产党人之经，"自从中国人学会了马克思列宁主义以后，中国人在精神上就由被动转入主动"③。尊经是前提，但又不能迷信本本，变成教条主义者。马克思主义并非"万古不变的教条"，并未穷尽真理。社会实践无穷，人的认识真理之过程亦无穷，任何人都不可能掌握绝对真理。"客观现实世界的变化运动永远没有完结，人们在实践中对于真理的认识也就永远没有完结。马克思列宁主义并没有结束真理，而是在实践中不断地开辟认识真理的道路。"④这即是以毛泽东为代表中国共产党人之真理观。马克思主义并非空言著述，而是不断经实践检验的科学真

---

① 曹锦清：《百年复兴：中国共产党的时代叙事与历史使命》，第269页。
② 汪晖：《现代中国思想的兴起·上卷（第一部）》，第482页。
③ 毛泽东：《唯心历史观的破产》，载《毛泽东选集》第4卷，第1516页。
④ 毛泽东：《实践论》，载《毛泽东选集》第1卷，第296页。

理。特别传入中国被先进知识分子所接受，逐步与中国革命发生紧密关系进而彻底中国化后，一次次被实践证明它是革命的科学的真理。

毛泽东一生最为重视的就是史观问题。《毛选》收官之文即《唯心历史观的破产》，把唯物史观在中国语境中发挥得淋漓尽致，这可谓马克思主义中国化之思想总纲。问题意识即马克思主义必须与中国历史文化、中国革命实践深相结合，实现本土化。马克思主义作为经，已经过中国革命实践之史检验，通过历史沉淀，信仰已变得清晰。有了真实历史支撑的信仰就不再空洞，丰富的历史过程本身，经过"随时撰述"后其自身就已凝练成为新的信仰；有了坚定信仰指引的历史就不再迷失方向，科学的信仰本身就是一种历史进程的客观反映。"以事言谓之史，以道言谓之经。"由此，在丰富的实践发展过程中，历史提升为了一种历史哲学，事即道，史即经，历史化为了信仰。

第3章

中国语境的社会主义启蒙叙事

引言：中国语境下的启蒙叙事

五四新文化运动距今已逾100年。百年来的中国，在其现代化历程中始终与一词语密切相关——启蒙。经历了一个多世纪西学东渐洗礼的现代中国，只要提及启蒙，在人脑海里就会自觉不自觉联想到如下关键词：理性、自由、民主、平等、人权、宪政、进化论、科学主义、个人主义等。在如此冗长的众多词语中，德性或者民族的历史文化传统总不能位列其中，甚至会被视为需要强力清除的对象，但理性却必居于榜首。而这种时下中国启蒙观的形成，可以说深受西方启蒙运动，特别是法国启蒙运动的影响。法国启蒙运动的理论精髓与主要特质即是"理性"，它有着至高无上的绝对权威①。正如恩格斯所言:启蒙思想家们"不承认任何外界的权威,不管这种权威是什么样的。宗教、自然观、社会、国家制度,一切都受到了最无情的批判;一切都必须在理性的法庭面前为自己的存在作辩护或者放弃存在的权利"②。

对于源自西方的启蒙概念,既为人们熟知的阐释,又是最权威的定义,莫过于大哲学家康德在1784年应策尔纳请求所作《对这个问题的一个回答:什么是启蒙》开篇的精辟论述:"启蒙就是人类脱离自我招致的不成熟。不成熟就是不经别人的引导就不能运用自己的理智。如果不成熟的原因不在于缺乏理智,而在于不经别人引导就缺乏运用自己理智的决心和勇气,那么这种不成熟就是自我招致的。敢于知道!要有勇气运用你自己的理智!这就是启蒙的座右铭。"③但在西方社会内部,整个启蒙运动发展历程可谓极其复杂,其所呈现的内涵亦相当丰富。正如卡西尔在评价18世纪欧洲启蒙运动时所言:"启蒙思想的真正性质,从它的最纯粹、最鲜明的形式上是看不清楚的,……在这种形式中,

---

① 对于法国启蒙运动为何如此重理性而轻传统,有学者指出其与没有高度发达的历史意识密切相关:"它对过去基本上怀有一种偏见,认为往昔充斥着谬误。达朗贝尔表达了一种愿望:过去应该统统否定;伏尔泰惟一感兴趣的是笛卡尔开辟的'理性时代'。……他们对民族历史毫无兴趣,对民族差异也几乎毫无认识。……把历史当做一个严肃而持久的研究课题可能就需要有一种信念,即认识过去对于理解现在乃至理解人类的一般处境具有至关重要的意义,……启蒙运动基本上没有这种信念。"参见罗兰·斯特龙伯格《西方现代思想史》,刘北成、赵国新译,金城出版社,2012年,第182页。

② 《马克思恩格斯选集》第3卷,人民出版社,2012年,第391页。

③ 康德:《对这个问题的一个回答:什么是启蒙》,载詹姆斯·施密特编《启蒙运动与现代性》,徐向东等译,上海人民出版社,2005年,第61页。

启蒙思想被归纳为种种特殊的学说、公理和定理。……这整个不断起伏的过程是不能分解为个别学说的单纯总和的。"①由此，面对西方各国独特的历史文化背景，我们要有高度的理论自觉，深刻认识到启蒙运动并非以往所见唯法国所独有，"只此一家，别无分店"。即使在欧美社会内部，启蒙亦各有其丰富复杂的人文价值内涵。正如德国历史学家塞巴斯蒂安·康拉德所言："欧洲从来就不是一个同质的实体，而是具有很强的异质性。"②如英国近代以降的启蒙运动，其内在动力就并非源于理性，而是更为注重历史文化传统的"社会美德"③；美国的启蒙运动，与其立国原则基本一致，其动力主要来自对政治自由、正义、幸福与共和的认同④。对英美多数启蒙思想家先驱而言，理性只是通往美好社会的工具与途径，而并非目的本身，更不能代替目的。正如一位

---

① 卡西尔：《启蒙哲学》，顾伟铭等译，山东人民出版社，1988年，第5页。

② 塞巴斯蒂安·康拉德：《全球史是什么》，杜宪兵译，中信出版集团，2018年，第142页。

③ 正如亚当·斯密《道德情操论》的开场白就奠定了英国启蒙运动以美德、同情、仁爱、怜悯的基调和主旨。"无论人们会认为某人怎样自私，这个人的天赋中总是明显地存在着这样一些本性，这些本性使他关心别人的命运，把别人的幸福看成是自己的事情，虽然他除了看到别人幸福而感到高兴以外，一无所得。这种本性就是怜悯或同情，就是当我们看到或逼真地想象到他人的不幸遭遇时所产生的感情。……通过想象，我们设身处地地想到自己忍受着所有同样的痛苦，我们似乎进入了他的躯体，在一定程度上同他像是一个人。"参见亚当·斯密《道德情操论》，蒋自强等译，商务印书馆，1997年，第5—6页。

④ 正如联邦党人制定的美国开国宪法序言所言："美国人民，为建设更完美之合众国，以树立正义，奠定国内治安，筹设公共国防、增进全民之福利，并谋今后使我国人民及后世永享自由生活起见，特制定美利坚合众国宪法。"参见《联邦党人文集》，程逢如等译，商务印书馆，1980年，第452页。

美国学者所指出的那样:"将法国与启蒙运动等同起来的一个不幸结果是这样一种趋向:依照法国经验看待其他启蒙运动的结果——例如,把美国革命看成法国大革命的前奏或低级版本,或把在英国发生的不革命看成某种反革命(或把英国启蒙运动的某些方面看成一种反启蒙运动)。正确评价这些启蒙运动的独特性也是正确评价各国历史形势的独特性。"[1]由此可见,西方知识界对于启蒙运动本身所呈现的价值诉求长期争论不休,莫衷一是。

从西方的争论,回到中国语境,如何正确认识近代中国启蒙运动独特的价值内涵,它在何种意义上发生,其源动力来自中国社会自身内部,还是深受西风东渐之影响。在近代中国独特的历史语境中,启蒙运动有着何种价值内涵,哪些价值契合中国问题的真正需要,哪些又与中国社会水土不服,只能昙花一现。为何只有在中国共产党的领导下,中国人民才能被广泛地动员组织起来同德同心,结束百年之分裂动乱,最终完成建国理想,走上社会主义道路,这与社会主义的启蒙叙事又有着怎样的内在关联。

通过考察西方所孕育的启蒙运动,发现它们虽有相似的要求,但更有其源于本国的历史文化传统与独特的问题意识。因此,不论西方各国的启蒙思潮,还是中国近代的启蒙运动,其价值诉求都取决于各自所面临的历史任务。就中西之间的"启蒙"问题而言,不可能有一致的版本、固定的模式,无论是想把西方式启蒙生搬硬套于中国,还是想把中国式启蒙移植于西方,都值

---

[1] 格特鲁德·希梅尔法布:《现代性之路:英法美启蒙运动之比较》,齐安儒译,复旦大学出版社,2011年,第14页。

得高度警惕。要正确评估近代中国的启蒙运动及其内在价值,就必须结合中西近代遭遇后面临的社会政治等具体处境与实践条件,在民族危机,救亡图存,肩负着反帝反封双重历史任务的背景下,中国启蒙运动本身并没有绝对独立的价值要求,都是紧密围绕中国问题而展开。一旦国内外环境发生变化和现实政治要求发生转向,必然导致为救亡而生的启蒙,亦要为中华民族的救亡而改变其方向。以此即能全面客观地认识近代中国所迭次出现的启蒙运动,以及因各种启蒙价值立场的紧张关系而导致的分裂结局。最终在各种启蒙价值抉择中,社会主义的启蒙价值顺应了中国救亡叙事的时代潮流:一方面承接了以马克思主义为代表的真正实现人类解放的启蒙价值,又果断抛弃了与近代中国救亡叙事严重背离的绝对自由主义倾向,同时也注重吸收了中西古典的文化传统与公共德性,使上述三方面在社会主义价值理想中得以真正整合。正如姜义华所言:"近代中国启蒙运动便因之具有与西方启蒙运动非常不同的内容与形式。而其中最为显著的特点,便是这场运动,几乎从它一开始,便同社会主义在中国的介绍、传播联系在一起。……甚至可以说,社会主义在中国的初期介绍与传播,以及它在中国思想界所产生的深刻影响,已成了近代中国启蒙运动不可或缺的一个有机组成部分。这一运动的每一步重大发展,都同社会主义在中国影响的扩大息息相关。"[1]由此,我们才能深刻理解社会主义作为一种启蒙价值,为何能在中国迅速扎

---

[1] 姜义华:《现代性:中国重撰》,北京师范大学出版社,2013年,第399—400页。

下根基，被国人普遍认同，进而启发大众，实现社会动员，最终在中国共产党领导下走上了社会主义道路，并为民族的伟大复兴奠定坚实的价值基础。

一、救亡产生启蒙——"启救亡之蒙"

西方启蒙运动，核心主题是宗教[①]，主要对象为神权，且其早期阶段基本是一次纯粹的思想解放运动。与此相比，结合近代以来中国的独特历史进程与思想演进脉络，其启蒙叙事产生的背景是空前的民族大危机，亡国灭种迫在眉睫，并非如西方早期启蒙运动那样有较为自由宽松的思想环境。可以说，贯穿近现代中国启蒙运动百余年历程的主题始终是救亡，主要任务是反帝与反封建。正如一位美国学者所言："中国的知识分子所面临的挑战与18世纪的欧洲先哲们的际遇不同。后者寻求从宗教的思想禁锢中解放出来，而前者则是以抛弃'科举心态'、'盲从'以及摒弃习以为常的'为社会所钳制'的国民性为己任。……从中国历史上看，如何建立现代国家的问题先于启蒙问题。从19世纪中叶开始，尊奉儒教的官员们就已经开始探索强盛国家、壮大国威

[①] 康德在对启蒙作了精辟定义后，在论文最后点出了启蒙的核心任务："我已经把启蒙的要点，亦即人类对其自我施加的不成熟状态的挣脱，主要放在宗教问题上，因为在科学和艺术方面我们的统治者没有兴趣对他们的臣民尽监护职责，而在宗教问题上的不成熟不仅是最有害的而且也是最可耻的。"参见康德《对这个问题的一个回答：什么是启蒙》，载詹姆斯·施密特编《启蒙运动与现代性》，第65页。

和抵御外来侵略的道路。"[①]

自1840年鸦片战争以来，在西洋船坚炮利的重创之下，"天朝上国"麻木不仁的身躯开始顿觉刺痛，缓慢恢复了知觉。与此同时，列强的炮火越来越浓，瓜分的危机日益加重，在疼痛神经的支配下，环顾帝国之四宇，发现已满目疮痍，体无完肤。由此"三千年未有之大变局"，敏感的士大夫才深深地感受到中华民族空前之危机，救亡图存迫在眉睫，保国、保种、保教之意识顿时涌上心头。清末四大谴责小说即《官场现形记》《二十年目睹之怪现状》《老残游记》《孽海花》就以犀利辛辣的笔触状写了社会人间百态，对腐朽的社会政治以有力抨击，启发大众之觉醒。"小说家者流，自昔未尝为重于国也。"[②]同时，历经欧风美雨之不断洗礼，面对先进的西方，民族自卑之情常现笔端："人无弃材不如夷，地无遗利不如夷，君民不隔不如夷，名实必符不如夷。"[③]逐渐向西看，进而发出"师夷长技以制夷"的自强号召，主张效法西洋的军事技术，开启了轰轰烈烈的洋务自强运动，这是在救亡背景下觉悟到的第一次启蒙。

在经历了甲午中日战争后，老大的帝国受到了前所未有的强烈的民族羞辱。之前鸦片战争也好，中法战争也罢，战败于西洋列强的坚船利炮，如尚能求自我安慰，此时却与"东夷""蕞

[①]舒衡哲：《中国启蒙运动——知识分子与五四遗产》，刘京建译，新星出版社，2007年，第4—7页。

[②]阿英：《晚清文学丛钞·小说戏曲研究》，中华书局，1960年，第19页。

[③]冯桂芬：《制洋器议》，《校邠庐抗议》卷下，转引自丁守和主编《中国近代启蒙思潮（1840—1914）》，社会科学文献出版社，1999年，第66页。

尔小邦"被迫结了城下之盟,顿觉"天朝"颜面扫地,便不能不"反求诸己"。此时,梁启超已渐晓文学之于思想的重要价值。"文学之盛衰,与思想之强弱,常成比例。"①黄遵宪、康有为等人的诗文作品提出"文言合一"的改革纲领,"语言与文字离,则通文者少;语言与文字合,则通文者多"②。极力宣传维新,启发大众。痛定思痛,急切盼望国富民强的士大夫进一步思索中国未来之出路,认为仅止于军事器物的学习不能富国强兵,而应于制度上效法西洋,日本成功之道即在于引进了西洋法政制度,变法图强,终成东亚强国。在民族危机进一步严重的情势下,年轻的皇帝决定变法维新,迫切希望全面地效法西洋政制,虚君立宪,开启了救亡背景下的第二次启蒙。

在历经八国联军入侵强盗般洗劫后,帝国已力不从心,元气殆尽。但为应付风起云涌的一系列骚乱、反叛与革命,晚清政府开启了自掘坟墓式的以预备立宪为核心的一系列政治改革。但"皇族内阁"一经推出,请开国会要求又被一再推迟,其固守皇家自身利益的欺骗伎俩昭然若揭,伤透了国人之心。与此同时,大洋彼岸的夏威夷檀香山却诞生了日后皇朝的掘墓者——兴中会,孙中山大声疾呼"亟拯斯民于水火,切扶大厦之将倾",发出了"振兴中华"之呐喊。提出"驱除鞑虏,恢复中国,创立合

---

① 梁启超:《论中国学术思想变迁之大势》,《饮冰室合集·文集》第三册,中华书局,2015年,第603页。
② 黄遵宪:《日本国志·学术志二·文字》,文海出版社有限公司,1982年,第815页。

众政府"的革命斗争纲领。邹容的《革命军》是其革命思想的急先锋,而革命文学团体"南社"则以鼓吹革命为志向:"胸中斗血热,十万凉风吹;马革不裹尸,枉自称健儿。"(高旭《军国民歌》)这些满怀激情的启蒙文学家为革命的兴起营造了强大舆论。此时,似乎体制外之革命与体制内之改良已成龟兔赛跑之局:清廷占有绝对优势,却总是漫不经心,就像那只三心二意的兔子。与此相反,在合法性与正当性上都先天不足的革命党,虽感形势日蹙,却像那只奋力拼搏的老龟,坚韧而有毅力。"立宪的虚伪,一天一天地暴露,革命的潜势力,一天一天地膨胀。"[①]历史舞台上的表演规律往往总是狭路相逢勇者胜。就在立宪改良与革命共和的双重变奏下,一次在汉口俄租界不慎引起的意外爆炸,使老态龙钟的帝国最终走到了历史的终点。伴随中华民国的成立,创制共和,开启了救亡背景下的第三次启蒙。

此时,历史主角已非皇朝,而变成了坐镇北洋的新军统帅袁世凯与越挫越勇的革命先驱孙中山。民国初立,他们都走到了历史前台。民主共和之国的确值得期待,但历历在目的现实,却并非为时人所预想的那般美好,真正动荡、混乱与不安的帷幕才刚刚拉开。清帝逊位,旧制已渐行渐远,新制却若明若暗。做过袁世凯总统顾问的古德诺曾这样评价当时的共和国:"中国的真实状况就是它是一个被军事独裁者们统治着的国家,在企图实现西方式民主政治的革命之后,产生的却是一批军阀,他们才是这个

[①] 李剑农:《中国近百年政治史》,商务印书馆,2011年,第16页。

本来和平主义的国家的最高统治者。……最高当政者权力的取得是靠军事实力而不是靠世袭制来实现的，只有这一点也许能让中国可以称得上是有了一点'共和国'的味道。"①共和之后，人心已失，制度尽毁，新政乏力，武夫当国，内争外斗，鱼肉百姓，民不聊生。孙中山亦感慨说："共和垂六年，国民未有享过共和之福。"②对此，有学者作出了如下评价："革命摧毁了旧国家，但也阻断了在短时间内重建有效国家的可能性，不管这个有效国家是共和制的还是君主立宪制的。这里的关键并不在于土地上长出的是毒荆棘还是牡丹花，而是土地的盐碱化。如何改造土壤，使之重新成为沃土，就成为中国革命接下来的主题。"③就这样，共和政制被保留下来了，并非因为它给国人带来了真正的民主和自由、人权与平等，其"徒有虚名"而已，只是此时已没有任何一种力量能彻底结束这动荡不堪之时局。

正如第一章所引列宁在《纪念赫尔岑》中带给我们的启示：思想启蒙并非一蹴而就，而是一代接着一代，一个阶段接着一个阶段，是一个代际接替的连续发展过程。就此而言，以救亡为主题的中国近现代思想启蒙亦经历了多个历史阶段，每个阶段都有其独特价值，启救亡之蒙是一个持续之进程。2021年11月11日中国共产党第十九届中央委员会第六次全体会议通过的《中

---

① 古德诺：《解析中国》，蔡向阳等译，国际文化出版公司，1998年，第116页。
② 孙中山：《在广州黄埔欢迎会上的演说》，载《孙中山全集》第4卷，第114页。
③ 章永乐：《旧邦新造》，北京大学出版社，2011年，第201页。

共中央关于党的百年奋斗重大成就和历史经验的决议》特别指出:"为了拯救民族危亡,中国人民奋起反抗,仁人志士奔走呐喊,进行了可歌可泣的斗争。太平天国运动、洋务运动、戊戌变法、义和团运动接连而起,各种救国方案轮番出台,但都以失败告终。孙中山先生领导的辛亥革命推翻了统治中国几千年的君主专制制度,但未能改变中国半殖民地半封建的社会性质和中国人民的悲惨命运。中国迫切需要新的思想引领救亡运动。"①

二、新文化启蒙运动——分道扬镳的价值抉择

辛亥革命后,共和观念并非如流俗所见那般深入人心。在那种混乱格局下,当然不排除极少数怀有真正共和信念的革命党人。但多数人却是左右摇摆,飘忽不定,唯根据时势走向与力量消长来选择政治价值立场。即使许多一时力主共和的主要人物,在充满期待中目睹了共和乱象后,也开始动摇,甚至立场大变,转向君主立宪。筹安会"六君子"中便有三位同盟会会员②,更不用言及本来即为保皇党的康梁、张勋之流。

革命后的第二年,康有为即把社会上的一切罪恶都加诸共和头上,用夸张的笔调非常形象地揶揄了民初乱状:"夫名为共

---

①《中共中央关于党的百年奋斗重大成就和历史经验的决议》,人民出版社,2021年,第3—4页。
②1915年8月14日,杨度联合孙毓筠、李燮和、胡瑛、刘师培与严复发起成立"筹安会",以讨论国体问题为名,公开支持袁世凯之帝制。其中孙、李、胡很早便参加过同盟会,是名噪一时之老革命党。

和，而实则共争共乱；号为共和，而必至分争分裂；号为博爱，而惨杀日加酷烈；号为自由，而困苦日不聊生；号为平等，则大将中将勋位金章，多如鲫焉。"① 其弟子梁启超对共和则更厌恶至深，称其为幻象："共和宣布亘一年，政象不加善，而泯梦反远过于其旧。于是国中忧深思远之士，渐有疑共和之不吾适者。而外人旁观拟议，方且目笑存之，谓共和之在我国，不过一时幻象……"② 共和初年做过《民国报》外勤记者的梁漱溟，在与社会频繁深度接触中，渐晓得时下所谓的共和国其实并不尽如理想："对于'革命''政治''伟大人物'……皆有'不过如此'之感。有些下流行径、鄙俗心理，以及尖刻、狠毒、凶暴之事，以前在家庭在学校所遇不到底，此时却看见了；颇引起我对于人生，感到厌倦和憎恶。"③ 面对民初共和政制的困境，陈独秀在《新青年》撰文中大声疾呼："袁世凯要做皇帝，也不是妄想；他实在见得多数民意相信帝制，不相信共和，就是反对帝制的人，大半是反对袁世凯做皇帝，不是真心从根本上反对帝制。"④ 多数极力反对帝制之人，只是认为袁世凯没有资格做皇帝而已。

五四新文化运动的启蒙要求，其本身正是诞生于救亡图存的

---

① 康有为：《蓄乱》，载汤志均编《康有为政论集》，中华书局，1981年，第872—873页。
② 梁启超：《宪法之三大精神》，载《饮冰室合集·文集》第十一册，第2985页。
③ 梁漱溟：《我的自学小史》，载《梁漱溟全集》第2卷，第687页。
④ 陈独秀：《旧思想与国体问题》，载《陈独秀著作选编》第1卷，上海人民出版社，2010年，第333页。

民族危机之中。袁世凯当政时期，因日本的觊觎与压力，北洋政府被迫签订了极具羞辱性的卖国条约"二十一条"。接着袁世凯与张勋相继上演了两度复辟的闹剧，而作为战胜国的北洋政府，本想在巴黎和会上企图以"公理战胜强权"的外交方式获得应有的尊严，却又遭遇滑铁卢，这一系列丧权辱国的社会政治事件激发了大批知识分子的忧国之愤，为民初启蒙运动的开启准备了舆论与思想条件。胡适即指出了新文化启蒙的根本宗旨："请大家认清我们当前的紧急问题。我们的问题是救国，救这个衰病的民族，救这半死的文化。在这件大工作的历程里，无论什么文化，凡可以使我们起死回生、返老还童的，都可以充分采用，都应该充分收受。我们救国建国，正如大匠建屋，只求材料可以运用，不管他来自何方。"① 的确，每到重大历史转折关头，文化都能感国运之兴衰，发时代之先声，为民族为国家鼓与呼。由此，开启了救亡背景下五四新文化运动的启蒙叙事。

五四新文化运动的思想旗手非陈独秀、胡适、李大钊、鲁迅等人莫属。在对待中国旧传统的态度上，启蒙思想家的阵营有着一致共同的价值立场：那就是与旧传统划清界限，激烈地批判旧礼教、旧道德、旧伦理、旧文学。"新知识分子固然在反抗中增加了团结，但在寻找一个大家都可接受的积极理论方面，却遇到很大的困难。虽然如此，在1917年后，似乎有一个原则大致上逐渐被接受为争取行动的中心，那就是通过重新估价中国

---

① 胡适：《介绍我自己的思想》，载《胡适文集》第3卷，花城出版社，2013年，第112—113页。

的传统。"①陈独秀率先扛起大旗，向着旧传统猛烈开炮："要拥护那德先生，便不得不反对孔教，礼法，贞节，旧伦理，旧政治；要拥护那赛先生，便不得不反对旧艺术，旧宗教；要拥护德先生又要拥护赛先生，便不得不反对国粹和旧文学。"②接着他又强调："我们要诚心巩固共和国体，非将这班反对共和的伦理文学等等旧思想，完全洗刷得干干净净不可。否则不但共和政治不能进行，就是这块共和招牌，也是挂不住的。"③作为新文学旗手的鲁迅，则通过新文学—白话小说《狂人日记》等猛烈抨击吃人的旧礼教。他从国民性角度，认为反清政治革命较易，革新国民劣根性甚难。而要筑牢共和政制的基础必须革新国民性，"此后最要紧的是改革国民性，否则，无论是专制，是共和，是什么什么，招牌虽换，货色照旧，全不行的"④。在《我怎么做起小说来》中他道出了初衷："说到'为什么'做小说罢，我仍抱着十多年前的'启蒙主义'，以为必须是'为人生'，而且要改良这人生。"⑤重视文学的启蒙作用，这是他一以贯之的历史使命。而此时，性格本十分温润包容的胡适也按捺不住激进的思绪，认为中华民族之自信心必须立基于"反省"，要充分认识祖宗与自己

---

① 周策纵：《五四运动史》，陈永明等译，岳麓书社，1999年，第255页。
② 陈独秀：《〈新青年〉罪案之答辩书》，载《陈独秀著作选编》第2卷，第10页。
③ 陈独秀：《旧思想与国体问题》，载《陈独秀著作选编》第1卷，第335页。
④ 鲁迅：《两地书·八》，载《鲁迅全集》第11卷，人民文学出版社，2005年，第32页。
⑤ 鲁迅：《我怎么做起小说来》，载《鲁迅全集》第4卷，第526页。

"罪孽"之深重,"二千年吃人的礼教法制都挂着孔丘的招牌,故这块孔丘的招牌——无论是老店,是冒牌——不能不拿下来,捶碎,烧去!"[1]而后才能全身心地投入革新以自救。"我们自己要认错。我们必须承认我们自己百事不如人,不但物质机械上不如人,不但政治制度不如人,并且道德不如人,知识不如人。"[2]因文化启蒙之需要,对旧伦理旧传统的反省批判至此,似已有过度偏激之嫌。

与此同时,新文化思想阵营的启蒙目标即便都在于革新文化,但就思想家们随后的价值立场与现实选择而言,他们对需要新文化新思想的何种启蒙价值,却并未达成共识,取得一致,最终在通往未来启蒙之路上只能分道扬镳。辛亥革命虽未达至理想目标,但也并非一无是处,如要述其成功之处,那首功即是推翻了两千余年的皇帝制度。的确旧制一去不复返,皇帝已永久进入了历史博物馆。正如毛泽东所言:"辛亥革命只把一个皇帝赶跑,中国仍旧在帝国主义和封建主义的压迫之下,反帝反封建的革命任务并没有完成。"[3]共和革命后的中国,军阀割据,社会混乱,民不堪命。革命既造成了政治权威的丧失,不能于短时间内完成国家统一,又导致了价值权威的颠覆,更不能凝聚国人的文化认同。

由此,五四启蒙思想家们一出场,可以说就是在替留下价值

---

[1] 胡适:《吴虞文录序》,载《胡适文集》第1卷,第200页。
[2] 胡适:《介绍我自己的思想》,载《胡适文集》第3卷,第112页。
[3] 毛泽东:《青年运动的方向》,载《毛泽东选集》第2卷,第564页。

真空的革命补上理论课,为共和政制所象征的意识形态寻求一种价值合法性的理论或主义。面对不断涌入的西洋新文化,启蒙思想家们起初都欣羡不已,有种"急病乱投医"迫切的拿来主义。正如鲁迅所言:"总之,我们要拿来。我们要或使用,或存放,或毁灭。……没有拿来的,人不能自成为新人,没有拿来的,文艺不能自成为新文艺。"①民国初年,源自西洋的各种主义纷至沓来,各种思想粉墨登场。无政府主义、新村主义、工读主义、基尔特社会主义、实用主义、功利主义、自由主义、个人主义等蜂拥而至,一时甚嚣尘上,广为流传,影响颇大。毛泽东年轻时就曾言:"我数年来梦想新社会生活,而没有办法。七年春季,想邀数朋友在省城对岸岳麓山设工读同志会,从事半耕半读,……今春回湘,再发生这种想象,乃有在岳麓山建设新村的计议……为根本理想。"②

此时的中国社会成了各种思想与主义的试验场。救国心切的知识分子也从中寻觅着各自所需的启蒙价值。陈独秀在新文化运动开始时,虽其前提是要为中国救亡寻求最后的政治觉悟,但最终发现共和政制需要更为根本的伦理觉悟:"伦理思想,影响于政治,各国皆然,吾华尤甚。……盖共和立宪制,以独立平等自由为原则,与纲常阶级制为绝对不可相容之物,存其一必废其一。……吾敢断言曰:伦理的觉悟,为吾人最后觉悟之最

---

① 鲁迅:《拿来主义》,载《鲁迅全集》第6卷,第41页。
② 毛泽东:《学生之工作》,载《毛泽东早期文稿》,第406页。

后觉悟。"①伴随现实政治的急剧恶化,一心要为政治寻求伦理根基的陈独秀再也坐不住,他不能局限于《新青年》杂志只用力改造文化思想而不谈政治的宗旨,于1918年底创办以直接评论时政为主的《每周评论》,逐渐有选择社会主义(马克思主义)的倾向,随后即成立了共产主义小组,进而有1921年的组党运动。与陈一起创办《每周评论》的李大钊更是如此,即使在新文学运动如火如荼时,他对此也有深刻反思,"我们所要求的新文学,是为社会写实的文学,不是为个人造名的文学;是以博爱心为基础的文学,不是以好名心为基础的文学",并初步表达了新文学必须要有主义与信仰的支撑,"宏深的思想、学理,坚信的主义,优美的文艺,博爱的精神,就是新文学新运动的土壤、根基"②。他早期曾服膺于斯宾塞庸俗进化论和克鲁泡特金互助论,但俄国十月革命的胜利使他欢欣鼓舞,相继发表了《法俄革命之比较观》、《庶民的胜利》、《布尔什维主义的胜利》(原文标题为《bolshevism的胜利》)、《我的马克思主义观》等大量宣传社会主义、马克思主义的理论文章,这也标志着中国最早一批进步知识分子转向了马克思主义,并进而自觉地不断将其付诸改造社会的革命实践。

与后来的马克思主义革命者陈独秀、李大钊相比,胡适的价值立场始终比较温和。无论是前期有意避讳文学革命,而代之以

---

① 陈独秀:《吾人最后之觉悟》,载《陈独秀著作选编》第1卷,第204页。
② 李大钊:《什么是新文学》,载《李大钊全集》第3卷,人民出版社,2013年,第169—170页。

文学改良，还是后期反对用抽象的马克思主义包办一切，欲图根本之解决，而只是表示多愿意解决一些具体问题，其立场和方法论始终都服膺于自由精神和个人主义，"个人主义，造出了无数爱自由过于面包，爱真理过于生命的特立独行之士，方才有今日的文明世界"①。但正如他自述，政治始终是其忍不住的关怀，之所以选择文学改良和白话文革命，目的都是要为中国救亡寻求一可靠的政治文化基础，"我是一个注意政治的人。……1917年7月我回国时，船到横滨，便听见张勋复辟的消息；到了上海，看了出版界的孤陋，教育界的沉寂，我方才知道张勋的复辟乃是极自然的现象，我方才打定二十年不谈政治的决心，要想在思想文艺上替中国政治建筑一个革新的基础"②。胡适一直自诩为反对独裁，坚持人权的自由主义战士。虽然他在启蒙的价值立场选择了自由主义，但前提与目标始终是建基于政治救亡，这即导致他在"攘外必先安内"的政治立场上最终倒向了蒋介石政权，甚至在自由主义口号粉饰下不惜与蔡元培等人主持的人权同盟决裂。由此，他在进步的革命青年中迅速失去了思想导师的地位，以至于瞿秋白1933年在上海作诗这样嘲讽道："文化班头博士衔，人权

---

① 胡适：《介绍我自己的思想》，载《胡适文集》第3卷，第109页。
② 胡适：《我的歧路》，载《胡适文集》第1卷，第310页。

抛却说王权，朝廷自古多屠戮，此理今凭实验传。"①在中国独特的政治境遇下，以胡适为代表的自由主义知识分子，因其持守的自由主义价值立场源自救亡下的启蒙要求，在反对革命主张改良的浪潮中，最终心安理得撤离了自由主义的阵地，转向了"国家主义"，"虽不情愿却算可行的方法，致力于国家建设"②。正如周策纵所分析的那样："'五四'时期虽然比以往任何时候都更重视个人价值和独立判断的意义，但又强调了个人对于社会和国家所负的责任。这种情况不同于现代西方社会中个人主义的诞生，因为面对着帝国主义的侵略，当时中国的问题还是民族国家的独立。因此中国对个人从传统中特别是从封建大家族制度下解放出来的需求很快就被要有一个组织良好的社会和国家从而建立一个强大政府的要求给抵销了。"③这是自由主义者在近代中国的特点，也是其宿命，中国救亡叙事的时代潮流注定了他们后来之悲剧。

在以《新青年》杂志为主要阵营的启蒙思想家对传统进行激烈批判的同时，出现了以梁启超、梁漱溟为代表的新保守主义思潮。严格意义上而言，他们虽算不上新文化运动的启蒙思想家，

---

① 鲁迅：《伪自由书·王道诗话》，载《鲁迅全集》第5卷，第51页。正如余英时后来所评价的那样："当时五四的潮流已转入马克思主义一途了。胡适早已被暗中'斗垮、斗臭'，不但不再是五四的象征，而且是'反动'、'反革命'的代表人物了。他在青年群中，特别是在北大、清华学生们的心中，早已成为一个'反面教员'了。"参见余英时《我所承受的"五四"遗产》，载《余英时散文集：中国情怀》，北京大学出版社，2012年，第368页。
② 李怀印：《重构近代中国》，中华书局，2013年，第12页。
③ 周策纵：《五四运动史》，第501—502页。

但其思想并非如老古董般一味固守传统,梁启超从清末以来就立志"做新民",是开风气之先的领袖人物;梁漱溟也宣称与罗素"宝爱中国文化而莫要损坏它"不同,他完全不先悬设一"中国本位"之标准,或莫损及固有文化的限定,"对于西方文化是全盘承受,而根本改过"。①其实,包括他们在内的中国启蒙思想家阵营起初都视欧美社会为典范,只是在具体的国别偏好方面稍有差异而已,他们都有一种普罗米修斯的自命情结,希望能从西方盗回救亡图存的真理火种。但自一战爆发后,欧洲社会呈现出近世以来前所未有的颓废衰落之势,时人由此得到了深刻教训,认为科学主义、个人主义、进化论等西式启蒙价值观,如果脱离了道德力量的缰绳,那近世文明是继续发展还是导致毁灭,就在一念之间。因此,近代西方大思想家诸如伯格森、罗素等人都对中国文化、伦理、道德等推崇备至。在此情况下,梁启超在游历欧美,观澜了西方历经战乱破败不堪的惨淡景象后,感叹道:"大海对岸那边有好几万万人,愁着物质文明破产,哀哀欲绝的喊救命,等着你来超拔他。"②强化了其向传统复归的价值立场。同样,面对战后的世局,曾经的自由主义者严复晚年思想大变:"亲见脂那七年之民国与欧罗巴四年亘古未有之血战,觉彼族三百年之进化,只做到'利己杀人,寡廉鲜耻'八个字。"③亦

---

① 梁漱溟:《东西文化及其哲学》,载《梁漱溟全集》第1卷,第528页。
② 梁启超:《欧游心影录》,第52页。
③ 严复:《与熊纯如书》,载《严复集》第3卷,中华书局,1986年,第692页。

渐觉文化传统有其价值,宣示归宗于孔孟之道。而刚应聘到北大的青年教师梁漱溟则到校长蔡元培办公室声称要替释迦和孔子发挥,此外不做旁的事。在面对全盘西化派猛烈批判中国传统文化时,梁漱溟"则十二分的感觉到压迫之严重,问题之不可忽略,非求出一解决的道路不可"①。正因为如此,起初还把梁漱溟视为新文化同道的陈独秀,此时宣称梁漱溟的那些言论不仅非为同志所能接受与认可,简直就是祸国殃民亡国灭种的言论:"梁漱溟说我是他的同志,说我和他走的是一条路,我绝对不能承认。"②

因此,五四新文化启蒙阵营的思想家,不管起初如何推崇源自西洋的各种主义,无政府主义也好,自由主义也罢,他们无一例外的都是在民族危机救亡背景前提下,力图救斯民于水火,展开其启蒙的价值立场选择。中国独特的政治社会背景,导致了启蒙本身并没有绝对独立的价值要求,都是紧密围绕中国问题而展开。一旦国内外环境发生变化和现实政治要求发生转向,必然导致为救亡而生的启蒙,亦要为中华民族的救亡而改变其方向。这就开启了具有革命性与实践性,真正能救中国于水火之中的社会主义启蒙叙事。

三、社会主义启蒙叙事——大众的觉醒与解放

一战后的巴黎和会上,西方帝国主义罔顾公理与正义,出卖

---

① 梁漱溟:《梁漱溟全集》第2卷,第12页。
② 陈独秀:《寸铁》,载《陈独秀著作选编》第3卷,第199页。

弱国权益,进行了赤裸裸的利益分赃。即使身为战胜国,中国也未受到应有的公正对待,这极大地促使国人从对西方的幻想中醒来,真正觉悟到"弱国无外交",在仍是丛林般的世界格局中,公理很难战胜强权,落后就要挨打。虽然知识分子天天高喊学习民主、自由、平等、法治等西方所推崇的核心价值观,但仍继续遭遇着侵略者无情的压迫与掠夺,霎时才恍然领悟帝国主义在利益面前执行的依旧是内外有别的双重价值标准。难以想象,一个正遭受列强肆意欺凌的民族,其启蒙思想家们却在宣传不能解决民族救亡大前提的自由主义、个人主义等空洞口号,最终会导致何种结局。周策纵十分精辟地指出了自由主义者在近代中国独特语境下的悲剧:"中国的自由主义者转向保守或消极,成为无足轻重的政治砝码。他们无视迫在眉睫的经济问题,躲避政治漩涡,认识不到知识分子对其他社会力量的领导作用和中国军阀主义的本质,也不了解中国人民对帝国主义和殖民主义的厌恶,最后他们躲入学术研究的'象牙塔',这一切导致他们丧失了和多数青年人及人民群众的联系。"[①]事实上,不管如何高举个人主义、自由主义之旗帜,启蒙思想家们几乎不是纯粹的个人抗争者,没有一个人是纯粹为了解脱个人的困惑而寻求意义、评估价值。究其本质,他们都是一群企图通过救个人以实现救社会的救

[①] 周策纵:《五四运动史》,第510页。

世关怀者,或是以为两者可以自然统一的中国自由主义者。①

从清末的洋务运动、维新变法到民初的共和革命、文化运动,民众至多就是反帝反清的被动参与者,并没有真正自觉的自由民主政治要求,也就没有多大兴趣去积极争取知识分子所宣扬的自由民主权利。而在十月革命胜利后,中国进步知识分子看到社会主义所产生之思想启蒙力量,莫不对各自所理想的社会主义心向往之。正如李维汉所回忆那样:"对于书中描绘的社会主义和共产主义的美妙远景,对于那种没有人剥削人、人压迫人、人人劳动、人人读书、平等自由的境界,觉得非常新鲜、美好,觉得这就应该是我们奋斗的目标。"②五四时期,社会主义成为中国思想界一个时髦词语,各种派别,各种阵营,各种阶级,都大谈特谈社会主义,一时间趋之若鹜。以梁启超、张东荪等为代表的资产阶级改良派,以孙中山、戴季陶、胡汉民等为代表的资产阶

---

① 有学者就曾尖锐地指出:"人本主义、个性解放的激越宣传,实际上把这些宣传者本人投到了极为尴尬的境地。《新青年》同人显然无法解答:个体究竟是怎样组成社会的?健康的社会固然需要无数自觉、有活力的个体作基础,然而,个体讲究实利、以个性满足为衡,又怎样能够合集成一个强有力的社会或民族?社会拿什么来凝集个体,消除个体间的利害冲突?个人以不侵害他人为界,是否足以唤起社会建设所需要的集体热情和力量?如果真正的道德应该出于个体的独立判断,那么,每个个体是否肯定具有这样的能力?又有什么东西能证明素质、能力、喜好不一的个体一定能凝成现代中国亟需的共同价值和道德,而不致因为个性差异而导致道德相对主义?"参见毛丹《文化变迁与价值重建运动》,载许纪霖、陈达凯主编《中国现代化史(1800—1949)》,学林出版社,2006年,第274—275页。

② 李维汉:《回忆与研究》(上),中共党史资料出版社,1986年,第10—11页。

级革命派,以李大钊、陈独秀、李达等为代表具有初步共产主义觉悟的革命派,都对社会主义竞相宣传,极力向社会推介抱有自己目的而所理解所追求的社会主义,甚至军阀陈炯明等都以社会主义为粉饰。各方各派所属的报刊如《新青年》《每周评论》《时事新报》《民国日报》《解放与改造》等都大力刊发研究和讨论社会主义的文章。潘公展在《近代社会主义及其批评》一文中,亦曾如此描述当时的思想场景:"一年以来,社会主义底思潮在中国可以算得风起云涌了。报章杂志底上面,东也是研究马克思主义,西也是讨论鲍尔希维主义;这里是阐明社会主义底理论,那里是叙述劳动运动底历史:蓬蓬勃勃,一唱百和,社会主义在今日的中国,仿佛有'雄鸡一鸣天下晓'的情景,这未始不是好现象哪。"① 由此,有初步社会主义觉悟的知识分子意识到,要救国家于危难,救斯民于水火,必须放弃早期的党派政治、精英革命,而要转入面向广大基层的大众运动、人民革命。正如陈独秀所意识到的那样,必须从党派运动进而为国民运动:"吾国年来政象,惟有党派运动,而无国民运动也。……凡一党一派人之所主张,而不出于多数国民之运动,其事每不易成就,即成就矣,

---

① 潘公展:《近代社会主义及其批评》,《东方杂志》第18卷第4期,1921年,第41页。

而亦无与于国民根本之进步。"① "我们主张的是民众运动社会改造,和过去及现在各派政党,绝对断绝关系。"② 其中最迫切的问题是唤醒民众的觉悟,使其意识到帝国主义的深重压迫,官僚主义的残酷剥削,民族国家的危在旦夕,唤起大众"天下兴亡,匹夫有责"的国民意识,实现民众的大联合。伴随苏俄革命的成功,给中国送来了科学社会主义即马克思主义。有革命觉悟的知识分子逐渐领悟到,在众多纷繁复杂的主义中,只有马克思主义是一种建立在唯物史观上真正彻底的关于人的解放的理论。"马克思的唯物史观,社会上法律、政治、伦理等精神的构造,都是表面的构造。他的下面,有经济的构造作他们一切的基础。经济组织一有变动,他们都跟着变动。换一句话说,就是经济问题的解决,是根本解决。经济问题一旦解决,什么政治问题、法律问题、家族制度问题、女子解放问题、工人解放问题,都可以解决。"③ 同时,马克思列宁主义也是一种极具社会动员功能的革命斗争实践性学说。"批判的武器当然不能代替武器的批判,物质力量只能用物质力量来摧毁;但是理论一经掌握群众,也会变成物质力量。理论只要说服人,就能掌握群众;而理论只要彻底,

---

① 陈独秀:《1916年》,载《陈独秀著作选编》第1卷,第199页。陈独秀晚年检讨五四运动时,仍然坚持这个观点:"五四运动的缺点,乃参加运动的主力仅仅是些青年知识分子,而没有生产大众,并不能够说这一运动的时代性已经过去。"见陈独秀《五四运动时代过去了吗?》,载《陈独秀著作选编》第5卷,第247页。

② 陈独秀:《〈新青年〉宣言》,载《陈独秀著作选编》第2卷,第131页。

③ 李大钊:《再论问题与主义》,载《李大钊全集》第3卷,第55页。

就能说服人。"① 只要是真正革命的理论,最终一定会变成革命的实践。

其实,革命先行者孙中山在屡败屡战的革命斗争中,也不断总结失败的惨痛教训,意识到革命要实现彻底胜利,必须从歆羡欧风美雨的迷梦中转向近代中国独特的社会政治语境。"中国今日要实行民权,改革政治,便不能完全仿效欧美,便要重新想出一个方法。如果一味的盲从附和,对于国计民生是很有大害的。因为欧美有欧美的社会,我们有我们的社会,彼此的人情风土各不相同。我们能够照自己的社会情形,迎合世界潮流做去,社会才可以改良,国家才可以进步;如果不照自己社会的情形,迎合世界潮流去做,国家便要退化,民族便受危险。"② 同时,他也逐渐明白不能单靠几个会党就能担负起中国革命的建国重任。正如其在留给同志的《国事遗嘱》中所言:"余致力国民革命凡四十年,其目的在求中国之自由平等。积四十年之经验,深知欲达到此目的,必须唤起民众及联合世界上以平等待我之民族,共同奋斗。"③ 孙中山逐渐认识到深藏于民众之中的磅礴伟力,于是在深思熟虑后,为着中国革命前途计,他接受了苏联及共产党的帮助,实行"联俄、联共、扶助农工"的新政策,改组国民党,进行广泛的群众运动与社会动员,努力使人民大众能够觉悟到民族的危机,积极参与到救国建国运动中。"我们有了大祸临头,能

---

① 《马克思恩格斯选集》第1卷,第9—10页。
② 孙中山:《三民主义·民权主义》,载《孙中山全集》第9卷,第320页。
③ 孙中山:《国事遗嘱》,载《孙中山全集》第11卷,第639页。

斗不能斗呢？一定是能斗的。但是要能斗，便先要知道自己的死期将至。知道了自己的死期将至，才能够奋斗。所以我们提倡民族主义，便先要四万万人都知道自己的死期将至。知道了死期将至，困兽尚且要斗，我们将死的民族是要斗不要斗呢！诸君是学生，是军人，是政治家，都是先觉先知，要令四万万人都知道我们民族现在是很危险的。"①孙中山最后虽觉悟到了中国革命问题的根本要义，也正是积极朝此方向努力，但因囿于自身的阶级局限性和国民党的政党属性，仍不能达到广泛动员民众的革命目的。正如毛泽东后来所评论的那样："孙中山主张'唤起民众'，或'扶助农工'。谁去'唤起'和'扶助'呢？孙中山的意思是说小资产阶级和民族资产阶级。但这在事实上是办不到的。孙中山的四十年革命是失败了，这是什么原因呢？在帝国主义时代，小资产阶级和民族资产阶级不可能领导任何真正的革命到胜利，原因就在此。"②

与此相反，在中国革命遭遇巨大挫折之际，毛泽东很快觉悟到，康梁改良维新的政治设计不足取，孙中山国民革命的道路亦不彻底。在李大钊、陈独秀所极力宣传的社会主义思想影响下，在与革命同志的往复论辩中，他最终选择了苏联式的革命方案，"我看俄国式的革命，是无可如何的山穷水尽诸路皆走不通了的一个变计，并不是有更好的方法弃而不采，单要采这个恐

---

① 孙中山：《三民主义·民族主义》，载《孙中山全集》第9卷，第237页。
② 毛泽东：《论人民民主专政》，载《毛泽东选集》第4卷，第1479—1480页。

怖方法"①。在此过程中，他也坚定了自己人生的马克思主义价值立场，"到了一九二零年夏天，在理论上而且在某种程度的行动上，我已成为一个马克思主义者，而且从此我也认为自己是一个马克思主义者了"②。同时，他意识到一般所谓的思想解放运动只是中听不中用，"对于绝对的自由主义，无政府的主义，以及德谟克拉西主义，依我现在的看法，都只认为理论上说得好听，事实上是做不到的"③。而真正的革命力量在人民大众，必须通过民众的大联合，"世界什么问题最大？吃饭问题最大。什么力量最强？民众联合的力量最强"④。"如果要把几十年来的革命做一个总结，那就是全国人民没有充分动员起来，并且反动派总是反对和摧残这种动员。"⑤同时，在毛泽东看来，孙中山的国民革命之所以未能彻底成功，即是于中国独特语境下未能认识到组织动员农民的重要性。"农民问题乃国民革命的中心问题，农民不起来参加并拥护国民革命，国民革命不会成功；农民运动不赶速地做起来，农民问题不会解决；农民问题不在现在的革命运动中得到相当的解决，农民不会拥护这个革命。——这些道理，一直到现在，即使在革命党里面，还有许多人不明白。"这些植根于中国

---

①毛泽东：《致蔡和森等》，载《毛泽东书信选集》，中央文献出版社，2003年，第4页。

②埃德加·斯诺：《西行漫记》，董乐山译，生活·读书·新知三联书店，1979年，第131页。

③毛泽东：《致蔡和森等》，载《毛泽东书信选集》，第6页。

④毛泽东：《〈湘江评论〉创刊宣言》，载《毛泽东早期文稿》，第270页。

⑤毛泽东：《青年运动的方向》，载《毛泽东选集》第2卷，第564页。

语境中十分明显的革命道理，即使在革命党阵营内部许多人仍是恍兮惚兮。他明确指出："我们的同志组织工人组织学生组织中小商人许多工作以外，要有大批的同志，立刻下了决心，去做那组织农民的浩大的工作。要立刻下了决心，把农民问题开始研究起来。"①而为达到这个目标，就必须采用组建政党的方法夺取政权，"非得政权则不能发动革命，不能保护革命，不能完成革命，……党一层，陈仲甫先生等已在进行组织"②。由此，毛泽东及共产党人面向独特的中国问题，接续了孙中山唤起民众的问题意识与新三民主义，视后者为新民主主义革命时期共同思想基础的最低纲领。"被国民党反动分子所抛弃的孙中山先生的革命的三民主义，由中国人民、中国共产党和其他民主分子继承下来了。"③与此同时，更为重要的是，以毛泽东为代表的共产党人把十月革命送来的马克思主义运用于中国独特的社会政治语境中，展开了一场波澜壮阔的立足于新民主主义理论与阶段的社会主义启蒙叙事实践。

自近代中西遭遇以来，在民族危机救亡图存的迫切要求下，发生的历次启蒙运动基本以民主、自由、平等相号召，但都因人民大众没有得以彻底解放，未能启发出真正的觉悟，所以收效甚微。所以鲁迅眼中的阿Q虽听说过革命，也在城里见过革命

---

① 毛泽东：《国民革命与农民运动》，载《毛泽东文集》第1卷，第37页、第39页。
② 毛泽东：《给蔡和森的信》，载《毛泽东文集》第1卷，第4页。
③ 毛泽东：《论联合政府》，载《毛泽东选集》第3卷，第1036页。

党,但"以为革命党便是造反","我要什么就是什么,我欢喜谁就是谁"。① 在革命之后,以阿Q为代表的广大乡村地区的下层民众并未真正理解革命之义,人民大众未能在沉睡中觉醒! 而五四新文化运动却是重要的分水岭,无产阶级作为一个自觉的阶级登上中国历史舞台,成为资产阶级民主革命的领导阶级与中坚力量,从此中国革命的面貌焕然一新。它抛弃了资产阶级、小资产阶级的党派政治、精英革命的阶级局限。在救亡图存的革命实践中,把真正的社会主义启蒙叙事通过社会动员与启发民智的方式,投向了广阔的农村、工厂、学校及基层社区,一时朝气蓬勃,蔚为大观。使得多数国人真正理解了民主、平等、自由、人权、解放和个性的真正内涵。正如瞿秋白所言:"无产阶级决不放弃五四的宝贵的遗产。五四的遗产是什么? 是对于封建残余的极端的痛恨,是对于帝国主义的反抗,是主张科学和民权。虽然所有这些抵抗的革命的倾向,都还是模糊的和笼统的,都包含着资产阶级的个人主义,一切种种资产阶级性的自由主义和人道主义;……而无产阶级,却不放弃这种遗产的,因为无产阶级是唯一的彻底反抗封建残余和帝国资本主义的阶级,只有它能够反对着资产阶级,批判一切个人主义、人道主义和自由主义等类的腐化的意识,而继承那种极端的深刻的对于封建残余的痛恨,——用自己的斗争,领导起几万万群众,来肃清这种龌龊到万分的中

---

① 鲁迅:《阿Q正传》,《鲁迅全集》第1卷,第538—539页。

国式的中世纪的毛坑!"①

有国才有家,这对近代以降历经了无数次屈辱的中国人而言,是多么痛彻的家国体悟,国家的独立、民众的解放、社会的团结、政权的巩固、人民的自由,这是一切启蒙叙事的价值前提。正如毛泽东所言:"中国共产党代表全国人民要求独立!中国如果没有独立就没有个性,民族解放就是解放个性,政治上要这样做,经济上要这样做,文化上也要这样做。广大群众没有清楚的、觉醒的、民主的、独立的意识,是不会被尊敬的。"②同时,中国共产党真正把这种社会主义的启蒙价值落实到了延安时期的政治实践之中。士兵在党领导的军队中,与长官待遇平等,真正体会到了表达意见的自由;农民在土改中,重新从土豪劣绅那分得土地,实现了数千年来"耕者有其田"的朴素平等理想;妇女在婚姻自由的社会运动下,真正得到了人性尊重。特别是陕甘宁边区政府采用的"三三制"政权民主原则,实现了普遍的民主制度,彻底改变了群众对共产党的认识。学者特里尔称,延安时期的"每一个男人、女人和孩子都有一种集体责任感。一种民主意识似已存在",认为"延安精神的秘密就是参与"③。把中国共产党视为代表人民大众自己的政府。赛尔登即指出:"生活于新的政治制度中的农民大众,破天荒第一次自豪地谈论'我们的

---

① 瞿秋白:《五四和新的文化革命》,载陈铁健编《中国近代思想家文库·瞿秋白卷》,中国人民大学出版社,2014年,第359页。
② 毛泽东:《在中国共产党第七次全国代表大会上的口头政治报告》,载《毛泽东文集》第3卷,第336页。
③ 特里尔:《毛泽东传》,刘路新等译,河北人民出版社,1990年,第197页。

政府',而不是像以往那样将政府视为与自己无关或令人恐怖的东西。"①费正清亦言:"延安时期,共产党的一大创造,即群众路线臻于成熟,共产党赢得了人民的尊敬,也因此得到了人民群众的支持,延安传统的实质在于党与群众之间的亲密关系。"②的确,延安时期非常注重把社会主义的启蒙价值通过一系列实实在在的政策与制度,贯彻于社会生活的方方面面,使民众真正得以在抗日救亡的革命斗争实践中,觉悟到了一种主人翁的参与意识,真正实现个性的解放。"没有几万万人民的个性的解放和个性的发展,一句话,没有一个由共产党领导的新式的资产阶级性质的彻底的民主革命,要想在殖民地半殖民地半封建的废墟上建立起社会主义社会来,那只是完全的空想。"③"解放个性,这也是民主对封建革命必然包括的。有人说我们忽视或压制个性,这是不对的。被束缚的个性如不得解放,就没有民主主义,也没有社会主义。"④明确把个性解放视为社会主义的根本原则。对个性的重视是现代文学启蒙的题中应有之义,亦正是大众的觉醒与解放的基本前提。而在马克思主义看来,虽然资本主义也追求个性解放,却不能实现此任务:"在资产阶级社会里,资本具有独

---

① 马克·赛尔登:《革命中的中国:延安道路》,魏晓明、冯崇义译,社会科学文献出版社,2002年,第201页。
② 费正清、费维恺:《剑桥中华民国史1912—1949年(下)》,中国社会科学出版社,1994年,第862页。
③ 毛泽东:《论联合政府》,载《毛泽东选集》第3卷,第1060页。
④ 毛泽东:《致秦邦宪》,载《毛泽东书信选集》,第216页。

立性和个性,而活动着的个人却没有独立性和个性。"①因此,延安时期毛泽东很自豪地宣称:"人民的言论、出版、集会、结社、思想、信仰和身体这几项自由,是最重要的自由。在中国境内,只有解放区是彻底地实现了。"②对于社会主义的启蒙价值,中国共产党人不但在理论上有这样的认识,更是在实践中把它落实于所执政区域的路线、方针、政策之中。

在文艺领域,为了深入贯彻这种社会主义的启蒙价值立场,在二十世纪三十年代的"左联"时期,就文艺大众化问题展开了三次规模较大的争论。文艺大众化问题,就是文艺与人民大众的关系问题,其实质即文学本体论意义的问题,关涉文学与政治、文艺的内容与形式、文学的普及与提高等方面,它是新旧文学的分水岭,也是文学建设中的根本性问题。早在1902年梁启超便发出了小说界革命之号召:"欲新一国之民,不可不先新一国之小说。"③以小说为载体对民众进行民族救亡的文学启蒙。清末小说家王钟麒亦曾言:"吾以为吾侪今日,不欲救国也则已;今日诚欲救国,不可不自小说始,不可不自改良小说始。"④由此,文学启蒙与民族救亡紧密相连。紧接着于新文化运动中,陈独秀、李大钊等就宣示了文学启蒙的主要目标,即通过白话文运动、文

---

① 马克思、恩格斯:《共产党宣言》,人民出版社,1997年,第43页。
② 毛泽东:《论联合政府》,载《毛泽东选集》第3卷,第1070页。
③ 梁启超:《论小说与群治之关系》,载《饮冰室合集·文集》第四册,第864页。
④ 王钟麒:《论小说与改良社会之关系》,载《中国近代文论选》,人民文学出版社,1959年,第224页。

学革命、国民性改造，企图实现一种彻底的平民大众文学。"纯正的'平民主义'，就是把政治上、经济上、社会上一切特权阶级，完全打破，使人民全体，都是为社会国家作有益的工作的人。"①伴随时局变化，文艺的发展似乎有严重脱离大众的价值倾向，到三十年代初，讨论文艺为什么要大众化问题成为需要迫切澄清的现实任务。《大众文艺》编辑部组织开启了第一次讨论，在1930年发表了鲁迅的《文艺的大众化》，强调文艺要面向普罗大众，"不过应该多有为大众设想的作家，竭力来作浅显易解的作品，使大家能懂，爱看，以挤掉一些陈腐的劳什子"②。郭沫若则以文艺通俗化相号召："通俗到不成文艺都可以，你不要丢开大众，你不要丢开无产大众。始始终终把'大众'两个字刻在你的头上。"③伴随九一八事变民族危机加剧，抗日救亡急需发动群众，文艺大众化受到高度重视，即在《关于"左联"目前具体工作的决议》中，提出必须把文艺大众化置于首位，由此开启了第二次讨论。瞿秋白发表了《普洛大众文艺的现实问题》："必须立刻回转脸来向着群众，向群众去学习，同着群众一块儿奋斗，才能够胜利的进行。而没有大众的普洛文学是始终要枯死

---

① 李大钊：《平民主义》，载《李大钊全集》第4卷，第160页。
② 鲁迅：《文艺的大众化》，载《鲁迅全集》第7卷，第367页。
③ 郭沫若：《新兴大众文艺的认识》，载《文学运动史料选》第2卷，上海教育出版社，1979年，第366页。

的，像一朵没有根的花朵。"①明确意识到大敌当前，文学必须启发大众，团结大众参与生死存亡的革命斗争中。周扬在《关于文学大众化》中亦指出文学大众化已不是理论问题，而是迫切的实践问题："文学大众化的主要任务，自然是在提高大众的文化水准，组织大众，鼓动大众。"②至1934年因"文言复兴运动"引发了文艺大众化第三次讨论，"不过这次讨论，文艺问题已很少涉及，主要是讨论了语言问题和文字问题"③。实质即是白话文言之争，主要针对国民党新生活运动中的复古逆流，进步作家们抨击尊孔读经，旗帜鲜明反对文言复兴，主张大众语言："所谓大众语，包括大众说得出，听得懂，看得明白的语言文字"④，而非远离大众的文言文。鲁迅在讨论伊始即提醒，文艺完全大众化的条件尚不成熟："多作或一程度的大众化的文艺，也固然是现今的急务。若是大规模的设施，就必须政治之力的帮助，一条腿是走不成路的。"⑤文艺大众化之实现必须以政治为助力。直至中国共

---

① 瞿秋白：《普洛大众文艺的现实问题》，载陈铁健编《中国近代思想家文库·瞿秋白卷》，第351页。据夏衍回忆，当时对文艺大众化问题，在"左联"内部也分歧很大，争论激烈："秋白的文章发表之后，'左联'党团和《文学月报》编辑部都开会讨论过，由于这个问题涉及的面很广，对'大众化'的意义又有各种不同的看法，为此，秋白和茅盾的意见也不一致，他们之间还发生过一场相当尖锐的论争。"参见夏衍《懒寻旧梦录》，江苏文艺出版社，2012年，第169页。

② 周扬：《关于文学大众化》，载《文学运动史料选》第2卷，第412页。
③ 茅盾：《我走过的道路》（中），人民文学出版社，1984年，第163页。
④ 陈子展：《文言—白话—大众语》，载《文学运动史料选》第2卷，第437页。
⑤ 鲁迅：《文艺的大众化》，载《鲁迅全集》第7卷，第368页。

产党在延安建立了解放区政权,鲁迅所言的时机才逐渐得以成熟。因此,延安时期毛泽东就明确接续了这种彻底的文艺大众化的社会主义启蒙价值立场,"历史是人民创造的,但在旧戏舞台上(在一切离开人民的旧文学旧艺术上)人民却成了渣滓,由老爷太太少爷小姐们统治着舞台,这种历史的颠倒,现在由你们再颠倒过来,恢复了历史的面目,从此旧剧开了新生面,所以值得庆贺"①。他在《在延安文艺座谈会上的讲话》中批评了:"为艺术的艺术,超阶级的艺术,和政治并行或互相独立的艺术,实际上是不存在的。"强调文艺必须站在人民大众的立场,要充分发挥文艺对大众的启蒙价值功能,"我们的提高,是在普及基础上的提高;我们的普及,是在提高指导下的普及"②。社会主义文艺既要深入联系群众,更要启发教育群众,普及与提高必须协调并重。

特别值得一提的是,在20世纪30年代面对空前深重的民族危机,以陈伯达、艾思奇、张申府等为代表深受共产党影响的进步知识分子开展了一场影响颇大的"新启蒙运动",其核心仍然是近代中国一脉相承的救亡主题。对新启蒙运动之实质,陈伯达开宗明义:"当着目前民族大破灭危机的面前,哲学上的争斗,应该和一般的人民争斗结合起来,我们应该组织哲学上的救

---

① 毛泽东:《给杨绍萱、齐燕铭的信》,载《毛泽东文集》第3卷,第88页。
② 毛泽东:《在延安文艺座谈会上的讲话》,载《毛泽东选集》第3卷,第862页。

亡民主的大联合,应该发动一个大规模的新启蒙运动。"① "我们的新启蒙运动,是当前文化上的救亡运动,也即是继续戊戌以来启蒙运动的事业。"②同时,新启蒙运动也接续了五四以来的启蒙价值,反对民族奴役,反对礼教、独断、盲从、迷信。这个社会主义新启蒙运动的最大目的即是要唤起"人民之抗敌和民主的觉醒",主要有以下三方面的特点:一是大众启蒙。新启蒙思想家认为五四新文化运动虽然也是一种反对贵族的大众的文化,但其广泛性很受限制,没有形成一种群众运动,达到普遍化大众化的效果。新启蒙运动"使新文化的普遍性达到最大限度,却是无疑义的"③。二是民族启蒙。新启蒙思想家认为过去的启蒙运动基本之强调了自由、平等、民主等价值的普遍性方面,而相对忽视了中华民族自身的价值。"新启蒙运动的文化运动却应该不只是大众的,还应该带些民族性。处在今日的世界,一种一国的运动,似乎也只有如此,才能有力量。"④三是优秀传统文化启蒙。新启蒙思想家认为五四时期"打倒孔家店"过于偏激,应该对中国文化传统进行重新估价,要有更加全面深刻的认识。"我们并不是要全部推翻中国文化的传统,而且,事实上,有启蒙运动以

---

① 陈伯达:《哲学的国防动员——新哲学者的自己批判和关于新启蒙运动的建议》,载丁守和主编《中国近代启蒙思潮》(1924—1949),第157页。
② 陈伯达:《论新启蒙运动》,载丁守和主编《中国近代启蒙思潮》(1924—1949),第164页。
③ 艾思奇:《什么是新启蒙运动》,载丁守和主编《中国近代启蒙思潮》(1924—1949),第171页。
④ 张申府:《五四纪念与新启蒙运动》,载丁守和主编《中国近代启蒙思潮》(1924—1949),第167页。

来,一切启蒙思想家都曾极力发挥过一些最好的文化上的'国粹',……我们是为保卫中国最好的文化传统而奋斗的。"①这方面,可以说深刻影响了中国共产党对待优秀传统文化的态度。②

新启蒙运动的迅速展开与巨大影响,对中国共产党领导的社会主义启蒙叙事在理论与实践上的日趋成熟起到了至关重要的作用。对这种在救亡主题下共产党领导的社会主义启蒙运动取得的明显成就,对中国共产党抱有成见甚至持有敌视态度的以牟宗三、徐复观等人为代表的现代港台新儒家,亦作了如下发人深思的总结:"中国共产党之所以能取得政权,我们不能忽视二重大的事实。第一、即共党之坐大,初由于以共同抗日为号召,这是凭借中华民族之民族意识。第二、共党在中国大陆能取国民政府之政权而代之,其初只是与其它民主党派联合,以要求国民党还政于民,于是使国民党之党治,先在精神上解体。这是凭借中国

---

① 陈伯达:《思想无罪——我们要为"保卫中国最好的文化传统"和"争取现代文化的中国"而奋斗》,载丁守和主编:《中国近代启蒙思潮》(1924—1949),第187—188页。

② 特别值得指出的是,1943年5月26日《中共中央关于共产国际执委主席团提议解散共产国际的决定》指出:"中国共产党人是我们民族一切文化、思想、道德的最优秀传统的继承者,把这一切优秀传统看成和自己血肉相连的东西,而且将继续加以发扬光大。……要使得马克思列宁主义这一革命科学更进一步地和中国革命实践、中国历史、中国文化深相结合起来。这一运动表现了中国共产党人在思想上的创造才能,一如他们在革命实践上的创造才能。"该论断明确以中央重大决定形式,把我们党努力实现马克思主义与中国革命、中国历史、中国文化逐步结合,第一次与革命实践的创造才能相提并论,称为我们共产党人"在思想上的创造才能",可谓影响深远,意义重大。参见《建党以来重要文献选编》第20册,中央文献出版社,2011年,第318—319页。

人民之民主要求，造成国民党精神之崩溃，而收其果实。由此二者，即可证明中共……所以有此表面的成功，仍正由于它凭借了中国人民之民族意识及民主要求。"①这即从另一方面客观反映了中国共产党一以贯之的社会主义启蒙价值观。

因此，毛泽东在《新民主主义论》中鲜明提出了共产党在新民主主义时期的文化纲领："民族的科学的大众的文化，就是人民大众反帝反封建的文化，就是新民主主义的文化，就是中华民族的新文化。"在中国独特的社会政治语境下，反帝反封建本是救亡之主题，在共产党领导下的社会主义启蒙叙事真正激发了人民大众的民主、平等、自由意识，激励动员社会大众为能实现它，而积极参与到国家民族的救亡运动中，并在革命斗争中真正体会民主、平等、自由之真谛。"新民主主义文化是大众的，因而即是民主的。它应为全民族中百分之九十以上的工农劳苦民众服务，并逐渐成为他们的文化。"同时，毛泽东特别强调新民主主义文化的启蒙方式，必须要把知识分子和革命大众，要把提高与普及，既互相区别又紧密联结起来，一定要把革命的文化普及到人民大众中去，使其成为有力的革命武器。"一切进步的文化工作者，在抗日战争中，应有自己的文化军队，这个军队就是人民大众。革命的文化人而不接近民众，就是'无兵司令'，他的火力就打不倒敌人。为达此目的，文字必须在一定条件下加以改

---

①唐君毅、牟宗三、徐复观、张君劢合撰：《为中国文化敬告世界人士宣言》，载唐君毅《中华人文与当今世界》，（台北）台湾学生书局，1978年，第908页。

革,言语必须接近民众,须知民众就是革命文化的无限丰富的源泉。"①大众的觉悟与解放,反过来又给内生于家国情怀的救亡运动提供了取之不尽、用之不竭的源头活水。由此,推翻了帝国主义、封建主义与官僚资本主义三座大山,实现了百年来中国人民的历史夙愿,建立了独立统一的新中国。"从来也没有看见人民群众象现在这样精神振奋,斗志昂扬,意气风发。……中国劳动人民还有过去那一副奴隶相么?没有了,他们做了主人了。中华人民共和国九百六十万平方公里上面的劳动人民,现在真正开始统治这块地方了"②。新中国之"新"就在于真正实现了社会主义的启蒙价值,使中国人民得以实现彻底解放,真正作为国家的主人以崭新的精神面貌,平等自由地参与到社会主义建设的新征程之中。

结语:中国梦语境下的社会主义新启蒙叙事

对于启蒙,从近代中国的独特历史语境来观察,我们发现其发展历程并非完全照搬至西方,是西方模具下的复制品。可以说无论中西,启蒙并没有一个标准的范式、固定的版本、一致的道路,其主题都是因其自身所处的历史环境与具体任务而决定。近代中国所展开的启蒙叙事一开始便承载着自身所面临的时代问题

---

① 毛泽东:《新民主主义论》,《毛泽东选集》第2卷,第708—709页。
② 毛泽东:《介绍一个合作社》,《毛泽东著作选读》(甲种本),人民出版社,1969年,第381—382页。

与理想诉求,其主题始终是救亡,主要任务则是迫切地反帝与反封建。而有少数学者受西方普遍主义意识形态影响,缺乏历史主义意识和过程发展思维,罔顾具体国情、独特境遇与实际问题,从普世价值观的抽象原则出发,视启蒙为一种超越一切的绝对价值①,提出了"救亡压倒启蒙"论断。"救亡的局势、国家的利益、人民的饥饿痛苦,压倒了一切,压倒了知识者或知识群对自由、平等、民主、民权和各种美妙理想的追求和需要,压倒了对个体尊严、个人权利的注视和尊重"。"在所谓你死我活的阶级、民族大搏斗中,它要求的当然不是自由民主等启蒙宣传,也不会鼓励或提倡个人自由人格尊严之类的思想,相反,它突出的是一切服从于反帝的革命斗争,是钢铁的纪律、统一的意志和集体的力量。任何个人的权利、个性的自由、个体的独立尊严等等,相形之下,都变得渺小而不切实际。"②这种宣言式的口号,表面看

---

① 张汝伦即尖锐地批评了这种迷信盲从以西式启蒙为绝对价值的启蒙心态:"中国现代的启蒙与西方启蒙最大的不同在于:西方的启蒙运动以理性来反对一切教条和迷信。理性高于一切,是最高的审判官和上诉法庭。……而以全盘输入西化来启蒙的做法,恰恰是未能运用自己的理智深入中国问题,恰恰是以西方与否,而不是理性(合理)与否为原则,……启蒙是运用自己的理性对自己的问题作出独立的思考,而不是迷信和盲从任何现成的模式和结论。严格说,中国近代'借思想文化解决问题'应读作'借西方思想文化解决问题',这种做法行不行,历史正在作出,并将继续作出它的结论。但只要还实质上将现代化理解为西化,这种借思想文化解决问题的思路和以引进为启蒙的心态,就不会绝迹。"见张汝伦《救国与建国——现代中国的民族主义思潮》,载《现代中国思想研究》,上海人民出版社,2014年,第314页。

② 李泽厚:《启蒙与救亡的双重变奏》,载《中国现代思想史论》,生活·读书·新知三联书店,2008年,第29—30页。

似道理充足。但结合近代中国的独特历史语境，仔细辨析则会发现，他们几乎完全不能正确认识启蒙价值与具体国情的内在逻辑关联，最终必然与近代中国所肩负的反帝反封双重历史救亡任务格格不入[1]。正如刘小枫所言："流行的论点是：在中国现代化的过程中，救亡压倒了启蒙（施瓦茨、李泽厚）。这种论点忽视了启蒙的两种不同类型：近代自由民主的启蒙观和人民民主的启蒙观。马克思主义是现代启蒙思想的转向，主张科学式社会主义启蒙，以启发阶级觉悟、民族觉悟和新道德为取向。中国的民族主义（救亡）与社会主义的亲和推进了社会主义式的启蒙，自由主义的启蒙反倒被视为蒙蔽；社会主义式启蒙在现代中国从未被压倒。"[2]胡绳晚年在反思20世纪30年代的救亡运动时，就非常严肃地批评了此论断："把救亡和启蒙看作好像互相对立，是完全错误的。"[3]"救亡与启蒙是联系在一起的。……民主是从救国出

---

[1] 1942年3月2日，毛泽东在中央白区工作会议上总结了近代中国的两次教条主义错误："中国有两个教条，一是旧教条，一是洋教条，都是思想上的奴隶。五四运动打破了旧教条的奴役，是一个重大的启蒙运动。大革命失败后，我们党犯了洋教条的毛病，现在开展反主观主义、宗派主义和党八股的整风运动，同样是一个重大的启蒙运动，许多干部中毒很深，需要作启蒙工作。"见《毛泽东年谱（1893—1949）》中卷，第366页。时至今日，洋教条依然存在，只是从当年的苏式换为了西式，即那种罔顾国情视西方自由主义启蒙为超越一切的绝对价值，少数人亦中毒很深。21世纪中国要想行稳致远，就必须继续坚持社会主义的启蒙价值与立场，必须再一次启蒙，再启民族复兴之蒙。

[2] 刘小枫：《现代性与现代中国》，华东师范大学出版社，2018年，第193页。

[3] 胡绳：《略谈三十年代救亡运动的历史意义》，《求是》1990年第22期。

发的。"① 就连20世纪80年代主张"新启蒙"思潮的王元化在谈及五四启蒙运动与救亡的关系时，也坦承救亡主题的优先性，进而深刻指出："不能由此得出结论，必须反对学者与艺术家的参与意识，以为有了参与意识就会丧失独立人格和独立思考。……五四启蒙文化本身正是从救亡图存的要求中诞生的。……把启蒙和救亡看成全然相克是不对的。"②

同时，"救亡压倒启蒙"的论断还存在一个更为隐蔽也更具危险性的逻辑后果。在此观点看来，如处在民族危亡，国将不国的危急情势下，他们也承认自由民主的启蒙价值只有暂时被压倒抛弃；而以救亡为主题，后果也只能是漠视个人的权利与尊严，牺牲对于民主政治的追求，一切都以国家、社会、民族、集体为优先价值目标。但当1949年成功实现革命建立新中国后，在他们看来，短暂急迫的救亡叙事似乎得以彻底完成。由此，一些所谓的自由主义者就开始声称要重视民主，回归自由，开放党禁，实行多党政治，大搞全民选举等，完全把具有独立历史语境的西方自由主义式启蒙转换为一种绝对价值，而忽视了社会主义具体条件下救亡主题的连续性与长期性。正如胡乔木晚年所言："社会主义发展可以说是一个革命的过程。……要一直过渡到共产主义，才是革命的完成。发展生产力是革命，实现现代化是革命，镇压反革命、抵御外国侵略也是革命。保卫无产阶级专政，保卫

---

① 金冲及：《一本书的历史》，中央文献出版社，2014年，第118页。
② 王元化：《论传统与反传统——为五四精神一辩》，载《王元化文论选》，上海文艺出版社，2009年，第264页。

党的领导，都是革命，……可以总起来说，革命没有终结，所以还需要党的领导。"[1]

正如前述，启蒙运动在西方内部的历史进程本身也极其复杂丰富，但为了比较上的便利，我们姑且认为启蒙在西方有其基本一致的价值，即个性解放、个人自由、宪政民主、人权法治等。但在近代独特的历史语境中，中国启蒙运动并非如西方早期社会那样是一场由资产阶级领导的纯粹思想运动，并非视自由民主为一种绝对之价值[2]，其鲜明特点始终是启救亡之蒙。这导致了在中国语境之下启蒙本身并没有独立的价值要求，都是紧密围绕近现代以来独特的中国问题而展开。启蒙在中国的历程始终以救亡为中心，在不同历史阶段，围绕救亡的具体主题而进行不同的启蒙价值选择。正如五四新文化运动之所以最终分道扬镳，即是知识分子在面对民族救亡主题下，对于选取何种启蒙价值来实现救亡，产生了严重分歧。而一旦国内外环境发生变化和现实政治要求发生转向，必然导致为救亡而生的启蒙，亦要为中华民族的救

---

[1]《胡乔木传》编写组编：《胡乔木谈中共党史》，人民出版社，2015年，第77页。

[2] "实际上，世界上只有具体的自由，具体的民主，没有抽象的自由，抽象的民主。在阶级斗争的社会里，有了剥削阶级剥削劳动人民的自由，就没有劳动人民不受剥削的自由。有了资产阶级的民主，就没有无产阶级和劳动人民的民主。……民主这个东西，有时看来似乎是目的，实际上，只是一种手段。马克思主义告诉我们，民主属于上层建筑，属于政治这个范畴。这就是说，归根结蒂，它是为经济基础服务的。自由也是这样。民主自由都是相对的，不是绝对的，都是在历史上发生和发展的。"见毛泽东《关于正确处理人民内部矛盾的问题》，载《毛泽东文集》第7卷，第208—209页。

亡而改变其方向。五四新文化运动以后,无产阶级登上了历史舞台,自此中国共产党成为领导新民主主义革命的中坚力量,扛起了民族救亡的大旗。由此,中国共产党审时度势,根据民族救亡的历史背景,选择了社会主义的启蒙价值立场,其并没有如上述学者所认为那样,用"救亡压倒启蒙",而是选择了一种人类更高层级,更为全面,也更为彻底的社会主义启蒙价值叙事,不但没有放弃五四以来的民主自由启蒙传统①,而是在革命斗争实践过程中使其得以真正成为大众觉悟与解放后的自觉追求,使得救亡与启蒙相互促进,相得益彰,真正形成了一种良性循环。

党的十八大后,习近平总书记提出并深刻阐述了实现中华民族伟大复兴的中国梦,强调中国梦的基本内涵是国家富强、民族

---

① 正如王元化所谈到的那样:"我不赞成救亡压倒启蒙的说法,照我看五四启蒙运动的中断是在于当时有些马克思主义者的幼稚和理论上的不成熟。他们错误地把启蒙运动所提出的个性解放、人的觉醒、自我意识、人性、人道主义等都斥为和马克思主义势如水火、绝不相容的资产阶级反动思想。类似的看法恐怕至今并未绝迹。"参见《王元化文论选》,第265页。

振兴、人民幸福。①中国梦归根到底是人民的梦，人民对美好生活的向往，就是我们的奋斗目标。中国梦的社会主义启蒙叙事，可以说很好地承继了中国自近代以来的救亡主题，从民族危机、革命建国，到社会主义建设、改革开放，到振兴中华、民族伟大复兴，救亡叙事最根本之内涵就是中华民族伟大复兴的历史发展叙事，它超越了那种简单化的、短期狭义的革命启蒙叙事与现代

---

① 其实，对于这种以国家普遍意志与人民整体利益为目的的终极目标，黑格尔在《法哲学原理》一书中做了十分精辟的论述："国家是绝对自在作为的理性东西，……如果把国家同市民社会混淆起来，而把它的使命规定为保证和保护所有权和个人自由，那末单个人本身的利益就成为这些人结合的最后目的。由此产生的结果是，成为国家成员是任意的事。但是国家对个人的关系，完全不是这样。由于国家是客观精神，所以个人本身只有成为国家成员才具有客观性、真理性和伦理性。"他进一步批评了卢梭以个人意志为基础的契约论："卢梭在探求这一概念中作出了他的贡献，他所提出的国家的原则，不仅在形式上，而且在内容上也是思想，而且是思维本身，这就是说，他提出意志作为国家的原则。然而他所理解的意志，是特定形式的单个人意志，他所理解的普遍意志也不是意志中绝对合乎理性的东西，而只是共同的东西，即从作为自觉意志的这种单个人意志中产生出来的。这样一来，这些单个人的结合成为国家就变成了一种契约，而契约乃是以单个人的任性、意见和随心表达的同意为其基础的。……这都是缺乏理念的一些抽象的东西，所以它们把这一场尝试终于搞成最可怕和最残酷的事变。"参见黑格尔《法哲学原理》，范扬等译，商务印书馆，1961年，第288—290页。马克思、恩格斯在《德意志意识形态》中亦鲜明指出真正的共同体与个人自由之内在关系："只有在共同体中，个人才能获得全面发展其才能的手段，也就是说，只有在共同体中才可能有个人自由。……从前各个人联合而成的虚假的共同体，总是相对于各个人而独立的；由于这种共同体是一个阶级反对另一个阶级的联合，因此对于被统治的阶级来说，它不仅是完全虚幻的共同体，而且是新的桎梏。在真正的共同体的条件下，各个人在自己的联合中并通过这种联合获得自己的自由。"见马克思、恩格斯《德意志意识形态》(节选本)，人民出版社，2018年，第65页。

化启蒙叙事,转到植根于中国历史文化传统与当代社会政治现实的范围更全面、时间跨度更广、思想价值更彻底的新启蒙目标。

中华民族伟大复兴的中国梦对近代以来有独特历史遭遇的中国人民而言,有其特殊的时代内涵,它意味着要继续坚持独立自主,进一步深化改革扩大开放,快速实现国家的工业化和经济的现代化,以期完成"两个一百年"的奋斗目标[1]。同时,把中国梦定义为实现中华民族伟大复兴,称之为"复兴"更有其特殊的历史意蕴,正如毛泽东所言:"中国人从来就是一个伟大的勇敢的勤劳的民族,只是在近代是落伍了。这种落伍,完全是被外国帝国主义和本国反动政府所压迫和剥削的结果。"[2]因此,这种复兴不仅是要恢复19世纪以前中国在世界政治经济上曾经拥有的重要地位,更重要的则是要复兴作为轴心文明之一、绵延数千年的、具有天下关怀、拥有巨大影响力的中华文明[3]。况且当前世界形势并不乐观,实质上仍是一个以民族国家为单位的国际竞争格局,中华民族仍未能真正实现国家统一(我们的军队仍称为

---

[1] 习近平总书记指出:"为了实现中国梦,我们确立了'两个一百年'奋斗目标,就是到2020年实现国内生产总值和城乡居民人均收入比2010年翻一番,全面建成小康社会;到本世纪中叶建成富强民主文明和谐的社会主义现代化国家,实现中华民族伟大复兴。"见习近平《在中法建交50周年纪念大会上的讲话》,新华社,2014年3月28日。

[2] 毛泽东:《中国人从此站立起来了》,载《建党以来重要文献选编》第26册,第725—726页。

[3] 正如习近平总书记所言:"中华民族有着5000多年的文明史,近代以前中国一直是世界强国之一。……古往今来,中华民族之所以在世界有地位、有影响,不是靠穷兵黩武,不是靠对外扩张,而是靠中华文化的强大感召力和吸引力。"见习近平《在文艺工作座谈会上的讲话》,新华社,2015年10月14日。

人民解放军），中国周边国际形势也异常严峻，常有擦枪走火的危机潜伏（如钓鱼岛问题、南海问题等），各种不希望中国和平发展的霸权主义甚至帝国主义依然存在（我们的国歌仍有"中华民族到了最危险的时候"的警醒），这些现实问题始终与近代中国的历史进程一以贯之，这仍是新时期中华民族救亡叙事的发展与延伸。可以说革命建国是一种迫在眉睫的救亡叙事，社会主义现代化建设是新中国的救亡叙事，实现"两个一百年"的奋斗目标，最终实现共产主义，则是中华民族更根本更远大的救亡与复兴叙事。习近平总书记《在文艺工作座谈会上的讲话》中强调："在社会主义核心价值观中，最深层、最根本、最永恒的是爱国主义。爱国主义是常写常新的主题。拥有家国情怀的作品，最能感召中华儿女团结奋斗。……当代文艺更要把爱国主义作为文艺创作的主旋律，引导人民树立和坚持正确的历史观、民族观、国家观、文化观，增强做中国人的骨气和底气。"因此，以中国梦为新救亡主题下的社会主义启蒙叙事，是一种真正意义上的民主平等的价值叙事，是每个人自由而全面发展的价值叙事，是具有天下情结人类关怀的价值叙事，最终实现全人类的解放，实现共产主义的远大理想。而这种社会主义的启蒙叙事，也要根据形势变化与要求，反对以自由民主为绝对价值的极端启蒙立场，吸收包括以康德为代表的（反对极端理性主义，为科学主义、进化论划界，注重保守文化传统与公共德性）西方启蒙思想家的真价值。

历史与现实都已证明，在近代以来独特的社会政治语境下中国要实现国家富强、民族振兴、人民幸福,乃至最终实现全人类彻底解放的共产主义,始终离不开社会主义的启蒙价值。中华民族的救亡和复兴,与社会主义的启蒙价值,可谓并行不悖,相得益彰。正如马克思所言:"无论为了使这种共产主义意识普遍地产生还是为了实现事业本身,使人们普遍地发生变化是必需的,这种变化只有在实际运动中,在革命中才有可能实现。"[1]而中国语境的社会主义启蒙叙事正是以马克思主义为指导,以民族优秀文化为基因[2],以大众的觉醒与解放为理想追求,最终是为民族复兴中国梦的实现提供价值支撑,贡献精神力量。

---

[1]《马克思恩格斯选集》第1卷,第171页。

[2] 对于以儒家为代表的民族优秀传统文化,陈独秀等早期激进知识分子当年虽曾激烈反对,却并未绝对化,还是坦承它在保持古典社会的文教传统与社会秩序方面的有效性。其反孔的逻辑前提是建基于它与现代化(表征即西化)不兼容:"记者非谓孔教一无可取,惟以其根本的伦理道德,适与欧化背道而驰,势难并行不悖。吾人倘以新输入之欧化为是,则不得不以旧有之孔教为非。倘以旧有之孔教为是,则不得不以新输入之欧化为非。新旧之间,绝无调和两存之余地。吾人只得任取其一。"参见陈独秀《答佩剑青年》,载《陈独秀著作选编》第1卷,第311页。新中国成立以来的发展经验表明,独立自主,走符合国情的发展道路才是正道。进而我们现在能以理性的态度对待西化;尤其值得肯定的是,能以更加包容、平和的心态来对待民族自身的优秀传统文化,其中以儒家为代表的德性伦理是我们有效克服西方片面启蒙心态的重要思想资源,也是中国特色社会主义道路植根的文化沃土。

第4章

重审现代政治思想史中的梁漱溟

晚年在为《我的努力与反省》一书作序时,梁漱溟概括了自己极不平凡的人生历程:"我出生于中日甲午之战前一年(1893),又经历了八国联军的入侵和第二次中日战争('七七'事变)等列强对我国的欺凌与侵略。从清王朝的覆亡和辛亥革命的成功、蒋介石政权的垮台和新中国的建立,直至'十年浩劫',其间的政治纷争、军阀混战和社会动乱,我亲身经历不少,耳闻目睹者更多。我既从事过文化学术工作,又曾投身于社会运动;既曾出入于农村基层,又曾参与过一些上层政治活动。如果将这种种加以记述,把自己走过的将近一个世纪的历程作一番回顾,是有意义的。"① 在一定意义上,梁漱溟一生所关注的事业,都紧紧围绕"建国"这一近代中国的核心主题。梁漱溟不但

---

① 梁漱溟:《我的努力与反省·自序》,载《梁漱溟全集》第7卷,第604—605页。

围绕这一主题著书立说,并且积极将这些学说付诸社会行动。本章将尝试检讨梁漱溟的政治思想在产生之际所面临的两难困境,进而在变化了的时代环境下,探讨这些学说之于当代中国政治的深刻启示。

一、两难困境:独立于政权之理想与依附于政权之现实

对于政权,梁漱溟终其一生,始终相当警惕。无论新中国成立前蒋介石想方设法拉拢他参与国民政府,抑或新中国成立后毛泽东迫不及待地力邀他参与新政权,他都婉言谢绝,认为必须持守中间立场,才能为各方主持公道。"又有许多人,以为自己拿到政权就有办法;其意似乎就恨政权不在手。其实要上台有何难?上台之后,一样的没有办法。说起内战,还是起内战,武力横行,还是武力横行;法律失效,政治腐败,乡村常被牺牲,没有建设机会,种种还是一样免不了!不要说你上台不行;就是圣人上台也不行!"[1]也许,正是这种对政治之审慎态度,决定了他设想担负建国重任的团体组织必须与现政权保持距离。一方面,他认为自辛亥后政治问题集中表现为政权的分裂,故关键在于树立统一稳定之国权,而非如一般革命那样,要使政权归于某阶级,此时的中国问题并非在于政权属谁。基于此判断,他

---

[1] 梁漱溟:《乡村建设理论》,载《梁漱溟全集》第2卷,第444页。

虽强调当前第一要务是政治问题的解决,"却全然无意于取得政权,而把功夫用在力求如何使散漫的中国社会联成一体,有其明朗的一大要求可见,以为树立国权之本"[1]。另一方面,他认为政权极具机械性与惰性,自上而下的政权系统相当被动,毫无创造性可言。而要建设新中国,重点在于创造,无成规可循,处处须创新,此绝非掌握政权的机关所能完成的建国重任。因此,为不受牵制,激发创造性,团体便不能自操政权,而要守定社会运动之立场,唯有代表社会,才能形成巨大的社会力量。只有不在台上,才可免于自身分裂,完成社会统一。在他看来,当时国民党暴露的种种弊病正在于此。"国民党假若未操政权,其自身也许不致很分裂。今既拥有武力,自操政权,便陷身问题之中。像我们所说要站在社会一面,求社会的统一,来解决眼前中国政治问题,它就办不了。"[2]

梁漱溟对于操持政权的政党与团体所产生的种种弊病,所见不无深刻之处。但众所周知,政党产生之目的在于获取国家政权。如钱伯斯所言:"现代意义的政党乃是具有相当的持久的社会集合,它追求政府中的权力职位。"[3]著名的台湾《云五社会科学大辞典》认为:"政党是寻求政治权力,合法控制政府人事及政策的结合或组织。"[4]在英美学界,政党权力目的论亦是居于主

---

[1] 梁漱溟:《我的努力与反省》,载《梁漱溟全集》第7卷,第968页。
[2] 梁漱溟:《乡村建设理论》,载《梁漱溟全集》第2卷,第579页。
[3] 转引自吕亚力《政治学》,(台北)五南图书出版公司,1985年,第89页。
[4] 罗志渊主编:《云五社会科学大辞典》(政治学卷),(台北)商务印书馆,1971年,第204页。

流地位。如艾克斯弗认为：政党之首要目的是于选举竞争中赢得政治权力。政党行使诸如动员公众参与政治活动，代表公共团体机构等许多功能；但赢得选举，最终达到对政府权力机构的控制，为其首要目标①。意大利著名政治学家萨托利亦认为，"政党是以其在选举中出现的标识为识别，并可能使其候选人，经由自由或不自由的选举而担任公职的任何政治团体"②。然而，梁漱溟却不顾政党政治本身之规律，认为政党（社会团体）不能以操持政权为目标。"吾辈既从事政治运动，何以又非政党？政党必争政权，吾辈不争政权，便非通常之政党。此不争政权不只吾辈团体为然，共产党，青年党乃至国民党，均必落于此局。"③对他而言，政党或团体建立的根本动机，在于实现人生向上，"借助于此团体组织以实现个人的向上；更从个人的向上完成人类社会的向上。"④在他看来，不仅自身所从事的社会团体如是，国共两党均必落于此局，这种政党乃为中国所特有的政治团体。但事实却并非如此，作为操持现政权的国民党自不能放弃政权，而是千方百计稳固政权；即便暂未秉持国政的共产党，亦未如其所设想那样，放弃争取政权。"中共不定要自操政权，社会主义乃可由

---

① Barrie Axford, *Politics: An introduction*, New York: Routledge, 2002: 360.
② 萨托利：《最新政党与政党制度》，雷飞龙译，（台北）韦伯文化国际出版有限公司，2003年，第75页。
③ 梁漱溟：《告山东乡村工作同人同学书》，载《梁漱溟全集》第6卷，第35页。
④ 同上。

和平转变得之。吾信其言,但吾不能不疑其出于一种愿望。"①最终他也承认期望共产党不要操持政权,只能是一厢情愿的幻想而已。

在笔者看来,政权问题实为梁漱溟所以失败、共产党所以成功的关键。梁漱溟希望不要操持政权,而把重心置于求统一于下的社会文化团体运动之中。与此相反,共产党自始至终都以夺取政权为目的。自从大革命失败后,共产党便树立了农村包围城市的斗争理论,在边缘地区通过武装斗争建立革命政权与根据地。"从造成自己(党)这一面的开始,就有军队和政权随着而来。一分的开始就有一分的军队和政权,最后便是极其强大的军队和全国范围的革命联合政权之建立。"②同时,基于辛亥后的革命形势,梁漱溟主观地认为没有政权属谁之问题。在他心目中丝毫没有通过社会运动推翻现政权的计划与方案,最终的理想目标亦只是社会文化运动的团体"为知觉和用思想的机关,而以政府为行动机关",且亦"不必从法律上取得此种地位",而只是"给政府施政作指针"③。这种与现政权不即不离的暧昧关系,必然导致如其自己所言的"高谈社会改造而依附政权"④局面。与此截然不同,共产党对现政权的态度甚为坚决,即打倒推翻。"如果你

---

① 梁漱溟:《告山东乡村工作同人同学书》,载《梁漱溟全集》第6卷,第32页。
② 梁漱溟:《我的努力与反省》,载《梁漱溟全集》第7卷,第1021—1022页。
③ 梁漱溟:《我的努力与反省》,载《梁漱溟全集》第7卷,第1009页。
④ 梁漱溟:《乡村建设理论》,载《梁漱溟全集》第2卷,第573页。

承认现在的政权是一个革命政权,你所要完成的社会改造,也就是他所要完成的社会改造;那末,就用不着你再作什么社会改造运动了!你现在既作社会改造运动,则明明是你看他(现政权)改造不了。他既改造不了,你就应当否认他,你就应当夺取政权来完成社会改造!你既不否认他,而又顺随他在他底下活动;那末,你本身就失掉了革命性,又怎么能完成社会改造呢?你不但在他底下活动,而且依附于他,这怎么能完成社会改造呢?"①因此,不要政权的结果必然导致会依附现政权,就如梁漱溟自己所认为的那样,一个社会运动逐渐扩大,力量日增,即会影响现政权之统治,必会被执政者猜忌,被为难乃至被公开破坏,最终必归于失败。

二、政治改革之前提:构建中国式新政治习惯

与在书斋中坐而论道的多数学者不同,梁漱溟一生都行动着,被中国问题逼迫而"拼命地干"。正如有学者所言:"在'大学儒学'的背景下,学者们虽然以前所未有的热情编辑各类儒家典籍,研究儒家的人物,但不断消退的是儒家的内在修养和对于社会的承当勇气。……如果从这个角度来反思梁漱溟,我们更应该佩服他的勇气,尽管其在认识上存在误区,在实践中遭遇了挫折,但是他是在'行动中'。或许从这个角度去理解,我们

---

① 梁漱溟:《乡村建设理论》,载《梁漱溟全集》第2卷,第573页。

只能承认他是'最后的儒家'。"①梁漱溟一生的社会政治实践虽不算成功,但这并不足以否认他对中国问题所进行的独立思考的价值与意义。

学界尽管对梁漱溟有各种各样的评价,但在认定其为"保守主义者"这一点上却相当一致。在早年受西化思潮短暂影响之后,梁漱溟便认定"欧化不必良,欧人不足法"②。自帝制崩溃以来,中国政治迟迟不上轨道,国权始终不能树立,原因在于抛弃了固有民族精神,一味盲目模仿不切国情之西政西法,最终导致文化极度失调,使得"伦理本位"的社会组织构造陷于崩溃。因此,根据民国以来的社会形势,在他看来,不论宪政民主,还是社会主义、马克思主义,只要移植于中国就会变质。"每每一主义或一制度,在西洋本有其具体内容,一移到中国就变质,而成了纯粹理论。既与过去历史无关,亦与今日现实无涉,……中国自与西洋接触即犯此病,至今不改。"③而这与国人没有配套的政治习惯密切相关。在他看来,一般所论的约法为军阀所毁,国会被袁世凯遣散,都只是表层之见。约法被废,国会解散,根本原因非在北洋军阀所为或袁世凯独断专行,而在国人没有适宜西洋式新政治制度的习惯。换言之,上述新政制只是一空中楼阁,自然不会成功于中国。中国新政制成功之关键在于习惯:

---

① 干春松:《是非与利害之间——从梁漱溟的村治理论看儒家与现代制度的关系》,《中国人民大学学报》2007年第1期。
② 梁漱溟:《河南村治学院旨趣书》,载《梁漱溟全集》第4卷,第918页。
③ 梁漱溟:《中国文化要义》,载《梁漱溟全集》第3卷,第305页。

> 不要说中国多数人对于新政治制度尚不明了，就是已经完全明了，亦未必就会运用建立，因缺乏在事实上熟练进行的习惯故也。……政治改革的所以不成功，完全在新政治习惯的缺乏；换言之，要想政治改革成功，新政治制度建立，那就非靠多数人具有新政治习惯不可。①

政制虽是设计者有意为之，但培养背后与之相应的政治习惯，却是其成功至为关键的前提。正如费孝通对民国后期法律与法庭下乡所作的评论那样，法律条文之制订和法院法庭之设置，其本身并不能保证创建良好的法治环境。问题的关键在于，公民如何运用这些设施。从深层次言，必须先对乡民思想意识与乡村社会构造进行根本革新。如改革未能先行，社会构造与思想观念依然如故，那么，强行下乡推行法律，后果必然是破坏乡土社会原有的礼治秩序，而法治秩序的美好愿景却不能实现。②梁漱溟认为，中西社会由于组织构造不同，所养成的政治习惯差异极大，西洋重团体，中国重伦理。"要知不能离团体而生活者，就养成其团体生活所必需的习惯，不能离伦理而生活者，就养成其伦理生活所必需的习惯。"③如中国人不习于爱国合群，亦正如西洋人不习于孝亲敬长。因此，在培养新政治习惯时，要与传统文

---

① 梁漱溟：《我的一段心事》，载《梁漱溟全集》第5卷，第533页。
② 费孝通：《乡土中国》，北京出版社，2009年，第87页。
③ 梁漱溟：《中国文化要义》，载《梁漱溟全集》第3卷，第314页。

化的民族精神相适宜，而不能采用西洋式的政党竞争，三权分立，"这些在中国是绝对行不通的"[1]！在他看来，西洋自中世纪以来无时不处于对立抗争之中，只会武戏而不懂文戏，西洋政治制度随其阶级斗争而发展，其维持运行亦靠反抗斗争，相互制衡。中国社会秩序的维持自来靠礼，只会文戏而不懂武戏。如把西洋那套互相斗争牵制均衡的制度引入中国，则只会导致社会更乱更散，矛盾冲突而毫无秩序。"西洋与中国实在不是枝枝节节的不同而是根本的相异，西洋是从个人本位出发，中国是从伦理本位出发。"[2] 西洋的权利观念是从个人本位而来，中国的义务观念则发端于伦理本位。

在梁漱溟看来，最近西方的思想倾向逐渐改变，亦由权利观念转变到义务观念，这与中国旧伦理观念颇为符合。但毫无秩序的中国要能够立足于当今世界，则必须把散漫无序的社会改造为团体组织，而其中关键在于处理好这样一层相互关系——即个人与团体间之关系。因此，他认为应在传统五伦关系之外，再添加一伦，即团体与个人（群己关系）。在他看来，近代西洋团体组织有如下四个长处：有团体组织、个体积极参与团体、团体尊重个体、财产社会化。而这些优点对于培养国人新政治习惯正是良方，能及时纠正中国社会的散漫被动，对被忽视的个体人格与冷漠的社会关系也能有所增益。同时，鉴于中国旧社会的组织构造，却不能把西洋对立牵制的那套制度移植于中国来建构新团体

---

[1] 梁漱溟：《我的一段心事》，载《梁漱溟全集》第5卷，第536页。
[2] 同上。

组织，而应立足于传统中国的伦理情谊，以对方为重，即个人以团体为重，团体以个人为重。"所以人与人各以对方为重的伦理义务观念是中国社会顶优越的心理习惯，极应继续发挥光大，开创正常合理的人类社会。"①尽管西洋团体组织与政治制度自有优越处，但如孔子所谓"绘事后素"，培养新政治习惯其底色必以中国旧伦理精神为基础。"西洋民主政治自有他的长处，以我们旧伦理精神吸收运用他民治的特别色彩，而将他对抗粗硬的一面免去，则我们的新政治习惯自可养成。"②早在《东西文化及其哲学》自序中，梁漱溟其实已表明了自己一生所持守之道路，即要过"孔家生活"，他不仅要把未闻大道的西方人导入孔子之道，而且要使在近代无处安身立命的国人回归民族之真精神：

> 无论西洋人从来生活的猥琐狭劣，东方人的荒谬糊涂，都一言以蔽之，可以说他们都未曾尝过人生的真味，我不应当把我看到的孔子人生贡献给他们吗！然而西洋人无从寻得孔子，是不必论的；乃至今天的中国，西学有人提倡，佛学有人提倡，只有谈到孔子羞涩不能出口，也是一样无从为人晓得。孔子之真，若非我出头倡导，可有那个出头？③

在他看来，新政治习惯之培养，社会组织构造之重建，都与

---

① 同上，第537页。
② 同上，第539页。
③ 梁漱溟：《东西文化及其哲学》，载《梁漱溟全集》第1卷，第544页。

孔子所开创的伦理本位传统（其核心即礼）相通，"礼而成俗，就是一个习惯"①，"成为习惯即叫礼"②。礼与社会政治制度则又是一回事，"礼是指社会制度，……礼的根本、礼的重要、礼的大端是在制度"③。因此，其"所谓建设，不是建设旁的，是建设一个新的社会组织构造；即建设新的礼俗"④。新礼俗的根本即为"伦理情谊，人生向上"⑤之民族精神。因此，要想一劳永逸地解决中国问题，就必须培养中国式的政治习惯与政治制度。与"西方式的"相对，梁漱溟的底色可谓都是"中国式的"，终其一生都在强调新政治习惯之中国特色。"中国虽然可以有政治制度，但决不是近代西洋的政治制度。经过此番觉悟之后，即坚决而肯定了我的主张，从乡村起培养新政治习惯，培养中国式的新政治习惯，而不是西洋式的。"⑥

当代中国已处于社会转型的十字路口，按照经济学家汪丁丁的理论，现已进入"三重转型"期，即文化转型、政治转型和经济转型的重合期⑦。按照官方阐释，改革已进入攻坚期和深水

---

① 梁漱溟：《乡村建设理论》，载《梁漱溟全集》第2卷，第384页。
② 同上，第382页。
③ 同上，第385页。
④ 同上，第276页。
⑤ 梁漱溟：《中国文化的命运》，中信出版社，2010年，第174页。
⑥ 梁漱溟：《自述》，载《梁漱溟全集》第2卷，第24页。
⑦ 汪丁丁认为："文化转型的关键时期，可能不是1911年，可能是宋明理学时期，甚至可能是魏晋时代，各家有各家的道理，很多学者都讨论过；文化转型不是辛亥的关键，辛亥革命是中国政治转型的一个关键时期。经济转型的关键时期是刚刚过去的三十年或二十年，人均GDP（国内生产总值）在过去三十年增长最快。"参见http://finance.ifeng.com/opinion/zjgc/20111115/5067710.shtml。

区,从而要求"加强顶层设计和摸着石头过河相结合,整体推进和重点突破相促进,提高改革决策科学性,广泛凝聚共识,形成改革合力"①。社会大众特别是精英阶层,强烈呼吁在经济体制改革的同时进行更加深入全面的政治体制改革②。政治改革的关键无非在于革新政治制度,正如学者汪晖所言:"如何通过制度性的改革,促进并保障普通的公民和劳动者通过不同的方式,来参与政治进程,不但捍卫自己的权利,而且也形成公共生活,是政治改革的核心问题。"③而革新之制度想要真正落地,获得成功,至关重要的前提就是国人新政治习惯之养成。"制度的本源在习惯。只有在新政治习惯养成之一天,才算是新政治制度建设成功之一天。"④现今,培养国人新政治习惯的任务仍十分艰巨。正如近百年前与西洋相比较后,梁漱溟认为国人缺乏西洋于集团生活下所养成的法治精神、组织能力、纪律习惯与公共道德。当今中

---

①《中共中央关于全面深化改革若干重大问题的决定》(2013年11月12日中国共产党第十八届中央委员会第三次全体会议通过),人民出版社,2013年11月。

②关于政治制度与政治体制之间的关系,高放教授做过仔细分析:"一般说来,政治制度包括根本的政治制度和具体的政治制度两个部分。所谓根本的政治制度,广义而言,包括国体和政体。……具体的政治制度,或具体的政治设制,可简称政治体制,它包括机构和人事设置,决策程序和机制,各个权力机构之间的职权划分和互相关系以及权力运行的形式和机制等。……我们目前所讲的政治体制改革就是针对这些具体的政治设制而言的。依我个人理解,政治制度改革和政治体制改革,这两种提法所要表达的内容和精神实质是一致的,而后一种提法更切中时弊和目标,更具有具体的针对性。"参见高放《中国政治体制改革的心声》,重庆出版社,2006年,第4页。

③汪晖:《中国政治新趋势——从三中全会谈开去》,《南风窗》2014年第2期。

④梁漱溟:《中国建国之路》,载《梁漱溟全集》第3卷,第341页。

国在经历了四十多年的改革开放后,经济虽然快速发展,物质财富亦急速增加,国内生产总值已位居世界第二,但国人的法治观念、组织能力、纪律习惯与公共道德却未能随经济增长而显著提升①。就此而言,梁漱溟关于培养新政治习惯的社会政治思想极具现实启示意义。在某种意义上,中国政治改革的核心问题即在于处理好国家与公民两者间的权限关系,亦即梁漱溟所言于传统五伦关系外新增之团体与个人(群己)一伦,以便使个人得到充分的自由平等,团体亦由散漫进于组织,如此新政治习惯方可养成。不过,在处理二者关系时,梁漱溟并未从个人权利的立场与观点出发,而是立足于传统的伦理义务思想:

> 个人一定要尊重团体,尽其应尽之义;团体一定尊重个人,使得其应得之自由平等。本来两边照顾到是一个作不到的事情,因为人只能看一面,看一面即照顾不到那一面;但是若本相对论的伦理思想去发挥,则彼此互相照顾,那末,两面都可照顾到了(这个意思很细,且很实在)。所以可以说是伦理救了中国两面照顾不到的难处。中国本来两面都不够,而伦理适足以补充两面。②

---

① 针对这些问题,中国共产党在十八大上提出了政治改革的相关重要任务,如继续全面推进依法治国、支持和保障人民代表大会行使国家权力、健全社会主义协商民主制度、完善基层民主制度、深化行政体制改革等。这些改革措施亦充分说明了中国共产党对当前政治制度存在弊端的深刻认识和进一步深入改革的决心与勇气。
② 梁漱溟:《中国文化要义》,载《梁漱溟全集》第3卷,第308页。

与同时代的大多数知识分子相比，梁漱溟关于政治问题的诸多思考都立足国情，从老中国出发，都是"中国式的"。其对于宪政民主、地方自治、乡村建设、政教合一、政党政治、自下而上的社会团体建设等中国式思考，都为当代中国政治改革所面临的诸多困境提供了丰厚的思想理论资源。

三、市民社会：新社会组织构造之基础

随着中国改革开放的深入推进，市场经济制度的不断完善[①]，以市场为基础形成的公共领域与契约性规则，必然要求对社会与国家的关系进行更深入研究。实际上，在当下中国思想界，市民社会研究已经成为显学，是包括政治、经济、社会、哲学、法学等学科在内的重要问题域。但即便如此，市民社会概念进入中国研究界的历史并不算长，"中国学界，包括西方汉学界、中国大陆和台湾知识界，乃是在80年代下半叶开始引入市民社会理念

[①] 中国共产党的十八届三中全会进一步提高了市场经济的地位，"紧紧围绕使市场在资源配置中起决定性作用，深化经济体制改革，坚持和完善基本经济制度，加快完善现代市场体系、宏观调控体系、开放型经济体系，加快转变经济发展方式，加快建设创新型国家，推动经济更有效率、更加公平、更可持续发展"。见《中共中央关于全面深化改革若干重大问题的决定》(2013年11月12日中国共产党第十八届中央委员会第三次全体会议通过)，人民出版社，2013年11月。

的"[1]。查尔斯·泰勒认为，与传统政治社会不同，市民社会"与国家相对，并部分独立于国家。它包括了那些不能与国家相混淆或者不能为国家所淹没的社会生活领域"[2]。按照邓正来的理解，市民社会的兴起与20世纪形形色色的"国家主义"密切相关，在现实中表现为国家以不同的方式、从不同的维度向市民社会渗透，即所谓"国家干预"。市民社会研究的兴起，正是对之作出的理论回应，其目的在于通过市民社会的建构，来塑造国家与社会间的良性互动关系。

在中国特殊的历史背景与社会现实下，建构中国的市民社会，"是指社会成员按照契约性规则，以自愿为前提和以自治为基础进行经济活动、社会活动的私域，以及进行议政参政活动的非官方公域"[3]。但这却并非易事，因为必须面对中国特殊的社会背景。自1949年以来，面对复杂的国际局势，中国曾采取了"一边倒"的政治决策，仿效苏联逐渐形成了高度集中的政经体制，不可避免地导致了国家与社会高度一体化的局面。这种政经体制牺牲了社会本应具有的独立性。在经济方面，中国当时通过行政化手段在农村实行集体化经营，对工商业进行社会主义改造，使所有经济资源都掌握于行政计划之下。在政治方面，中国

---

[1] 邓正来、亚历山大编：《国家与市民社会：一种社会理论的研究路径》，中央编译出版社，1999年，第6页。

[2] Charles Taylor, Models of Civil Society, Public Culture, 1991, 3(1): 95—118。

[3] 邓正来主编：《国家与市民社会：中国视角》，上海人民出版社，2011年，第8页。

稍后以阶级斗争为主线，通过政治挂帅与宣传教育、"斗私批修"等方式，开展大规模群众动员，使社会生活高度政治化与组织化。邓正来认为，"这种国家与社会高度一体化的体制，不仅使社会丧失了应有的独立地位，阻碍了经济的迅速发展，也使国家膨胀变形，既影响了其自身应有功能的发挥，也使民主政治无法迈进"①。因此，改革开放之初邓小平在中央政治局扩大会议上指出，政治改革的形势如此之严峻，原因在于中央权力过分集中，个人权力过分集中。他强调在生产资料私有制基本完成社会主义改造后，与过去相比，党的中心任务已变成大力开展社会主义现代化建设。但过分集中之权力却阻碍社会主义现代化的建设发展。邓小平同时强调，"文化大革命"的爆发与此极为相关，使得中国在发展道路上付出了沉重代价。因此，中国必须改革高度集中的政治经济体制，其核心即在于处理好集权与分权的关系问题②。

由此可见，无论是国家政治层面，还是社会经济层面，都强烈要求建构当代的市民社会，使社会与国家能够形成一种良性的双向互动与平衡制约。而早在新中国成立前，梁漱溟为了实现中国的现代化与和平建国之理想，就一直守定社会立场，致力于自下而上的社会运动，其一直努力实现的社会蓝图，可说是市民社会的理论雏形。当然，梁漱溟在其所处的近代中国要建构自下而

---

① 邓正来主编：《国家与市民社会：中国视角》，第11页。
② 邓小平：《党和国家领导制度的改革》，载《邓小平文选（1975—1982年）》，人民出版社，1983年。

上的市民社会,可谓非常不合时宜地逆时代潮流而动。原因在于,自晚清以来老衰的帝国不断遭到西方侵辱,割地赔款,民生凋敝。面对内外交困的国家危机,有识之士受西洋国家主义、民族主义话语影响,力主效法西洋,扩张国家机器,建构强大的民族国家①。但实际上,近代中国却只是一个具有强国家主义话语的弱国家政权,按照汉学家杜赞奇的分析,即是"国家弱,国家主义的话语强"②。由此,杜赞奇认为:"扩张的国家机器在现代化的过程中排斥、消灭了自治的社会创造性,与此同时,它也未能达到实现现代化社会的目标,因为它没有办法动员起一个生机勃勃的社会的能量和资源。但是,完全可以说,不是建国计划本身,恰好相反,是缺少了一个强大的国家来为市民社会提供法律保障,才促成了排斥地方社会创造性的后果。"③

在国家主义话语如此强,而实力又如此弱的近代中国事实面前,梁漱溟并未被慷慨激昂的政治热情左右,而是坚定地选择了通过自下而上的社会运动来"造社会"。在经过"西化"思潮的短暂影响后,他便确定了以自下而上的社会运动(包含通过乡村建设与政党活动等),作为其致力于实现市民社会的具体内容与

---

① 费孝通曾指出民国时期为加强权力渗透,控制基层社会而推行保甲制之弊端,"地方社区已经变为政治体系中的死胡同。……保甲体系不仅破坏了传统的社区组织,而且也阻碍了提高人民的生活。它已经摧毁了传统政治体系的安全阀。……通过保甲体系,一个权力更加集中的行政当局的确是实现了,但也仅仅实现了形式上的更高效率。因为当底部有一个僵局时,命令实际上得不到执行"。见费孝通《中国绅士》,中国社会科学出版社,2006年,第56页。
② 杜赞奇:《从民族国家拯救历史》,江苏人民出版社,2010年,第165页。
③ 同上,第164页。

实践方向。其之所以如此坚定,实与他所认识的"老中国"关系极为密切。他赞同奥本海默关于"与国家观念相对立的社会观念,最初于洛克见之;从此以来,此种对立愈益确定"的观点①。在西方,国家与社会基本上成对立之势。在新兴发展阶级看来,其代表着社会的进步势力,并与国家相对,进而反对当前的现政权:

> 他们观念中共同之处,便是同认"国家"起源于侵犯自然法而存续下来的特权集体;"社会"方为顺乎自然法的人道结合型。他们盖认同"国家"为魔鬼之城(Civitas Diaboli),而"社会"则为上帝之城(Civitas Dei)。他们所不同者:前者宣称资本主义社会便是自然法过程之结果;后者却谓这过程尚未到达其目的,必待社会主义社会出现乃是。大约在西欧,都是这样观念。②

---

①查尔斯·泰勒认为,关于市民社会与政治社会相对立的观点主要有两种:在洛克学派看来,社会先于国家,"在所有政治社会出现之前,人类就形成了一种共同体,这些共同体是根据他们所必须遵守的自然法而形成的,而这种自然法则出自上帝的命令。换言之,我们是通过享受天赋权利而结成共同体的"。而在孟德斯鸠学派看来,社会与国家并存,"社会并非在其政治组织之外予以界定的,相反,一个自由社会总是和一定的政治构成相符合的"。"社会是根据其政治组织来界定的,但是这种界定依照国家架构则是多种多样的,因此需要在各个独立的力量之间分配权力。"见Charles Taylor, Models of Civil Society, Public Culture, 1991, 3(1): 95—118。

②梁漱溟:《中国文化要义》,载《梁漱溟全集》第3卷,第165—166页。

与西方社会恰相反,梁漱溟认为中国自周孔教化以来封建解体,阶级便消纳于伦理,国家则隐没于社会。"三千年来我们一贯精神是向着社会走,不是向着国家走。向着国家走,即为一种逆转。……假如不是近百年突破卷入国际竞争漩涡,被迫向着国家走,我们或仍抱天下意识如故,从乎其两千年所以为治者如故。"①传统中国即是融国家于社会,是社会而非国家。在他看来,国家为阶级统治之工具,有着强烈的对抗性色彩,但社会却没有,中国的天下观念即产生于此。在中国人之心目中,近则为身家,远而为天下,介乎身家与天下间之团体或国家模糊不清,若有若无。因此,他认为"中国社会的重心,向来在社会而不在政治"②。传统中国政治历来消极无为没有力量,社会生活并非依赖于政治维持,近代以来由于受西洋国家主义、民族主义话语之影响,"有人因希望政治积极有力量,就羡慕极权国家(苏联、德、意);此无异欲移重心于政治上,徒见其为妄想而已"③。当然,他并非反对中国未来发展为一强大之国家,其一生亦在为此积极努力。但依靠政治来建国在他看来是徒劳无功,努力之方向与其在政治,还不如"尽力于社会",这样反而能收其效于政治。在他看来,这是解决政治问题之关键,不但西洋如此,"而

---

①同上,第216页。

②梁漱溟:《答乡村建设批判》,载《梁漱溟全集》第2卷,第620页。

③同上。杜赞奇认为,作为儒家传统的笃信者,梁漱溟从封建观念出发,"把帝制时代的历史浪漫化,同时对儒家思想的信仰也给了这位务实的、基层的改革家一种独特的眼光,来审视这一不同的、由拓展话语控制权的现代国家对地方造成的严重破坏。"见杜赞奇《从民族国家拯救历史》,第163页。

重心素在社会如中国者为尤然",换言之,"今我们要解决政治问题,则只有反求于社会而不能乞灵于政治"。①

梁漱溟一再重申必须从中国特殊的社会形势出发,去发现解决中国问题之途径。基于对中国特殊社会形势之判断,他认为解决中国问题之关键,即是将西洋统一之法倒置过来。在西洋,求统一之法是"求统一于上","在此疆彼界隐然敌国的社会中,以一方强越势力压倒其余而统治之,尽管社会依然不免有其分野对立而国家却是统一的;这就是统一于上"②。西洋社会分于下而统一于上,由于宗教、种族、宗族、地域、阶级、职业等原因,在西洋社会此疆彼界隔阂甚多,要想社会稳定,必须求以一阶级为主体而统一于上,如英国的资产阶级或苏联的共产党等。但与西洋最大的不同,即中国社会分于上而统一于下。在上者为军阀间个人之争夺,整个大社会却融合不分,他把其称为"情感相通的一个大社会"③。这样"好处是不隔阂,短处是不团结"。西洋则与此相反,社会是分于下而统一于上,"好处是能团结,其短处是多隔阂"。由此,便决定了帝制崩溃后中国建国之路只能是由在下之社会开其端,"求统一于下",即在"形势散漫而情意颇若相通的社会中,发见其亲切实际的共同要求,从而联系之以

---

① 梁漱溟:《答乡村建设批判》,载《梁漱溟全集》第2卷,第621页。
② 梁漱溟:《我的努力与反省》,载《梁漱溟全集》第7卷,第1005页。
③ 如在内战时期,梁漱溟亲眼见到全国各省教育会的联合会还照常举行。"所以我可以说,把军阀政府除去外,中国国家原是统一的。不统一的只不过浮在上面而无根的所谓政府就是了。"见梁漱溟:《我的努力与反省》,载《梁漱溟全集》第7卷,第992页。

成一体,使一向浮在上面的分裂若有所归而势无可分,国家于是统一;这就是求统一于下"。①因此,在求得国家统一稳定的方案中,依据中国的特殊社会形势,梁漱溟深刻地阐释了其"求统一于下",自下而上造就市民社会的立场。他认为,以此造就出来的市民社会必须与政府分开,其"求统一于下"之原则即:

> 联合体或其任何组织都必须守定在野立场而不要直接当国秉政。须知统一于下所不同于统一于上的,就在使社会始终保持于一个立场上。要使社会保持于一个立场而不分,那就必须把政府与社会分开。②

如果二者不分,社会不能独立于政府,那就破坏了"求统一于下"的原则,其结果便只能是社会自身之解体。故乡村建设运动或其他团体组织当其在野且向下扎根,"把散漫社会打通一气,可使政府为之低首;一旦自己登台,却将失脱社会根基,并陷自身于纠纷,亦就失去一切作用,而葬送了革命前途"③。因此,他

---

① 梁漱溟:《我的努力与反省》,载《梁漱溟全集》第7卷,第1005页。
② 同上,第1008页。艾恺认为,在此点上毛泽东与梁漱溟是基本一致的,"虽然梁漱溟对中国当代危机这种非政治性解决也许显得与毛泽东的革命有着根本的不同,但社会和政权相分离这个论题却构成了毛泽东大部分思想的基础。毛泽东也意识到夺取政权并非是最后的解决办法。的确,依靠群众、厌恶官僚政治中的命令主义以及对国民党的墨守成规甚至固守旧习的疑虑,这些是毛泽东思想的重要方面"。见艾恺《最后的儒家:梁漱溟与中国现代化的两难》,王宗昱译,江苏人民出版社,2011年,第149页。
③ 梁漱溟:《我的努力与反省》,载《梁漱溟全集》第7卷,第1008页。

认为，在西洋社会"国家统一则社会粗安"，在中国则恰相反，"社会统一则国家粗安"。①要把散漫而无组织的中国社会培养为一有组织的市民社会，必须着力于以下三方面：一要使社会从散漫渐达于联系，从矛盾转向协调；二要使社会有其正面积极之共同要求；三要培育社会，使其有力量。其中，他认为正面积极的共同要求最为重要，这是中国达于统一稳定之道。从辛亥革命、讨袁帝制、北伐战争以来，整个大社会都有形见于外的共同要求，但这些要求都是消极负面的推翻旧王朝与除掉旧军阀，而没有积极正面之要求。等到王朝推翻，军阀打倒，则社会复又失去联系之纽带，而归于散漫，统一便难以维持。正如胡适所言，近代以来之中国，反清革命、反帝护法、打倒列强乃至最近之抗战救国等宣传口号，都只为一时之热闹而已。换言之，它们并不能统一此分裂之国家，团结此对抗之政党。"近年也有人时时提到一个共同信仰的必要，但是在这个老于世故的民族里，什么口号都看得破，什么魔力都魔不动。"②

因此，在梁漱溟看来，乡村运动即能抓住社会人心的共同要求，其"继承了两度革命的思潮，而正好为具体的要求，积极建设的运动。……这样将永远站在社会立场，巩固社会的统一，而后政治上的统一乃能树立而维持"③。"从四下里往一个中心点去

---

① 梁漱溟：《答乡村建设批判》，载《梁漱溟全集》第2卷，第618页。
② 胡适：《再论建国与专制》，载智效民编《民主还是独裁》，广东人民出版社，2010年，第25页。
③ 梁漱溟：《答乡村建设批判》，载《梁漱溟全集》第2卷，第632页。

归拢，而形成一个潮流势力。这是散漫社会在刡囵整个问题下唯一可能有的转变；……乡村运动会要形成一个代表中国大社会的力量。"① 同时，以乡村建设为代表的社会运动与政府必须保持距离，通过培育社会运动，渐使此市民社会力量增加，进而使社会统一稳定。最后便由此自下而上的社会文化运动来完成建国任务，到那时国家与社会又达于新的统一。"那时的中国，名之为国家可也，不名之为国家亦可也。人类历史在今日以前，国家与社会分而为二；在今日以后，国家与社会将合而为一。好像社会生长发育，国家自然没有了；名为社会尚属合适，名为国家不甚相符。一切国家均将如此，而中国独先成功。"② 梁漱溟一生可谓都关注着"社会"，正如在新中国成立初他自己所言的那样，"抗战前多致力于在下之社会"，"在开战后说我虽多为团结统一（上面）奔走，而用意恰在下面（民众总动员）"，"这一下一上的两面，相资为用，缺一不可"。③ 因此，梁漱溟新中国成立前致力于在近代中国造就强大的社会力量，试图以此来完成建国，进而实现现代化。其通过自下而上的社会文化运动造就并培育市民社会之思想，无论从国家政治层面，还是从社会生活层面，都对建构当代中国的市民社会有着十分重要的理论借鉴意义。

不止于此，就深入推进当代中国社会、政治与经济改革而言，梁漱溟社会政治思想中还有很多方面值得深入挖掘与研究。

---

① 梁漱溟：《乡村建设理论》，载《梁漱溟全集》第2卷，第584页。
② 梁漱溟：《中国之地方自治问题》，载《梁漱溟全集》第5卷，第346页。
③ 梁漱溟：《我的努力与反省》，载《梁漱溟全集》第7卷，第972页。

例如，他一再强调中国社会是以乡村为重心，而城市只可为中心。近代中国之所以危机日甚、社会崩解，在他看来，原因即是盲目效法西洋，把城市不仅变为中心亦为重心了：

> 现在的社会，都市不但是中心，而且是重心；以都市为重心就完全错误了！重心本应普遍安放，不可在一处；中心可以集中于一点，可以在一处。若重心在一处，则非常危险！……此刻的社会构造，即重心在一处——置重心于都市，这是顶不平稳的一种构造。①

当然，他并非反对城市化，而是以乡村为重心，从乡村入手培养农民的团体意识与科学技术，通过农村机械化与农业现代化，促进工业现代化，这样便"着意于本，则自然有末；乡村越发达，都市也越发达"②。这对于20世纪80年代中国江浙地区兴起的乡镇企业③、当代中国的社会主义新农村建设与新型城镇化建设都有着极其重要的理论借鉴意义。再如，当代中国乡村社会所效法的西洋式程序民主实践，推行试点的时间不可谓不久，但乡

---

① 梁漱溟：《乡村建设理论》，载《梁漱溟全集》第2卷，第317页。
② 同上，第318页。
③ 20世纪80年代以来，中国乡镇企业迅速发展，对充分利用乡村地区的自然及社会经济资源、向生产的深度和广度进军，对促进乡村经济繁荣和人们物质文化生活水平的提高，改变单一的产业结构，吸收数量众多的乡村剩余劳动力，以及改善工业布局、逐步缩小城乡差别和工农差别，建立新型的城乡关系均具有重要意义。乡镇企业已成为中国农民脱贫致富的必由之路，也是国民经济的一个重要支柱。

村基层民主选举的情况却普遍不容乐观。村民的表现依旧如当年梁漱溟乡村建设时期那样毫无政治热情，对政治事务相对冷漠，不能组织协商集体大事。其问题正在于，梁漱溟当年所考虑的那种西洋程序式民主与传统乡土社会之间的悖论式关系，并未从根本上得到恰当解决。乡土社会本极像一大家庭，极为和睦。在村中设立监督等机构粗暴对待乡民，则完全是为了解决当前的问题，而少了"彼此爱惜相劝向上之意"。这极易使乡民感情受到伤害，在乡村中造成彼此分离对抗的局面，这无异于开了乡村捣乱之路。因此，重新审视梁漱溟关于乡土社会须以改造传统乡约为基础、以理性求团体组织的乡村建设的思考，对于国家目前提倡的大力弘扬优秀传统文化，建设新乡贤社会，实施乡村振兴战略，具有十分重要的理论与实践意义。

同时，梁漱溟还认为，在中国求组织与求民主断不可分割，民治须建立于组织基础之上，"引进团体生活为政治改造之大本者，亦为经济改造之大本，亦同为文化改造之大本；一贯到底，一了百当"[1]。他关于中国民治须建基于团体组织上的思考，对于理解当今中国民主问题依然具有十分重要的理论借鉴意义。正如有学者所言，失却了乡村的农民与失去了职业的工人一样，其在政治上的主体地位没有团体组织予以保障，其攫取民主的可能性微乎其微[2]。因此，解决当代中国工农的政治经济民主问题，

---

[1] 梁漱溟：《中国建国之路》，载《梁漱溟全集》第3卷，第348页。
[2] 吕新雨：《国家政权与乡村建设》，《人民论坛·学术前沿》2013年2月。

重建其新团体组织至为关键①。与此同时,梁漱溟晚年在经历了十年"文革"的切身体验后,呼吁共产党"前事不忘,后事之师",要加强集体领导、发扬民主与健全法治,要真正在体制上确保人民当家作主,实现重大决策的民主化与科学化。"无一定的政治体制上的保障,则决策民主化、科学化之能否实行便又成了问题。所以中共在提出经济体制改革之后,又提出了进行政治体制改革之举。"②他强调要真正实现人民民主或称之为社会主义民主实非易事,"特别在中国,由于历史文化背景的不同,诸如传统思想、习惯势力之羁绊和经济条件之限制等原因,其实现人民民主的进程将必然是长时期而不能是一蹴而就的"③。由此,如从梁漱溟的视角观之,要想顺利推进当代中国民主政治的建设与发展,必须通盘考虑历史传统、社会结构、思想习惯、经济条件等一系列复杂因素。

结语:中华文化因社会主义而复兴

1987年在中国现代哲学史研究会成立大会上,梁漱溟发表了最后一次公开演讲,对其一生做了自我总结:"我不喜欢哲学,我喜欢从事救国运动。……我一生的实践,都是搞事功。"④而在

---

① 同上。
② 江东林:《梁漱溟问答录》,湖北人民出版社,2004年,第319页。
③ 同上。
④ 范鹏等:《"与哲学无缘"的哲学家》,《人民日报》,1988年7月9日第2版。

"文革"批林批孔的疯狂时期,在给朋友的一篇答谢词中,其独立人格展现得淋漓尽致:"一生中许多事情是独自创发,不是步人后尘。……总之,我的一生,是主动的一生。"①一位台湾记者采访晚年梁漱溟时,问他"有什么话要交代的?"他答道要"尊重传统文化,顺应世界潮流"。这言简意赅之文,道出他对中国道路的深刻思考②。在人生暮年,他强烈呼吁:

> 中国的近百年历史证明,"全盘西化"不合中国的国情,其实质是一笔勾销中国传统文化之特征作用于中华民族昨天和今天的事实,自然是行不通的。即便是建设社会主义,也得标出"中国特色",才能在中国生根开花,这主张是很英明,很合中国传统文化的。③

---

① 梁漱溟:《敬答一切爱护我的朋友,我将这样地参加批孔运动》,载《梁漱溟全集》第7卷,第320页。

② 梁漱溟一生对传统文化都可谓十分尊重,并不认为传统文化与现代化对立而不兼容。正如余英时所评价的那样:"我不承认一切儒家价值都和现代文化处于势不两立的地位,相反的,我认为儒学的合理内核可以为中国的现代转化提供重要的精神动力。"见余英时《现代儒学的回顾与展望》,生活·读书·新知三联书店,2004年,第263页。那么,何为梁漱溟所谓的"世界潮流"?在梁漱溟心目中,民主、法治、平等、自由等即是世界潮流。梁漱溟之所以在晚年高呼在尊重传统文化的前提下顺应世界潮流,与其在晚年亲身经历"文化大革命"密切相关。"中国的历史发展到今天,人治的办法恐怕已经到了尽头。像毛主席这样具有崇高威望的领导人现在没有了,……'文革'十年血的教训,对人治之害有着切身的体验,……今后要逐渐依靠宪法和法律的权威,以法治国,这是历史发展的趋势,中国前途的所在,是任何人所阻挡不了的。"见汪东林《梁漱溟问答录》,第298页。

③ 汪东林:《梁漱溟问答录》,第327页。

中国共产党建政后，社会主义建设事业蓬勃展开，社会主义道路已然步入正轨。这使梁漱溟百思不得其解，他试着回答这样一个问题："在社会发展史上担负着为人类开出共产社会前途这一使命的，是在资本主义大工业发达下的无产阶级身上；却为什么今天看起来，完成这伟大使命的倒难指望于那些资本主义工业先进国的无产阶级，而偏偏将在中国这个资本主义工业夙称落后，其无产阶级出现既晚，亦且不够强大的古老社会竟尔率先有所成就，并担负起世界革命先导的责任呢？"[1]自信满满的他对解决中国问题之方自不会轻信于人[2]。他一再重申必须从中国特殊社会形势里，去求索解决中国问题之途径。他认为国共两党都昧于此，"只有我从历史文化认出了中国革命唯一正确之路"[3]。

直至新中国成立，梁漱溟对于中国共产党所走之路仍有些信不及，不相信中国就此统一稳定。当毛泽东力邀其参加政府时，他果断地表态应站在政府外边，还想为各方"主持公道"。对他而言，这有其心理根源。自清廷崩溃以来，中国时局混乱不堪，日趋崩溃，向下沉沦，列强肆意欺凌，军阀搜刮无度。他对中国

---

[1] 梁漱溟：《中国——理性之国》，载《梁漱溟全集》第4卷，第201页。
[2] 新中国成立前夕，梁漱溟曾言："然一旦于老中国有认识后，则于近几十年中国所有纷扰不休者，将必恍然有悟，灼然有见；而其今后政治上如何是路，如何不是路，亦遂有可得而言者。吾是以将继此而请教于读者。"见梁漱溟《中国文化要义》，载《梁漱溟全集》第3卷，第7页。可见梁漱溟信心满满，认为中共胜利后如何建国，他所认识的老中国必为重要参考。
[3] 梁漱溟：《我的努力与反省》，载《梁漱溟全集》第7卷，第1009页。

实现统一安定极度渴求,但近现代中国历史却告诉他,短暂统一并非难事,长期稳定却甚难。并且,他也担心国民党是否会卷土重来,但这些疑虑只能存之于心。"到今天,共产党这条路算是大有成功希望,而我所设想者似乎已经证明是不对。但是否当真如此呢?一个真正用过心来的人,是不能随便就承认,随便就否认的。"①他仍坚持自己一向所走的路线,但经先后两次到地方参观,其态度大为转变:"当全国解放之初,我还对于前途的统一稳定有些信不及。此次到西南参加土地改革,在下面看了看,才知道高高在上的北京政府竟是在四远角落的农民身上牢牢建筑起来;每一个农民便是一块基石。若问似这般鬼斧神工从何而致?还不是说破唇皮的四个大字:阶级斗争!"②"自到京那一天,直到现在,我都在观察、体会、领略这开国气象。……亲眼看见许多新气象,使我不由暗自点头承认:这确是一新中国的开始!"③他不得不承认:"今天我的路没走通,而共产党的救国建国运动却有成效见于世。"最终,他悟得自己与中国共产党在建国问题上之差异,并慨叹自己识见不够。"恍然自悟所提出的问题虽没错,而把解决问题之道却看错了。中国共产党自始不理这问题,但它却不知不觉竟然走对了路。"④在他看来,中国共产党成功之关键在于把大量非无产阶级,通过激烈的阶级斗争锻炼改造得相当无

---

① 梁漱溟:《中国建国之路》,载《梁漱溟全集》第3卷,第319页。
② 梁漱溟:《两年来我有了哪些转变?》,载《梁漱溟全集》第6卷,第881页。
③ 梁漱溟:《国庆日的一篇老实话》,载《梁漱溟全集》第6卷,第855页。
④ 梁漱溟:《中国建国之路》,载《梁漱溟全集》第3卷,第383—384页。

产阶级化。无产阶级本因高度发达的资本主义工业而起,是对资本主义的一种现实抗争。而在中国,由于近代以来复杂的内外因素,资本主义未能充分发展,资产阶级未得独立,更何谈作为阶级的无产者。故要于中国实现一般意义上以无产阶级为主导的社会主义革命实非可能。但恰在于此,经过艰苦卓绝的革命斗争,中国共产党成功地完成了无产阶级革命,建立了一个无产阶级专政的人民共和国。问题的关键即在于中国共产党何以能实现人的无产阶级化?

通过深入思索,梁漱溟认为共产党成功地把无产阶级精神与中国传统文化中仁义理念进行了很好的结合,这甚为重要。他认为与西洋理性"发乎此身,仍归落乎身"不同,无产阶级精神与中国传统文化固有的民族精神都是"身为心用,以身从心",其在本质上相通而并不隔阂。"无产阶级精神视我传统习俗为高,学他则精神向上提振,同时它又和我固有精神初不相远,中国人很容易学得来,无产阶级革命在中国之能够取得如此成就实与此有莫大关系。"[1]作为世界形势影响下形成的中国无产阶级政党,共产党的社会基础即工人阶级力量甚为薄弱("有形的好条件")。革命要成功就须充分发挥无产阶级的革命精神(无产阶级精神在西方乃是从客观形势的阶级对抗中逼迫而出,从斗争中得以锻炼,可谓自外而内)。显然,共产党于此并无优势,却充分利用发挥了传统文化自内而外的仁义精神("无形的好条

---

[1] 梁漱溟:《中国——理性之国》,载《梁漱溟全集》第4卷,第340页。

件"），锻造了其舍生忘死的无产阶级革命精神，透出了人心的无私与伟大。共产党"不论在革命战争时期，在建设社会主义时期，总处在严重缺乏现实有形的有利条件的极其艰苦情况中；却依靠于人，依靠于人的思想革命化，卒能以其精神之优越抵补其物质条件之短绌，取得一个胜利又一个胜利。此其力量之发乎心而非本乎身也，岂不如白日之昭昭乎？""理性早启的中国人既一向偏乎仁用，其能以接近无产阶级精神者亦唯在仁之一面耳。人与人之间通而不隔之心为仁。无产阶级革命要解放全人类，一本乎此通而不隔之心，其一切活动都是身为心用。我民族固有精神同样地出自此通而不隔之心，故不难企及之。"① "共产党所说无产阶级那种精神或心理，却正是中国人所早成为好尚的东西——仁与义。"② 共产党对外虽以无产阶级精神名义相号召，与仁义精神在格调上不免有异，但"大体说共产党的号召和表现，对于中国人确还是投其所好"③。因此，共产党建国成功之关键，即是以人的无产阶级化为基础，把中国文化中的仁义传统与无产阶级精神进行了互融。"世界唯独中国有些大量非无产阶级的人被改造得无产阶级化，则是有老中国社会为其根柢，并非一时间偶然奇遇。"④

20世纪20年代，在其《东西文化及其哲学》一书中，梁漱

---

① 同上，第344—345页。
② 梁漱溟：《中国建国之路》，载《梁漱溟全集》第3卷，第404页。
③ 同上，第405页。
④ 梁漱溟：《中国——理性之国》，载《梁漱溟全集》第4卷，第309页。

溟就曾断言，世界最近未来文化将是古中国文化之复兴。但那时他并未料到中国共产党在革命建政后会有如此快速的发展之势，亦未深入研究社会主义作为一种思潮之为何物，更未能了解无产阶级精神的伟大力量。但新中国成立后，他在认识上便发生了转向，认为中国文化"可因未来的社会主义（共产）社会而得复兴"①。此时，其立论根据何在？他认为资产阶级的思想是以个人本位为主，源于人之身体，"凡意识狭小各顾本位者，纵使不囿止个人身上，亦皆源于身体，终将汇归资产阶级的思想体系，没有例外"②。相反，社会主义的思想则是发乎伟大的人心，而共产党特别著见于人心，"在集团所由形成上，一般本乎身，而共产党则本乎心"③。资本主义社会之本质特征是"心为身用"，以心从身的个人本位社会；而社会主义社会则是"身为心用"，以身从心的社会本位社会。同时，中国文化即是一种"心为身主，以身从心"之文化。由此，社会主义与中国传统文化便可相接续，共同发展，一荣俱荣。在他看来，世界文化潮流发展之大势必是从以身为主的资本主义个人本位，发展为以心为主的社会主义社会本位，而以心为主的中国传统文化将能与此世界发展潮流相融合。因此，梁漱溟认为国人不应盲目追寻西洋个人本位主义道路，而必须在世界发展潮流中建构中国社会本位主义道路，"要中国人学走近代西方个人权利本位的立国之道，这于其几千年伦

---

① 同上，第218页。
② 同上，第239页。
③ 同上，第269页。

理义务本位的社会人生,恰为前后全不接气的文章。倒是迈越乎此,而向上提高直接为人类社会未来文化辟造新局,方有自己的出路"①。这全新的中国道路,既符合世界文化发展之潮流——社会主义,又有中国传统文化为支撑——心为身主,"正为它有此老根柢(中国文化)为凭借,今天就表现出震惊一世的局面"②。这即是中国共产党所领导开辟的中国特色社会主义道路。

就理论而言,他对中西社会结构的认识过于笼统,对中西文化精神的理解过于片面;就现实而言,他一生的社会政治实践多数尽归失败,但这并不足以否认其一生对中国道路(中国向何处去)独立思考的价值与意义。正如台湾学者王远义所言:"梁漱溟一生的著论,在理论上,对西方外来民主与法治的关照与考量,确属片面且不周延;然而,对于古老的大传统、外来新近的思想、中国的现代化和现代性之模式三者间,梁氏一贯地、不懈地将它们相互间的关连和关系,不仅作出了原创性的研究与解释,也提出、提醒在谋求中国问题的现代解决时,此三大问题之互动、综合与转化的必要性和重要性。……梁氏以他的经验与著作,试图指出中国人的历史命运与出路何处,也同时告知西方人他们所不知或所不欲知的历史。"③梁漱溟一生之底色都是"中国

---

① 同上,第483页。
② 同上,第306页。
③ 王远义:《儒学与马克思主义——析论梁漱溟的历史观》,载杨贞德主编《当代儒学与西方文化:历史篇》,台北"中研院"中国文哲研究所,2004年,第165—166页。

式的",始终以传统士人自居①,试图以儒家内圣外王之道,来拯救生于斯、长于斯的华夏文明。从救国到建国,他终其一生都在为"中国向何处去"独立思考。"毫不夸张地说,对于实践儒的内圣外王理想——从其个人道德到社会理想,梁漱溟是近代中国知识分子中最认真、最执着、最彻底的一个。"②也许中国面临的诸多问题注定了其现代化之路的复杂与坎坷,但梁漱溟心中常怀抱着两句话,"从深处探索中国问题,向远处谋划中国出路"③。他一生的思考与实践皆是围绕中国道路展开,而这亦正是我们在当下重新审视现代政治思想史中的梁漱溟之意义所在。

---

①新中国成立后梁漱溟检讨自己立场时说:"究竟我是什么立场呢?可以回答说,这是中国传统文化中所谓士人的立场。"见梁漱溟《检讨我的立场、观点和过去一切行事》,载《梁漱溟全集》第6卷,第1031页。余英时较为深刻阐释了士人立场:他们的议论当然都是本于自己所持之"道"。由于他们的"道"具有历史性与人间性(特别是政治性)的特色,他们的议论从来就不是一般性的,而具体地表现为"言治乱""议政事"或"论国事"。见余英时《士与中国文化》,上海人民出版社,2003年,第39页。

②许纪霖:《最后一个儒家》,载《大时代中的知识人》,中华书局,2007年,第63页。

③梁漱溟:《开场的话》,载《梁漱溟全集》第6卷,第120页。

第5章

中国道路的方法论

《毛泽东选集》卷首开宗明义:"革命党是群众的向导,在革命中未有革命党领错了路而革命不失败的。"[①]道路问题是关系中国特色社会主义事业兴衰成败第一位的问题,道路就是生命。数千年来,中华民族走着一条不同于其他国家和民族的文明发展道路。我们开辟的中国特色社会主义道路并非偶然,是由我国历史传承和文化传统决定的。独特的文化传统、历史命运、基本国情,注定了我们必然要走适合自己特色的发展道路,这即是中国道路。

日本思想史学者沟口雄三写过一本影响较大的著作《作为方法的中国》,核心观点是实现中国研究方法论的转变,即"以世界为方法"转变为"以中国为方法",打破原来以为理所当然的

[①] 毛泽东:《中国社会各阶级的分析》,载《毛泽东选集》第1卷,第3页。

以西方为方法的旧世界范式，重构有中国原理参与的多元化的新世界图景。"把中国作为方法，就是要迈向原理的创造——同时也是世界本身的创造。"①的确，"以世界为方法"来研究中国，此世界并非普遍的观念世界，而是以西方为标准的具体世界，世界即西方。以西方为方法的中国研究，中国只是在西方标准前努力证明自身的合法性，以洋为尊，唯洋是从，中国缺乏主体性，没有自身的价值与尺度，那些本来超越西方原理而在中国历史发展脉络中属于中国"经验"的原理，就不可能被当成原理而得到真正重视，只能按西方标准先分解而后再组装，甚至弃之不顾。"以中国为方法"的潜在优势在于，结束以西方一元标准衡量世界（包括中国）之时代，把中国原理特殊化的同时亦把西方原理特殊化，由先后的纵向原理向并列的横向原理转换，在多元性原

---

① 沟口雄三：《作为方法的中国》，生活·读书·新知三联书店，2011年，第133页。美国历史学家柯文亦提出以中国为中心的中国中心观，在其代表作《在中国发现历史——中国中心观在美国的兴起》中首先批评了三种以西方为中心的中国研究范式：冲击—回应模式（impact-response model），传统—近代模式（tradition-modernity model），帝国主义模式（imperialism model）。明确提出"中国中心观"："从中国而不是从西方着手来研究中国历史，并尽量采取内部的（即中国的）而不是外部的（即西方的）准绳来决定中国历史中哪些现象具有历史重要性。"见柯文《在中国发现历史——中国中心观在美国的兴起》，中华书局，2002年，第201页。由此希望能摆脱中国研究的西方中心主义范式，而更多以中国历史脉动中的内在视角去研究中国问题，以中国为中心。本章写作过程中，偶然读到曹锦清教授《当代中国要摆脱西方中心观念》，曹老师认为中国近代以来历经了"三步曲"：以中国为方法，到以西方为方法，重建以中国为方法。虽然本章与它在具体论证方式上各有不同，但在方法论方面得到印证，颇受启发与鼓舞，在此表示感谢。见曹锦清《当代中国要摆脱西方中心观念》，《世界社会主义研究》2017年第2期。

理基础上创造新世界图景。

作为一个具有数千年历史的文明大国,在面对近代以来就一直处于强势咄咄逼人的西方时,中国必须不卑不亢从容自信,重塑中国之主体性,提供中国自身的一套方法论范式,以此丰富人类原理的创造,实现有中国原理参与的世界文明图景之更新。本章即试图尝试基于中国历史自身的发展脉络,以中国的价值和尺度即中国道路中所展现的原理为标准,来重塑中国之主体性,构建中国道路的方法论。

一、战前的自信:以中国为中心、以中国为方法

"坚持道路自信、理论自信、制度自信,最根本的还有一个文化自信。中华民族历来对自己的文化有着强烈的认同感和自豪感,只是到了近代沦为殖民地半殖民地时,文化自信、国民自信受到极大损伤。"[1]的确,正如习近平所言,在鸦片战争遭遇西洋列强的坚船利炮以前,中华民族素有文化自信的气度,中华民族亦留下无数不朽之作品,从诗经、楚辞、汉赋,到唐诗、宋词、元曲、明清小说,等等,共同铸就了恢宏灿烂的中华文明。无论是汉末魏晋的佛教东传,还是明清时期的西学东渐,战前的中国从容大度海纳百川,素来以我为主,主体意识从未动摇,以中国为中心,以中国为方法。

---

[1]《习近平的"第四个自信"》,人民网,http://cpc.people.com.cn/pinglun/big5/n/2014/1226/c64094-26280109.html。

自古以来，中华文明都是独自创生，自成体系，源远流长，绵延不绝，主体性与主体意识甚强。中华文化传统中的夷夏观念，如《春秋·公羊传》所言："内其国而外诸夏，内诸夏而外夷狄。王者欲一乎天下，曷为以外内之辞言之？言自近者始也。"苏东坡亦有名篇《王者不治夷狄论》："夷狄不可以中国之治治也。譬若禽兽然，求其大治，必至于大乱。先王知其然，是故以不治治之。治之以不治者，乃所以深治之也。"①夷夏观念源于春秋战国，伴随着历史上夷夏势力之此消彼长，存在着两种特别的夷夏观：一种是华夏实力强盛处于攻势时，主张天下一家、以夏变夷；一种是华夏实力虚弱处于守势时，主张间隔夷夏，严夷夏之大防，防止以夷变夏。正如积贫积弱时代的北宋思想家石介在《中国论》中主张严夷夏大防，各不相乱："夫天处乎上，地处乎下，居天地之中者曰中国，居天地之偏者曰四夷。四夷外也，中国内也。天地为之平内外，所以限也。……各人其人，各俗其俗，各教其教，各礼其礼，各衣服其衣服，各居庐其居庐，四夷处四夷，中国处中国，各不相乱，如斯而已矣。则中国，中国也；四夷，四夷也。"②同时，亦须认识到中华文化中的夷夏观念

---

① 苏轼：《王者不治夷狄论》，载《苏轼文集》卷二，中华书局，1986年，第43页。
② 石介：《徂徕石先生文集·卷十》，中华书局，1984年，第116—117页。

并非种族之见,而是文野之别^①,只是一种文化上的等级秩序^②,并且夷夏并非绝对不变的等级界限,在文化升降过程中极富于弹性,正所谓"诸侯用夷礼则夷之,进于中国则中国之"[③]。究其本质而言,夷夏观念即是以中国为中心、以中国为方法的文明论。同时,在制度层面之落实,亦有以中国为中心的几乎覆盖亚洲全境的朝贡体系。之所以能形成这样以中国为中心的朝贡体系,原因在于中国地处东亚的中心地区,有其特殊分量,如经济实力、人口数量、疆域轮廓与政治制度、文明体系等,在前近代可谓无他国可敌,这是一种基本不依靠武力征服,而是以儒家天下一家的天下观念建构起来的和睦相处、互不干涉的早期国际关系体系。正如历史学家李伯重所言:"这种以中国为中心的国际关系体系是一种以互信、包容、合作、共赢为特点的国际关系。"[④]

---

① 有学者区别了古代中国的文野之别,和今日资本主义世界观中文野之别的本质差异:"古典的文野之辨,文明一方对于野蛮一方,除了要'怀柔远人'、'边境晏安'之外,基本别无所求,更恨不得以长城永久隔限其往来(中国和罗马帝国都修过长城)。而此时的文明一方对于野蛮一方,却要侵入、统治、剥夺。"见唐晓峰《地理大发现、文明论、国家疆域》,载刘禾主编《世界秩序与文明等级》,生活·读书·新知三联书店,2016年,第20页。

② 如北宋石介在《中国论》中对中国与四夷作出了明确区分:"夫中国者,君臣所自立也,礼乐所自作也,衣冠所自出也,冠婚祭祀所自用也,缞麻丧泣所自制也,果蔬菜茹所自殖也,稻麻黍稷所自有也。东方曰'夷',被发文身,有不火食者矣;南方曰'蛮',雕题交趾,有不火食者矣;西方曰'戎',被发衣皮,有不粒食者矣;北方曰'狄',衣毛穴居,有不粒食者矣。其俗皆自安也,相易则乱。"见石介《徂徕石先生文集·卷十》,中华书局,1984年,第116页。

③ 韩愈:《原道》,载曾国藩编纂:《经史百家杂抄》(上册),中华书局,2013年,第54页。

④ 李伯重:《火枪与账簿》,生活·读书·新知三联书店,2017年,第269页。

这种以中国为中心、以中国为方法的文明论,既富于中国主体性又极具开放包容性,即使如东汉末年以来的佛教东传,其势恢宏,但历经数百年到隋唐之际,便已经过以我为主之努力,化为中国化之禅宗,最后儒释道三教合流,为儒学的新形态——宋明理学的产生贡献了智慧。又如明末清初的西学东渐,西洋的数学、天文、历法、宗教、科学艺术等逐渐传入,中国彼时亦能从容不迫,自主自如地吸收西学之长。正如晚清维新人物容闳所言:"以西方之学术,灌输于中国,使中国日趋于文明富强之境","借西方文明之学术以改良东方之文化,必可使此老大帝国,一变而为少年新中国"。[①]虽然西洋文明已渐为士大夫所知晓,但彼时西学亦并未在坚船利炮掩护下对中学构成任何实质性挑战。

鸦片战争之前,中国历经康乾盛世积累了大量财富,按照英国经济学家安格斯·麦迪森《世界经济千年史》一书统计:"中国清代GDP(国内生产总值)曾长期占据世界第一宝座,1820年时占全球总量的33%(英国为5.2%)。"[②]但亦要清醒地知道,中国虽在早期世界经济总量中占有如此份额,这却是传统农业社会没有科技质量的GDP;英国的经济总量看似虽远不如中国,但经过了工业革命后,这是新型工业社会内含科技的高质量GDP。"由于'火药革命'所导致的'战争平等化',小国也开始敢于

---

① 容闳:《西学东渐记》,湖南人民出版社,1981年,第23、88页。
② 转引自纪双城等:《"清朝GDP第一"靠谱吗?》,《时代人物》2015年第1期。

挑战'天朝'的权威以及朝贡体系下的国际关系准则,甚至向'天朝'发动攻击。"[1]工业革命后,大国随意欺凌小国的冷兵器时代终结,军事科技实力崭露头角的小国亦可轻而易举击溃传统农业社会的大国,由此新的国际关系体系重构拉开序幕。因此,鸦片战争的确是"以中国为中心"的分水岭,无论是以佛教为代表的"异己文明",还是元、清为代表的少数民族强权,在征服中国的同时进入中国,在此过程中逐渐被中国化,中国则始终是不变的中心。正如列文森通过细致观察所得出的结论:"自1839年和鸦片战争之后,中国所受的耻辱完全是现代的。中国在此前也曾被外族击败过,但那并没有危及'她作为世界中心的地位'。没有人将中心移走,征服者只是移了进来,奉天承运,借用了中国的伟大。元(1206—1368年)时期的蒙古并不是世界的中心,同样,清(1644—1912年)时期的满洲也不是。中国是它们引以为傲的战利品,但中国仍然是世界的中心,即使(而且尤其)是对于那些最痛恨'蛮夷'的被征服者来说,情况也是如此。最后,痛恨和拒斥变成了融合和接受,野蛮的征服者的罪孽在中国化过程中(多多少少)被洗清。在这个转变的世界中,中国仍然是不变的中心,是中央之国。"鸦片战争后,情况却发生了质变,工业革命后与中国寻求贸易不畅的西方国家通过武装侵略改变了这样格局,侵略者不再被中国化,列文森继续言道:"中国可以被远程控制,现代欧洲人可以不必像满洲人那样被中

---

[1] 李伯重:《火枪与账簿》,第272页。

国同化。由于受落后技术所限,中国人不能将欧洲人带入自己的社会,也无法将他们赶走。新的发明铺就了通往地狱的道路,同时也铺成了民族复兴之路。"①1943年范文澜在延安《解放日报》亦曾刊文指出:"如果在鸦片战争以前,中国统治阶级一味吹嘘自己的所谓'融和性''统一性',已足使中国一亡再亡,那么,到了鸦片战争以后,中外的形势与以前更是完全不同了,外国侵略者的生产力高过于中国,中国已经再不能像从前那样,亡了国还去'融和'人家,而只能被人家所'融和'了,这时中国和中国文化的问题,更不是什么'融和性''统一性'的问题,而是老老实实、实事求是地推翻封建专制,发动人民力量,学习外来科学,实行内部改革,藉以救亡图存的问题了。不懂得或不承认这一点,曾造成近百年史无数次的大失败。当初满清统治者是不懂得这个道理,庞然自大,提出'天朝至上'的口号,企图

---

① 列文森:《革命与世界主义:中西舞台之间》,何吉贤译,《中国现代文学研究丛刊》2020年第4期。基辛格亦认为:"当异族君主赢得战争时,中国的官僚阶层会随之归顺,同时又游说征服者,他们刚刚征服的中国疆土幅员辽阔,文化独特,只能以中国人的方式、中国的语言和现有的中国官僚机构来统治。征服者一代代逐渐被同化到他们当初试图控制的秩序中。最终,他们的老家,即发动侵略的起始点,成了中国的一部分。征服者自己开始追求传统的中国国家利益——征服者反被征服。"但鸦片战争后,情况却与之截然相反,"有史以来,中国首次遭遇不再寻求取代中国朝廷,并称自己承天启命的'蛮夷'。他们提出一种全新的世界秩序观,从而取代以中国为中心的秩序(进行自由贸易而不是朝贡,向中国京城派驻外交使团),且首次采用一种不再让中国称其他国家的国君为'夷',不再要求他国效忠中国皇帝的外交制度"。见亨利·基辛格《论中国》,胡利平等译,中信出版集团,2015年,第18页、27页。

用封建文化与资本主义文化对抗,结果披靡溃败,国权残破。"①中国从天朝上国之中心被强行拉下马,逐渐走向解体成为西方之附庸,沦为半殖民地半封建社会。正如马克思、恩格斯所言:"资产阶级,由于一切生产工具的迅速改进,由于交通的极其便利,……它使未开化和半开化的国家从属于文明的国家,使农民的民族从属于资产阶级的民族,使东方从属于西方。"②丧失文化自信,文化自卑由此开端。正如陈独秀在《吾人最后之觉悟》中所言:"吾华国于亚洲之东,为世界古国之一,开化日久,环吾境者皆小蛮夷,闭户自大之局成,而一切学术政教,悉自为风气,不知其他。魏、晋以还,象教流入,朝野士夫,略开异见。然印土自己不振,且其说为出世之宗,故未能使华民根本丕变,资生事之所需也。其足使吾人生活状态变迁而日趋觉悟之途者,其欧化之输入乎?欧洲输入之文化,与吾华固有之文化,其根本性质极端相反。数百年来,吾国扰攘不安之象,其由此两种文化相触接相冲突者,盖十居八九。"③由此,伴随鸦片战争以来接连不断的战败,反躬自省者都把怀疑的目光投向传统,数千年来国人自信的天下主义、夷夏观念渐趋解体。面对文治武功兼具的西洋异己文明,随之而来便是国人百余年的文化悲情。

---

① 范文澜:《斥所谓中国文化的统一性》,载《范文澜全集》第十卷,河北教育出版社,2002年,第100—101页。
② 马克思、恩格斯:《共产党宣言》,人民出版社,1997年,第31—32页。
③ 陈独秀:《吾人最后之觉悟》,载《陈独秀著作选编》第1卷,上海人民出版社,2010年,第201页。

二、清末的觉醒：以中国为中心、以西方为方法

新中国建政前夕，毛泽东曾言："自从一八四〇年鸦片战争失败那时起，先进的中国人，经过千辛万苦，向西方国家寻找真理。洪秀全、康有为、严复和孙中山，代表了在中国共产党出世以前向西方寻找真理的一派人物。那时，求进步的中国人，只要是西方的新道理，什么书也看。向日本、英国、美国、法国、德国派遣留学生之多，达到了惊人的程度。国内废科举，兴学校，好像雨后春笋，努力学习西方。……要救国，只有维新，要维新，只有学外国。"[1] 先进的中国人，不是为了寻找真理而寻找真理，而是迫在眉睫的中国问题急需救国之良方。这里毛泽东特别强调的是向西方寻找真理的时间起点，即1840年鸦片战争之失败，那时救亡的需要迫切，才有了寻找真理之必要与可能，否则仍在迷梦之中的天朝上国更谈不上为救亡而寻找真理。

经过鸦片战争一役后，从前朦胧模糊的"泰西"，在中国人面前顿觉武装到了牙齿。自从列强以粗暴野蛮的方式强行叩开老衰帝国的大门开始，救亡图存便成了近现代中国社会政治运动百余年历程一以贯之的主题，面临的主要任务即是反帝与反封建。正如李零所言："中国革命，是为了救亡图存。……中国革命，不管是谁，不管他们的意识形态如何，所有人的愿望有共同指向，一是摆脱列强瓜分，二是结束四分五裂。先解决挨打，再

---

[1] 毛泽东：《论人民民主专政》，载《毛泽东选集》第4卷，第1469—1470页。

解决挨饿,其他问题慢慢来。"① 无论洋务自强,改良维新,还是革命共和,或是洪秀全以效法洋教创立拜上帝教为中心的太平天国运动,救亡始终是其中心,相继登台不断更替变换的只是方法问题。救亡虽然是以中国为中心,但寻找救亡所需之真理却开始由中国移位于西洋,西方逐渐成为方法。马克思、恩格斯在《共产党宣言》中指出:"资产阶级,由于一切生产工具的迅速改进,由于交通的极其便利,把一切民族甚至最野蛮的民族都卷到文明中来了。它的商品的低廉价格,是它用来摧毁一切万里长城、征服野蛮人最顽强的仇外心理的重炮。它迫使一切民族——如果它们不想灭亡的话——采用资产阶级的生产方式;它迫使它们在自己那里推行所谓的文明,即变成资产者。一句话,它按照自己的面貌为自己创造出一个世界。"② 中国逐渐沦为半殖民地,以西方为方法的历史进程,亦是新的世界历史之重要组成部分。"殖民地的人民,在威武强大的欧洲船舰面前,确认了自己的野蛮与落后。于是,一部新的世界历史被掀开。"③

在1842年问世的《海国图志》中,魏源开篇直陈其书宗旨:"是书何以作? 曰:为以夷攻夷而作,为以夷款夷而作,为师夷

---

① 李零:《读〈动物农场〉》,载《鸟儿歌唱:二十世纪猛回头》,北京大学出版社,2014年,第76—78页。
② 马克思、恩格斯:《共产党宣言》,人民出版社,1997年,第31—32页。
③ 唐晓峰:《地理大发现、文明论、国家疆域》,载刘禾主编:《世界秩序与文明等级》,生活·读书·新知三联书店,2016年,第20页。

长技以制夷而作。"①虽然仍视西方为"西夷",但经一番真刀真枪较量后,毕竟认识到技不如人,西方的船坚炮利更胜一筹,极不情愿地不得不"师夷"向西方学习。其可贵之处是打破了传统处于绝对权威性的夷夏大防观念,开始睁眼看世界,以西方之尺度量"天朝"之短,迈出了从华夷秩序走向万国世界的第一步。陈旭麓即指出:"从夷务到洋务再到后来的外交事务,记录了中西交往刺激下中国人世界观念发展的脉络。这个过程是漫长的,每走一步都滞重而且艰难。"②伴随着危机的日益加深,向西方学习的进程不断加快,由单纯的军事技术扩展到工业体系,甚至于制度方面亦始论及,简单的"师夷长技以制夷"式方法论早已不能满足不断深化学习西方之要求,需要从更深层次的哲学思维方式上提出更"兼容并包"的口号:一面可以进一步扩大学习模仿西方之范围,一面亦可堵住顽固守旧派的悠悠之口③,不能给予其口实。由此,"中体西用"的方法论应运而生。

1861年早识夷场的冯桂芬在《校邠庐抗议》中即言:"以中

---

① 魏源:《海国图志》,载《魏源全集》第四册,岳麓书社,2004年,第1页。

② 陈旭麓:《近代中国社会的新陈代谢》,中国人民大学出版社,2012年,第100页。

③ 在顽固守旧派看来,以中体西用为掩护的洋务本质上仍是以夷变夏,有违正道。倭仁即言:"立国之道尚礼义不尚权谋,根本之图在人心不在技艺。今求之一艺之末,而又奉夷人为师,无论夷人诡谲,未必传其精巧,即使教者诚教,学者诚学,所成就者不过术数之士,古今未闻有恃术数而能起衰振弱者也。"见《筹办夷务始末·同治朝》卷47,载《中国近代史资料丛刊》,第4557页。

国之伦常名教为原本，辅以诸国富强之术。"①最早提出了中体西术之方法论。甲午之役败于"蕞尔小邦"，国人更觉奇耻大辱，对整个中国社会震动之大，影响之深，可谓自古未有。因此，急切盼望国富民强的士大夫知识分子思考着未来中国之出路，认为应由军事器物更进一步在制度上效法西洋，日本成功即在于效法西洋政制，变法图强，终成东亚强国。随之酝酿的戊戌变法便是一次失败之尝试。伴随日俄战争爆发于中国本土，看似实力雄厚的帝俄居然败于"蕞尔岛国"，中国舆论界哗然，认为胜负实取决于政体，帝俄实为专制政体，而日本已是立宪之国，结论是专制不敌于立宪。当时报刊有如下评论："甲辰日俄战起，识者咸为之说曰：此非日俄之战，而立宪专制二政体之战也。"② "甲辰日俄之战，知微之士闻之曰：此非俄日之战也，乃立宪专制二治术之战也。自海陆交绥以来，日无不胜，俄无不败，至于今，不独俄民群起而为立宪之争也，即吾国士大夫，亦知其事之不容已，是以立宪之议，主者愈多。"③由此，更使士大夫确信立宪政体之优，进而放弃传统夷夏之防的偏见。由此，"中学为体、西

---

① 冯桂芬：《采西学议》，载《校邠庐抗议》，上海书店出版社，2002年，第57页。
② 《宪政初纲》，《东方杂志》第三年临时增刊，上海商务印书馆，光绪三十二年（1906年）12月。
③ 《论国家于立宪以前有可以行必宜行之要政》，载《中外日报》光绪三十一年（1905年）八月二十二日。

学为用"①变成了一种"流行语",梁启超即言:"所谓'中学为体,西学为用'者,张之洞最乐道之,而举国以为至言。"②虽说中体西用有卫道之嫌疑,但比起疑心洋务乃是"以夷变夏"的顽固守旧之倭仁等士大夫而言,已为引入西方资本主义文化开了方便法门。没有中体,何来西用,只有在中体掩饰之下西用才具有合法性,才能在中国"落户"。西用虽受中体之牵制,但越来越多士大夫知识分子发现西用中亦有西体。1884年,淮军将领张树声在《遗折》中说:"西人立国自有本末,虽礼乐教化远逊中华,然驯至富强,亦具有体用。育才于学堂,论政于议院,君民一体,上下同心,务实而戒虚,谋定而后动,此其体也;轮船、大炮、洋枪、水雷、铁路、电线,此其用也。中国遗其体而求其用,无论竭蹶步趋,常不相及,就令铁舰成行,铁路四达,果足恃欤!"③洋务派大官僚江苏布政使邓华熙于1895年3月26日给光绪帝上奏推荐郑观应《盛世危言》时,亦突破了"中体西用"的论述逻辑:"夫泰西立国,具有本末。广学校以造人材,设议院以联众志,而又经营商务以足国用,讲求游历以知外情。力果心

---

① 提出"中学为体,西学为用"较早的是《万国公报》主笔沈寿康《匡时策》一文(1896年4月《万国公报》75卷):"夫中西学问,本自互有得失,为华人计,宜以中学为体,西学为用。"其后张之洞《劝学篇》对其进行系统阐述:"中学为内学,西学为外学。中学治身心,西学应世事。""《四书》、《五经》、中国史事、政书、地图为旧学,西政、西艺、西史为新学。旧学为体,新学为用,不使偏废。"见《劝学篇·外篇·会通第十三》。

② 梁启超:《清代学术概论》,载《梁启超全集》第十集,第127页。

③ 何嗣焜编:《张靖达公奏议》卷八,清光绪二十五年(1899年)刊,第33页。

精,实事求是。夫然后恃其船械,攸往咸宜。今中华不揣其本而末是求,无学校之真则学非所用,用非所学;无议院之设,则上下之情隔,粉饰之弊多。……或以用夷变夏为言,凡事畏难苟安,复蹈浅尝辄止之失,不思倭与我本同文之国,彼以能自得师而效著,我何难幡然变计以维新。"①

由此,在中体西用宗旨的庇护下,学习西方的进程逐渐由表及里,由格致进入哲理,西用不断在中体里发酵,突破着旧体之窠臼。以至于到了后期伴随西潮的进一步涌入,中体西用范式已是捉襟见肘,为了能自圆其说顺利引进西潮,更为了挡住顽固守旧派的阻挠而用了更极端的"西学中源"说。陈旭麓即评论道:"'中体'应是对于'西用'的限制,但'西用'既借'中体'为入门之阶,便会按照自身的要求而发生影响,人们虽想把它限制在既定的范围内,实际却很难如愿。当这种矛盾日益明显之后,更开明的人们就会在事实的刺激下因势利导,走出更远的一步。"②由此,救亡当然以中国为中心,但真理却必须从西方进口,以西方为方法。正如萨义德所言:西方"成为殖民地人民用来确认自己的身份和自己的存在的方式"③。国门一开,西洋的各

---

① 《江苏布政使邓华熙为进呈郑观应〈盛世危言〉一书并陈管见事奏折》,见中国第一历史档案馆《有关郑观应及〈盛世危言〉史料一则》,《历史档案》2002年第4期。
② 陈旭麓:《近代中国社会的新陈代谢》,中国人民大学出版社,2012年,第118页。
③ 萨义德:《文化与帝国主义》,李琨译,生活·读书·新知三联书店,2003年,前言第3页。

种主义和思潮相继登台，资本主义、改良主义、自由主义、社会达尔文主义、无政府主义、实用主义、民粹主义、新村主义、工团主义等在近代以来的中国舞台上"你方唱罢我登场"。究其本质而言，都是解决中国问题之方法论，每一次选择都让人满怀期待，每一种方案的确亦关乎着中国的前途与命运。

三、民初的西化：以西方为中心、以西方为方法

改良立宪派同革命共和派的真正差异不过在于：改良立宪派布新而不除旧，革命共和派既布新又除旧。历史舞台上的角逐总是狭路相逢勇者胜。就在改良立宪与革命共和的双重变奏下，在汉口俄租界一次不慎引起的意外爆炸，使老衰的帝国走到了历史的终点。伴随中华民国的创制，共和初立，终结了几千年的皇权政制。但民主共和之国并非为时人所预想的那般美好，历历在目的现实，真正动荡、混乱与不安的帷幕才刚刚拉开。共和之后，新政乏力，武夫当国，内争外斗，鱼肉百姓，人心已失。就这样，共和政制被保留下来，并非国人真正享有了纸面上的民主与自由，平等与人权，"徒有虚名"而已，只是皇权终结后留下的权威真空，短期内已没有任何一方力量能控制时局，恢复秩序。

在对共和乱象的反思与评判中，历史出现了两种选择，一种是文化保守主义的出现，这以梁启超、梁漱溟为代表。梁启超在目睹一战给欧洲带来的巨大创伤后，强化了复归传统的价值立场。梁漱溟亦宣称"世界文化的未来就是中国文化的复兴"，并

自信地说:"假使中国的东西仅只同西方化一样便算可贵,则仍是不及人家,毫无可贵!中国化如有可贵,必在其特别之点,必须有特别之点才能见长!他们总觉得旁人对我称赞的,我们与人家相同的,就是可宝贵的;这样的对于中国人文化的推尊,适见中国文明的不济,完全是糊涂的、不通的!我们断然不能这样糊糊涂涂的就算了事,非要真下一个比较解决不可!"①另一种则是极端西化思潮的出现,这以胡适、陈序经为代表。"请大家认清我们当前的紧急问题。我们的问题是救国,救这个衰病的民族,救这半死的文化。在这件大工作的历程里,无论什么文化,凡可以使我们起死回生,返老还童的,都可以充分采用,都应该充分收受。"②面对近代以来一次次以西方为方法的改良与革命之失败,胡适等人并没有反思西学本身的问题,而是一次次归因于从物质到精神之中国自身:"我们自己要认错。我们必须承认我们自己百事不如人,不但物质机械上不如人,不但政治制度不如人,并且道德不如人,知识不如人,文学不如人,音乐不如人,艺术不如人,身体不如人。"③由此走到了极端的全盘西化立场。1929年在英文《文化的冲突》一文中,胡适最早提及了"全盘西化"(Wholesale Westernization)一词,极力反对折中保守论。在后来的文章中更直言不讳地指出:"我很明白的指出文化折中论的不可能,我是主张全盘西化论的。……现在的人说'折中',

---

① 梁漱溟:《东西文化及其哲学》,载《梁漱溟全集》第1卷,第342页。
② 胡适:《介绍我自己的思想》,载《胡适文集》第3卷,第112—113页。
③ 同上,第112页。

说'中国本位',都是空谈。此时没有别的路可走,只有努力全盘接受这个新世界的新文明。……我是完全赞成陈序经先生的全盘西化论的。"①曾先后留学德美的陈序经,更是坚定的全盘西化论支持者:"在实质上,在根本上,所谓趋为世界化的文化,与所谓代表现代化的文化,无非就是西洋文化。"②认为世界化本质上就是西化,并直言:"救治目前中国的危亡,我们不得不要全盘西洋化。"③"枝叶的西化,即早已成为一种事实,我们是否喜欢枝叶的西化,大概不成问题,问题在于根本的西化。""所以全盘西化的真义,就是张先生所说的根本西化。"④作为一个中国的知识分子,走到全盘西化这一步,内心亦不免悲凉。但毕竟迈出了这一步,彻底丧失了中国文化与民族精神的主体性,不但以西方为方法,而且是以西方为中心,"中国万事不如人",在这样矫枉过正的方式下重塑文化自信,可谓任重道远。

在以西方为中心、以西方为方法的"全盘西化论"一时甚嚣尘上之际,在中国共产党内部亦出现了另外一种"全盘苏化论",即以苏联为中心、以苏联为方法,这里只是把西方换成了苏联,这就是后来毛泽东所极力批判的教条主义:"中国有两个教条,一是旧教条,一是洋教条,都是思想上的奴隶。五四运动

---

① 胡适:《编辑后记》,原载《独立评论》第142期(1935年3月17日),载《胡适全集》第22卷,安徽教育出版社,2003年,第255—256页。
② 杨深编:《走出东方——陈序经文化论著辑要》,中国广播电视出版社,1995年,第282页。
③ 陈序经:《中国文化的出路》,岳麓书社,2010年,第121页。
④ 杨深编:《走出东方——陈序经文化论著辑要》,第279页。

打破了旧教条的奴役，是一个重大的启蒙运动。大革命失败后，我们党犯了洋教条的毛病，现在开展反主观主义、宗派主义和党八股的整风运动，同样是一个重大的启蒙运动，许多干部中毒很深，需要做启蒙工作。"①此处所指"洋教条"即包括以西方为中心、以西方为方法的"全盘西化论"，和以苏联为中心、以苏联为方法的"全盘苏化论"，当然就中共党内而言，后者更为严重，关乎党的生死存亡。

这里以中东路事件为例，简要分析一下当时党内严重的"全盘苏化论"倾向。中东路事件即指1929年中国为收回苏联在中国东北的铁路特权而引起的中苏冲突。自陈独秀1927年在中共八七会议上被解除总书记职务后，中共党内当时掌握实权的都是留苏教条主义者，一切以共产国际唯命是从，而共产国际受苏共控制，特别是斯大林掌权后，其维护苏联利益的民族主义立场甚为明显。就在中东路事件爆发之际，1929年7月18日共产国际发布了《共产国际关于中东铁路争端的声明》，在其中明确要

---

① 《毛泽东年谱（1893—1949）》中卷，第366页。1940年3月，王明把写于1931年集中反映他"左"倾错误观点的《为中共更加布尔什维克化而斗争》一书在延安刊印了第三版，极力扩散其影响。针对王明这一挑战性行动，应怎样对待党的历史上的教条主义问题就迫切摆到毛泽东面前。"王明的小册子在延安印了第三版后，毛泽东就从1940年下半年开始，亲自主持收集、编辑和研究中国共产党在六大以来的主要历史文献。他对编辑这部历史文献十分认真，花了不少工夫。在这个过程中，毛泽东读到许多他过去在中央苏区时没有看到过的材料，使他对问题有了一个系统的了解和认识，更深刻地感受到教条主义对中国革命的严重危害。"见中共中央文献研究室编《毛泽东传》第2卷，中央文献出版社，2013年，第635页。

求广大的中国无产阶级和劳动群众以牺牲民族利益为代价,"勇往直前,为反对世界帝国主义,反对新的战争,为保卫苏联而战斗"①。党内当时掌权的留苏教条主义者几乎都是书生,并没有丰富的实际革命斗争经验,对共产国际指示一味盲从(中共从二大始就已加入共产国际成为其支部,当然从严格组织意义而言应服从其指示,但主旨是解决中国问题,必须是结合本国国情的贯彻落实,而非无条件盲从),根据指示要求中共中央颁发第41号通告即《中东路事件与帝国主义国民党进攻苏联》,明确指出:"中东路事件,就是进攻苏联战争的开始,这是一个极端严重的问题,全世界的工人阶级都必然要坚决的起来抗议这一进攻苏联的严重的事件,所以我们更应坚决号召广大群众起来,作反抗帝国主义进攻苏联,反抗国民党做帝国主义的工具,拥护世界反帝国主义大本营社会主义国家的苏联的示威斗争。"并以"反帝国主义战争保护苏联"作为统一宣传口号②。一周之后的7月24日,则进一步公开宣称"武装起来保护苏联,是我们动员群众的中心口号",并特别强调"以全世界革命的总的路线为原则",以共产国际为中心,"应在共产国际……拥护苏联的革命战争的口

---

①珍妮·德格拉斯选编:《共产国际文件》第3卷,世界知识出版社,1963年,第93页。

②《中央通告第四十一号——中东路事件与帝国主义国民党进攻苏联》(1929年7月17日),载中央档案馆编《中共中央文件选集》第5册,中共中央党校出版社,1990年,第337页。第382—383页。

号之下，实行号召广大群众的直接革命行动"。①然而就在此时，1929年7月19日蒋介石以国民政府主席名义发出通电，说"除一致讨俄外，别无出路"，又说借此"誓贯彻废除不平等条约之目的，以完成国民革命之职责"。②同时，各种资产阶级报纸杂志都追随国民党政府，大造向苏联这一"红色帝国主义"收回主权之舆论。国民党以维护"民族利益"公开相号召，力争从苏联手中收回中东路之利权虽有一定的欺骗性，但当时大多数青年知识分子和普通中国民众觉悟水平不高，不能从国际主义的无产阶级立场出发去看待苏联，反而持有朴素的民族主义立场，以为苏联侵占中国领土压迫中华民族，因此国民党的这种欺骗性还具有一定效果。

对此，陈独秀心急如焚，本来就敢于挑战共产国际的权威，"莫斯科不了解中国的实际情况"③，认为现在中央关于中东路事件的宣传存在重大策略问题："我们的宣传方法，似乎不能像别国的兄弟党那样简单，即是说单是世界革命的大道理，不能够解答群众心中所需要解答的实际问题。因此，我觉得我们的宣传，太说教了，太超群众了，也太单调了，对于中东路收回这一具体问题，没有正确的解释，只是拿世界革命做出发点，拿'反对进

---

①《中央通告第四十二号——动员广大群众，反对进攻苏联》（1929年7月24日），载中共中央文献研究室、中央档案馆编《建党以来重要文献选编》第6册，中央文献出版社，2011年，第337页。

②转引自张魁堂：《张学良传》，东方出版社，1991年，第62页。

③陈独秀：《在中央政治局会议上的发言记录》（1927年6月7日），载《陈独秀著作选编》第4卷，上海人民出版社，2010年，第302页。

攻苏联''拥护苏联'做动员群众的中心口号。""此时中国大多数民众,尚在眼前的具体的民族利益蒙蔽之下,这二层必须向他们解释清楚,使他们在实际利害上权衡一下,他们明白了中国自己收回中东路,在此时的确是有害无利的幻想,他们才能够了解苏俄和帝国主义不同,才能够了解苏俄是反帝国主义的大本营,才能够了解苏俄是被压迫民族联合战线的领导者。离开具体问题说教式的单调宣传,只有最觉悟的无产阶级分子能够接受,而不能够动员广大的群众,反而使群众误会我们只是卢布作用,而不顾及民族利益;并且使国民党很便当的简单明了的把他们'拥护中国'的口号和我们'拥护苏俄'的口号对立起来,听群众自己选择一个。"①陈独秀的这个担心并非空穴来风,当时社会上知识界的各种舆论普遍认为俄国侵占了中国利权,这是赤裸裸的帝国主义行径,而中国共产党竟然还提出"武装起来保护苏联"之口号,简直就是"卖国行为"。对当时共产党之印象,从梁启超给孩子们的信中可窥见一斑:"这种罪恶当然十有九是由共产党主动,但共产党早已成了国民党附骨之疽——或者还可以说是国民党的灵魂——所以国民党也不能不跟着陷在罪恶之海了。原来在第三国际指挥之下的共产党,他们唯一的目的就是牺牲了中国,来做世界革命的第一步,在俄国人当然以此为得计,非如此他便不能自存,却是对于中国太辣手了。近来南北两方同时破获共产党机关——即俄使馆及领馆,发现出那些文件,现在发表的还不

---

①陈独秀:《致中共中央常委同志信——对中东路问题的意见》(1929年7月28日),载《陈独秀著作选编》第4卷,上海人民出版社,2010年,第376页。

到十分之一。真正可怕,真正可恨。现在国内各种恐怖情形完全是第三国际的预定计画,中国人简直是他们的机械。"①

面对陈独秀针对中国实际和群众觉悟水平颇有见地的来信,当时被留苏教条主义者掌控的中央坚持以苏联为中心的立场,对陈独秀给予严厉驳斥,认为陈独秀脱离了阶级观点。"如果解释中东路事件而把帝国主义进攻苏联战争和帝国主义间的战争的两个前途平列起来,不只是迷乱了群众对于主要危险的认识,而且这一分析的根本上就是离开了阶级观点得出来的结论。"进而明确指出即使群众的觉悟落后,亦不能"降低我们的口号,跟着群众的落后意识跑",必须坚定不移地高举"拥护中国革命必须拥护苏联,拥护苏联就是拥护中国革命"。②陈独秀始终坚持己见,并进一步指出这些留苏教条主义者所犯错误之根源:"这样大成问题的战略,乃是建设在'广大群众都认识苏联是中国解放的朋友'这一前提上面;这正是你们素来'以主观为客观'的盲动主义精神之表现。"③以主观为客观,批评可谓一针见血。与陈独秀一样,毛泽东亦是明确反对不顾民族国情之实际而提倡什么"武装保卫苏联"的有毒口号,他在1941年写成的《驳第三

---

① 梁启超:《致孩子们》(1927年5月5日),载《梁启超全集》第二十集,第266页。
② 《中共中央答复陈独秀的信》(1929年8月3日),载中共中央文献研究室、中央档案馆编《建党以来重要文献选编》第6册,中央文献出版社,2011年,第351—353页。
③ 陈独秀:《复中共中央的信》(1929年8月11日),载《陈独秀著作选编》第4卷,上海人民出版社,2010年,第399页。

次"左"倾路线》中曾尖锐指出:"为什么有些同志连民族二字都不敢提呢?老爷们(指以王明为代表的'左'倾教条主义者)既然提倡打倒一切,采取极端狭隘的关门主义与极端冒险的盲动主义,还吹什么民族呢?提了民族二字又有什么用处呢?"①并进而讽刺道:"'武装保卫苏联'的提法,是精神分裂症患者的感觉,或者是神经衰弱病患者的感觉,如果不是完全胡扯,就是一大半胡扯。我们通共只有几万武装,如何保卫得这许多?"②正如有学者在评论留苏教条主义者的"武装保卫苏联"时所言:"这一说法令大部分中国民众感到惊讶和困惑,因为他们认为这一事件构成中华民族的严重危机,爱国军民正奋起抗击日本侵略、保卫中国领土。不用说,当时的中共个别领导人之所以把苏联利益凌驾于民族利益之上,是因为他们认为自己与莫斯科是一体的。他们不仅在莫斯科接受了多年培训并认可它的意识形态,而且他们在中共的职位和权力也来自共产国际的任命;因此,忠诚于莫斯科是他们维持自己在党内地位的前提。事实上,这些领导人对共产国际的忠诚,不仅导致他们优先考虑苏联利益从而在国内不受欢迎,也伤害了中共本身。"③"在这时,对苏联的态度是一个直接的、尖锐的、无法回避的政治问题,中共在揭露中东路事件实质时表明自己鲜明的拥护苏联的立场是正确的。然而当时党中

---

① 毛泽东:《驳第三次"左"倾路线(节选)》,载《毛泽东文集》第2卷,第341页。

② 载http://www.71.cn/2011/0901/772148_16.shtml。

③ 李怀印:《现代中国的形成(1600—1949)》,广西师范大学出版社,2022年,第307页。

央在李立三'左'倾思想影响下,更多地是从世界革命的道理而没有着重从中国民族利益上去分析,没有提出人民群众能接受的口号。在当时的中国,能充分理解并接受共产国际'保卫苏联'的宣传的人毕竟是极少数。中共中央一开始就用'保卫苏联'作中心口号,而不是明确指出日本的真正危害性,脱离了中国的现实,也脱离了群众。中共中央的这一失误给了国民党机会去煽动反苏的民族主义狂热。"①

1942年延安整风时,博古把王明"左"倾错误归结为"两个凡是":"凡是马恩列斯的话必须遵守,凡是共产国际的指示必须执行。"②作为当时留苏教条主义首领的王明,1945年4月给中央的信中亦有所反省:"对当时中国革命运动的许多意见,是从何而来呢?是从分析当时中国的具体情况和根据当时中国人民的具体要求而来的吗?绝不是的。它是从抄袭各种决议而来的……用的是'从决议中来,到决议中去'底方法,是'不从实际出发,而从书本出发'底方法,是根本的教条主义思想和作风底方法。"③毛泽东后来对建党初期幼年时期的党"以苏联为中心、以苏联为方法"的"全盘苏化论"作了如下深刻总结:"有先生有好处,也有坏处。不要先生,自己读书,自己写字,自己

---

①林红:《中东路路权变迁的历史考察》,载黄修荣主编《苏联、共产国际与中国革命的关系新探》,中共党史出版社,1995年,第72页。
②张素华等:《说不尽的毛泽东——百位名人学者访谈录》,辽宁人民出版社,1993年,第3页。
③载中国文明网,http://www.wenming.cn/ll_pd/lldt/201106/t20110620_217066.shtml。

想问题。这是一条真理。过去我们就是由先生把着手学写字，从一九二一年党成立到一九三四年，我们就是吃了先生的亏，纲领由先生起草，中央全会的决议也由先生起草，特别是一九三四年，使我们遭到了很大的损失。从那之后，我们就懂得要自己想问题。我们认识中国，花了几十年时间。中国人不懂中国情况，这怎么行？真正懂得独立自主是从遵义会议开始的，这次会议批判了教条主义。教条主义者说苏联一切都对，不把苏联的经验同中国的实际相结合。"①由此可见，与以西方为中心、以西方为方法的"全盘西化论"相似，留苏教条主义者的"全盘苏化论"亦是另一种洋教条，只是把西方换成了苏联而已。

四、延安的探索：以中国为中心、以中国为方法

《毛泽东选集》卷尾对近代以来中国人向西方学习的历史进程作了深刻总结："从一八四〇年的鸦片战争到一九一九年的五四运动的前夜，共计七十多年中，中国人没有什么思想武器可以抗御帝国主义。旧的顽固的封建主义的思想武器打了败仗了，抵不住，宣告破产了。不得已，中国人被迫从帝国主义的老家即西方资产阶级革命时代的武器库中学来了进化论、天赋人权论和资产阶级共和国等项思想武器和政治方案，组织过政党，举行过革命，以为可以外御列强，内建民国。但是这些东西也和封建主

---

① 毛泽东：《革命和建设都要靠自己》，载《毛泽东文集》第8卷，第338—339页。

义的思想武器一样,软弱得很,又是抵不住,败下阵来,宣告破产了。"① 近代以来先进的中国人接续不断向西方求索真理,的确找来了好多方案,就连最先进的资产阶级共和制度也请来了,奈何却并没有改变中国人民受奴役被压迫的悲惨命运。直到1917年十月革命爆发,马克思列宁主义才第一次掷地有声地为中国人所了解,从此以后,中国改换了方向。

早年毛泽东以中国为中心,以俄国为方法。青年时期,毛泽东虽是赴法勤工俭学运动的坚定支持者和组织者,但在送走挚友后,自己却坚定地选择留在中国,并曾作了这样解释:"我觉得我们要有人到外国去,看些新东西,学些新道理,研究些有用的学问,拿回来改造我们的国家。同时也要有人留在本国,研究本国问题。我觉得关于自己的国家,我所知道的还太少,假使我把时间花费在本国,则对本国更为有利。"② 对于当时中国学生普遍文化自卑,急于留学救国的思潮,毛泽东并不以为然,在给同学周世钊信中曾从世界文明史的高度看待中国问题,展现了其深谋远虑:"世界文明分东西两流,东方文明在世界文明内,要占个半壁的地位。然东方文明可以说就是中国文明。吾人似应先研究过吾国古今学说制度的大要,再到西洋留学才有可资比较的东西。""吾人如果要在现今的世界稍为尽一点力,当然脱不

---

① 毛泽东:《唯心历史观的破产》,载《毛泽东选集》第4卷,第1513—1514页。
② 中国革命博物馆、湖南省博物馆编:《新民学会资料》,人民出版社,1980年,第399页。

开'中国'这个地盘。关于这地盘内的情形,似不可不加以实地的调查,及研究。这层功夫,如果留在出洋回来的时候做,因人事及生活的关系,恐怕有些困难。不如在现在做了,一来无方才所说的困难;二来又可携带些经验到西洋去,考察时可以借资比较。"①在毛泽东看来,即使要留洋,救国亦必须以中国为中心,应扎实地深入了解国情,做好中国大地的调查研究,由此日后才能进行中西比较而找到救国良方。青年毛泽东受苏俄十月革命影响较大,在给挚友信中表达了急切寻找新道路的期待:"几个月来,已看透了。政治界暮气已深,腐败已甚,政治改良一途,可谓绝无希望。吾人惟有不理一切,另辟道路。另造环境一法。"②他逐渐发现,这另辟之道路即是苏俄阶级革命之新路,1921年1月在新民学会长沙会员大会上的发言中,他指出当今世界解决社会问题,其方法有如下五种:第一,社会政策;第二,社会民主主义;第三,激烈方法的共产主义(列宁的主义);第四,温和方法的共产主义(罗素的主义);第五,无政府主义。对此,他极不赞同改良方法,而是主张效法苏俄大规模革命:"至于方法,启民主用俄式,我极赞成。因俄式系诸路皆走不通了新发明的一条路,只此方法较之别的改造方法所含可能的性质为多。……激烈方法的共产主义,即所谓劳农主义,用阶级专政的方法,是可

---

① 毛泽东:《致周世钊信》,载《毛泽东早期文稿》,第428页。
② 毛泽东:《致向警予信》,载《毛泽东早期文稿》,第493页。

以预计效果的,故最宜采用。"① 的确俄国布尔什维克的十月革命作了榜样,走俄国人的路,亦是属于时代的必然选择。即便以俄国革命为方法,走俄国人的路,青年毛泽东的问题意识仍是以中国为中心。

毛泽东力图突破以苏联为方法的"内容+形式"的理论框架,重构以中国为中心,以中国为方法。在历经革命战争洗礼,备受教条主义者打击,经伟大长征初到西北小城延安后,毛泽东逐渐成竹在胸,开始系统思考中国道路的方法论问题。特别是针对留苏教条主义者的以苏联为中心,以苏联为方法的"全盘苏化论",毛泽东首先表明中国革命必须以中国为中心。对当时流行的一种观点即共产国际负责指导中国问题的同志比中国人更懂得中国的这一谬论,毛泽东给予了有力回击:"中国这个客观世界,整个地说来,是由中国人认识的,不是在共产国际管中国问题的同志们认识的。共产国际的这些同志就不了解或者说不很了解中国社会,中国民族,中国革命。对于中国这个客观世界,我们自己在很长时间内都认识不清楚,何况外国同志呢?"② 对于中国问题之把握与革命实践之认识,毛泽东始终坚持中国人自身的主体性,"中国革命斗争的胜利要靠中国同志了解中国情况"③。经过长期革命斗争的毛泽东,对此深信不疑。"马克思活着的时

---

① 毛泽东:《在新民学会长沙会员大会上的发言》,载《毛泽东文集》第1卷,第1—2页。

② 毛泽东:《在扩大的中央工作会议上的讲话》,载《毛泽东文集》第8卷,第299—300页。

③ 毛泽东:《反对本本主义》,载《毛泽东选集》第1卷,第115页。

候，不能将后来出现的所有的问题都看到，也就不能在那时把所有的这些问题都加以解决。俄国的问题只能由列宁解决，中国的问题只能由中国人解决。"①延安整风时期，他对那种罔顾中国问题，言必称希腊之留声机现象深恶痛绝。"我们研究中国就要拿中国做中心，要坐在中国的身上研究世界的东西。我们有些同志有一个毛病，就是一切以外国为中心，作留声机，机械地生吞活剥地把外国的东西搬到中国来，不研究中国的特点。不研究中国的特点，而去搬外国的东西，就不能解决中国的问题。"②由此，毛泽东认为应该把以中国问题为中心作为党的重大原则确立下来，成为全党遵循方针。"确立以研究中国革命实际问题为中心，以马克思列宁主义基本原则为指导的方针。"③其实大家耳熟能详的"古为今用，洋为中用"就是毛泽东建构以中国为中心的鲜明表达。毛泽东就是运用这样的方法，通过持之以恒的艰苦的革命斗争实践，创造了一系列（包括农村包围城市、武装斗争、统一战线等在内）以新民主主义理论为总纲的中国理论。面对抗日战争急需培养民族意识广泛组织动员民众的迫切形势，以中国为中心的历史观亦得到当时学术界许多知识分子的支持，杜赞奇即指出："值得注意的是，当民族国家遭受外部竞争者或者入侵者的威胁之时，关于过去的种种才会被重新提出，以适应学习和传播的需要。在抗日战争时期，当共产党与国民党形成联合统一

---

① 《毛泽东年谱（1949—1976）》第3卷，第591页。
② 毛泽东：《如何研究中共党史》，载《毛泽东文集》第2卷，第407页。
③ 毛泽东：《改造我们的学习》，载《毛泽东选集》第3卷，第802页。

战线,需要团结大量民众为民族事业而奋斗之时,似乎更倾向从内部看社会本身。一批五四运动中十分激进的知识分子,如何炳松和冯友兰,转而倾向以中国为中心的历史观,而马克思主义在史学领域中变得越来越有影响力。这也是中共试图从民俗和大众文化中寻根的时期。"①

以中国为中心,毛泽东坚定不移,但以中国为方法,毛泽东的探索实属不易。我们党建党伊始,从理论到实践都深受苏联与共产国际影响,特别是列宁、斯大林关于殖民地半殖民地民族解放斗争理论的影响。斯大林对东方各国的民族解放曾明确提出如下要求:"我们是在建设无产阶级的文化,这完全是对的。但是无产阶级的文化,其内容是社会主义的,它在被卷入社会主义建设的各人民中,依语言、风俗等等的不同,而采取了各种不同的表现形式和方法,这同样也是对的。内容,是无产阶级的;形式,是民族的——这就是社会主义所走向的全人类的文化。无产阶级的文化并不取消民族的文化,而是给它以内容。反之,民族的文化,也不取消无产阶级的文化,而是给它以形式。"②1935年8月2日共产国际总书记季米特洛夫在共产国际第七次代表大会报告中谈到民族文化时亦明确指出:"只有无产阶级革命才能使文化不致毁灭,并使其高度繁荣,成为真正的民族文化——形

---

① 杜赞奇:《历史意识与国族认同》,李盼盼等译,世纪出版集团、上海人民出版社,2013年,第93页。
② 斯大林:《论民族问题》,东北书店印行,1948年,第132页。

式是民族的,而内容是社会主义的。"①延安时期,在系统思考马克思主义中国化过程中,毛泽东深受此理论影响,这突出表现在新民主主义理论中,"中国文化应有自己的形式,这就是民族形式。民族的形式,新民主主义的内容——这就是我们今天的新文化"②。根据中国新旧民主主义之具体国情,他只是把无产阶级的内容换成了新民主主义的内容。但亦并非局限于此,毛泽东对这种简单的内容+形式的两张皮式理解马克思主义中国化,仍觉得有些隔膜。新中国成立后收入《毛选》的《中国共产党在民族战争中的地位》一文,有如下一段话:"学习我们的历史遗产,用马克思主义的方法给以批判的总结,是我们学习的另一任务。我们这个民族有数千年的历史,有它的特点,有它的许多珍贵品。对于这些,我们还是小学生。今天的中国是历史的中国的一个发展;我们是马克思主义的历史主义者,我们不应当割断历史。从孔夫子到孙中山,我们应当给以总结,承继这一份珍贵的遗产。

---

① 季米特洛夫:《法西斯主义的进攻和共产国际在争取工人阶级统一、反对法西斯主义斗争中的任务》,载王学东主编《国际共产主义运动历史文献》第57卷,中央编译出版社,2013年,第447页。

② 毛泽东:《新民主主义论》,载《毛泽东选集》第2卷,第707页。

这对于指导当前的伟大的运动,是有重要的帮助的。"① 报告有两

---

① 毛泽东:《中国共产党在民族战争中的地位》,《毛泽东选集》第2卷,第533—534页。根据笔者最新考证,王明1935年在共产国际第七次代表大会的发言整理稿中曾谈及共产党员要继承中国优秀传统文化和孙中山革命思想传统问题。王明结合学习季米特洛夫报告的其中一节"反法西斯主义的思想斗争"接着论述道:"必须加强思想上反法西斯蒂的斗争。例如在中国,有些自命为法西斯蒂的人也利用古代孔孟学说、道教、佛教等等来愚弄群众,同时,他们并企图把孙中山先生底学说曲解成为他们卖国殃民的理论根据。但是,许多共产党员却轻视反对他们的思想斗争。许多共产党员认为这是无关紧要的事,认为这些都是落后的思想和陈腐学说,因此,他们以为这些思想和学说现在都已经不能影响群众。事实上,这种观点完全是不正确的。对的,孔孟学说及道教、佛教等等,都是几千年以前创造出来的学说,但是,要知道,除了利用旧有学说来作为他们自己本身的落后、陈腐、野蛮和退化的思想和学说的护符之外,这些腐化和垂亡阶级底代表还能够说出和想出什么东西呢?! 然而问题的中心并不在这里。问题中心在于:这些旧思想和旧学说在中国群众底传统中有很深的基础,在民众生活中有很大的影响。因此,我们不应当忽视这些旧学说在群众中的影响,而应当在极广大的民众中进行细心耐烦的解释工作。我们应当解释这些思想底来源和真正的用意,同时,应当解释共产党员对于道德等问题的态度,以便使群众了解:**共产党员是我国一切固有传统和文化中一切优秀的和有价值的东西的真正继承者,同时,共产党员并能创造新的、更高尚的和更美丽的文化和道德**。对于孙中山主义,除了解释它对个别问题的不正确观点和与共产主义的不同点外,还应当向群众解释说:孙中山本人是一个中国近代伟大的革命家,他的思想,尤其是他的行动,的确是有价值的和值得钦佩的。因为孙中山生平最主要的劳绩,就是他在遗嘱中所说的:'致力国民革命凡四十年,其目的在求中国之自由平等'。**同时还应当向群众证明:孙中山革命思想和革命传统中最好的一部分遗产,也由我们共产党员继承了**。因为只有我们共产党员,才真正不断地为中国人民的民族独立,民权自由和民生幸福而牺牲奋斗。而有些恬不知耻自命为孙中山的忠实信徒的

处主要改动,^①一是"我们这个民族有数千年的历史"后本来还有一句,"有它的发展法则,有它的民族特点"。一是"从孔夫子到孙中山,我们应当给以总结,承继这一份珍贵的遗产"。后还有一句,即"承继遗产,转过来就变为方法"^②。但新中国成立后

(接上页)人,实际上是三民主义和中山遗嘱底叛徒。如果共产党在反对所谓法西斯运动斗争中,不进行有系统的、耐烦的、灵巧的和有理智的思想斗争,那末,共产党就不能把那些因落后、幼稚以及历史的条件和传统等关系,还在所谓法西斯蒂组织和其他党派影响之下的群众,夺取到革命旗帜之下来。"(王明:《论殖民地半殖民地国家的革命运动与共产党的策略》,载《中共中央文件选集》第九册,中共中央党校出版社,1986年,第557—558页。)王明这里明确指出在与反动派进行思想斗争时必须要做两个方面的真正继承者,即以孔夫子为代表的中华优秀传统文化的继承者,和孙中山革命思想传统的继承者。据笔者考证,1935年8月7日王明在共产国际七大的原始发言记录中并没有上述这段论述(见《共产国际第七次代表大会会议记录:第二十三次会议(1935年8月7日)继续讨论季米特洛夫的报告》,载王学东主编《国际共产主义运动历史文献》第58卷,中央编译出版社,2015年,第53—69页。),而是他在1935年10月中文版正式出版时加上的,据其自述:"这篇文章是我在共产国际第七次世界大会上的发言。以论文形式发表时,曾略加修改和补充,第一次发表中文小册子,是在一九三五年十月。"(王明:《论殖民地半殖民地国家的革命运动与共产党的策略》,载《中共中央文件选集》第九册,第516页。)

② 毛泽东:《中国共产党在民族战争中的地位》,载竹内实编《毛泽东集》第6卷,日本株式会社,1983年,第260—261页。"以中国为方法的世界,就是把中国作为构成要素之一,把欧洲也作为构成要素之一的多元世界。……二十世纪是以欧洲为先进的世纪,而二十一世纪则将在亚洲和欧洲齐头并进之中拉开帷幕。并进不是指挤入先进行列,而必须是从先后的纵向原理向并列的横向原理的转换。换言之,对过去的各种原理的反思和再审必须和新的原理的摸索与创造直接相关。把中国作为方法,就是要迈向原理的创造——同时也是世界本身的创造。"见沟口雄三《作为方法的中国》,生活·读书·新知三联书店,2011年,第130—133页。

编《毛泽东选集》时，可能考虑当时全面向苏联学习的现实形势要求，把此论断"理所当然"地删除了①。但此处删除的原文至关重要，不能含糊放过，它反映了毛泽东一生的中国方法论问题。中华民族本身"有它的发展法则"，继承中国文化遗产"转过来就变为方法"，至为重要，它由此表明源远流长的中华文化传统并非仅仅是民族形式的问题，而是关涉民族自身的历史发展规律，本身即为社会主义内容之重要部分。毛泽东与英国记者斯坦因谈话时即言："没有中华民族，就没有中国共产党。……中国历史遗留给我们的东西中有很多好东西，这是千真万确的。我们必须把这些遗产变成自己的东西。"②在残酷的斗争实践中，他深知民族特点之于中国革命的伟大意义，"一个国家总有它的特点，不适合这个特点的东西就行不通。"③虽然，从延安时期以来，直至苏共二十大赫鲁晓夫全面批判斯大林以前，毛泽东碍于中苏两党两国的关系特别是忌惮于斯大林的权威，尽量不提"中

---

① 在党的八届九中全会上，毛泽东对苏共批评中共马克思主义中国化和盘托出："对马列主义中国化，他们也反对，我们无非是把马克思主义、列宁主义的普遍真理和中国革命的实际相结合，这是一个树干与枝叶的关系，有什么好反对呢！……各国具体的历史、具体的传统、具体的文化都不同，应该区别对待，应该允许把马克思列宁主义具体化，也就是说把马克思列宁主义的普遍真理和本国革命的具体实践相结合。"见吴冷西《十年论战》上卷，中央文献出版社，1999年，第450—451页。据姜义华考证："极为引人注目的，是毛泽东在编入选集的各篇文稿中，删去了大量可能被怀疑具有'亲美派'倾向的词句和论述，改动了原先关于应当发展资本主义的不少论述，增添了向苏联学习的内容。"见姜义华《现代性：中国重撰》，北京师范大学出版社，2013年，第480页。

② 毛泽东：《同英国记者斯坦因的谈话》，《毛泽东文集》第3卷，第191页。
③ 《毛泽东年谱（1949—1976）》第3卷，第332页。

国化"之类口号①,甚至一度连毛泽东思想也不再提及②。但毛泽东对这种简单用无产阶级内容+民族形式的两张皮式理解马克思主义中国化始终不甚满意,力图在理论上有所突破③。"能使马克思主义中国化的教员,才算好教员,要多给津贴。"④毛泽东一方

---

① 1948年6月28日在苏联执意坚持下通过《共产党情报局关于南斯拉夫共产党情况的决议》,谴责南斯拉夫共产党脱离和背叛社会主义道路,采取民族主义立场,反苏亲西倾向明显。中共中央虽未参加情报局,但在1948年7月10日作出决议,表示完全赞同共产党情报局的决议。中共中央考虑到马克思主义中国化的提法,极易被苏共误认为是带有民族主义倾向,为搞好中苏关系,故一度主动选择回避这样提法,以免刺激苏联。据胡乔木回忆,苏共对中共所提的马克思主义中国化,一直持批判态度:"马克思主义是否适用于中国?苏联的刊物批评'中国化的马克思主义',把'中国化的马克思主义'翻译成'中国式的标新立异的马克思主义'。这句话对有中国特点的马克思主义有点歪曲。有特点和标新立异的含义起码是不尽相同。他们就从这里做文章。"见《胡乔木传》编写组编《胡乔木谈中共党史》,人民出版社,2015年,第230页。

② 1952年9月25日,在给《人民日报》总编辑邓拓关于国庆社论提纲草稿的批语中,毛泽东明确提出:"不要将'毛泽东思想'这一名词与马列主义并提,并在宣传上尽可能不用这个名词。"见毛泽东《建国以来毛泽东文稿》第3册,中央文献出版社,1998年,第563页。

③ 据胡乔木回忆,新中国成立后毛泽东对《毛选》中《在延安文艺座谈会上的讲话》一文修改时,对一些提法作了改动,"这些改动说明了毛主席对文艺上的某些重要问题作了进一步思考。……关于文学遗产的借鉴与继承问题。原稿的提法是:对古人和外国人的文艺作品,'我们必须批评地吸收,……作为我们的借鉴','但这仅仅是借鉴而不是替代。'《毛选》本相应的句子改为:'我们必须继承一切优秀的文学艺术遗产,批评地吸收其中一切有益的东西,作为我们……的借鉴','但继承和借鉴决不可以变成替代自己的创作。'这里虽然主要是加进了'继承'二字,但却是对一个文艺理论问题所作的原则性的变动。因为对文学遗产,有些就是只有继承,根本谈不到什么借鉴"。见胡乔木《胡乔木回忆毛泽东》(增订本),人民出版社,2014年,第264页。

④ 毛泽东:《反对主观主义和宗派主义》,载《毛泽东文集》第2卷,第374页。

面主张马克思主义中国化,强调的主体是马克思之主义。与此同时,1941年9月10日毛泽东在中央政治局扩大会议上指出:"我们要使中国革命丰富的实际马克思主义化。"①这段话值得高度重视,明确强调中国马克思主义化,强调的主体是中国,由此"两化"(即马克思主义中国化、中国马克思主义化),方能把中国原理提升至内容之地位,超越内容+形式的体用二分理论框架。特别是在1956年同音乐家协会负责人谈话时,毛泽东明确指出既要向古人学习、向外国人学习,又要同时反对保守主义、教条主义,两边的好东西都要学到、学好,要把两个半瓶醋变成两个一瓶醋。"这不是什么'中学为体,西学为用'。'学'是指基本理论,这是中外一致的,不应该分中西。"其中之意甚明显,即与西方理论(甚至于马克思主义)一样,中国之"学"中亦包含毫不低于西方的基本理论,这是内容之一并非仅仅即民族形式而已,"说中国民族的东西没有规律,这是否定中国的东西,是不对的。……中国的东西有它自己的规律"。

胡乔木曾深刻指出:"中国文化在中国革命中发挥了很大作用。中国为什么能接受马克思主义?……中国历史文化与马克思主义结合,有哪些特色?究竟在哪些问题上结合了?还要研究。"②其实在《矛盾论》一文中,毛泽东已十分明确指出中国自身内部所具有的规律性问题:"十月社会主义革命不只是开创了俄国历史的新纪元,而且开创了世界历史的新纪元,影响到世界

---

① 同上。
② 《胡乔木传》编写组编:《胡乔木谈中共党史》,第230—231页。

各国内部的变化,同样地而且还特别深刻地影响到中国内部的变化,但是这种变化是通过了各国内部和中国内部自己的规律性而起的。"① 而在《新民主主义论》中,毛泽东就明确指出民族性不是简单形式,而是包含着内容:新民主主义文化"是我们这个民族的,带有我们民族的特性。它同一切别的民族的社会主义文化和新民主主义文化相联合,建立互相吸收和互相发展的关系,共同形成世界的新文化"。中国文化作为内容,与其他民族的先进文化相互结合,最终共同形成世界新文化。并且他对民族特点与民族形式,已有过非常隐晦含蓄的区分:"中国共产主义者对于马克思主义在中国的应用也是这样,必须将马克思主义的普遍真理和中国革命的具体实践完全地恰当地统一起来,就是说,和民族的特点相结合,经过一定的民族形式,才有用处,决不能主观地公式地应用它。"② 明确指出马克思主义必须与民族特点(即民族发展规律)相结合,然后再经过民族形式应用于中国革命问题中。对此,冯契作了深刻阐释:"在这里有一点必须申明:所谓地域性的特色或民族风格,决不仅是形式方面的问题而已。普通讲到中国气派,常只提到民族形式。其实,形式与内容决不能分成两截,而风格正存在于内容和形式的统一。"③ 因此,民族性既是形式,又非仅仅是形式而已。它既体现于形式中,也反映于内

---

① 毛泽东:《矛盾论》,载《毛泽东选集》第1卷,第303页。
② 毛泽东:《新民主主义论》,载《毛泽东选集》第2卷,第706—707页。
③ 冯契:《中西文化的冲突与汇合》,载《冯契文集(增订版)·第九卷·智慧的探索·补编》,华东师范大学出版社,2016年,第61页。

容中。只有形式与内容同时得以彰显的民族性，才真正具有强大之生命力。其实，早在1924年叛变革命前作为共产主义者的陈公博在其哥伦比亚大学的硕士论文中就曾预言，中国革命虽深受苏联影响，但要想取得胜利必须承继民族历史传统，最终一定会走上属于自己的中国道路："中国的共产主义虽然还年轻，但它已非常迅速地风靡全国。它是否走和俄国同样的道路，是有疑问的。正如 E. A. 罗斯所说，'如果载着列宁和其他十八个布尔什维克的火车在穿过德国向俄国奔驰的道路上在一座桥上跌落，而且他们全都牺牲，俄国所发生的事情也会采取差不多同样的行动。'人类能够改善自己的环境，但他们不能完全逃避开环境加给他们生活的影响。所以不管中国的共产主义成就有多大，最后中国还是中国，就像俄国是俄国一样，而且共产主义在中国的胜利将采取与俄国不同的另一种形式，这就是我的看法。"[①]

新中国成立后，毛泽东一直在努力探索如何突破这种"内容＋形式"以苏联为方法的道路，特别是苏共二十大赫鲁晓夫全面批判了斯大林后，更是对此更加自觉。"现在感谢赫鲁晓夫揭开了盖子，我们应该从各方面考虑如何按照中国的情况办事，不要再像过去那样迷信了。其实，我们过去也不是完全迷信，有自己的独创。现在更要努力找到中国建设社会主义的具体道路。"[②]对中国道路方法论的努力探索，这可谓毛泽东作为一个中国的马

[①] 陈公博：《共产主义运动在中国》，中国社会科学出版社，1982年，第85页。

[②] 《毛泽东年谱（1949 — 1976）》第2卷，第557页。

克思主义者的使命。中国共产党指导思想当然是马克思主义，但中国历史文化与当代中国社会的丰富实践本身即具有一种方法论意义，以此来丰富和发展中国化马克思主义。

五、新时代的重塑：以中国为中心、以中国为方法

"解决中国的问题只能在中国大地上探寻适合自己的道路和办法。"[①]时间进入新时代，习近平力图重塑以中国为中心、以中国为方法的中国道路方法论。"过去不能搞全盘苏化，现在也不能搞全盘西化或者其他什么化。冷战结束后，不少发展中国家被迫采纳了西方模式，结果党争纷起、社会动荡、人民流离失所，至今都难以稳定下来。"[②]对于历史上或现实中的"全盘苏化"或"全盘西化"，习近平始终保持警惕，在经济社会领域专家座谈会上指出："从国情出发，从中国实践中来、到中国实践中去，把论文写在祖国大地上，使理论和政策创新符合中国实际、具有中国特色。"[③]可谓掷地有声，中国道路必须以中国为中心，以中国为方法。

---

① 习近平：《解决中国的问题只能在中国大地上探寻适合自己的道路和办法》，新华网，http://www.xinhuanet.com/politics/2014-10/13/c_1112807354.htm。
② 习近平：《关于坚持和发展中国特色社会主义的几个问题》，《求是》2019年第7期。
③ 习近平：《在经济社会领域专家座谈会上的讲话》（2020年8月24日），新华网，http://www.xinhuanet.com/politics/leaders/2020-08/24/c_1126407772.htm。

面向中国问题，必须以中国为中心，以中国为方法。习近平鲜明指出："一个国家实行什么样的主义，关键要看这个主义能否解决这个国家面临的历史性课题。"① 近代以来，积贫积弱的中华民族任人宰割，进步的知识分子尝试了各种主义和思潮，但都没能解决中国的前途和命运问题。"一切别的东西都试过了，都失败了。曾经留恋过别的东西的人们，有些人倒下去了，有些人觉悟过来了，有些人正在换脑筋。"② 中国人民最终选择了马克思主义，成功实现革命建国之夙愿，从根本上扭转了中华民族之命运。因此，即使是马克思主义，亦是为彻底解决中国问题而被中国人所选择，不能把其抽象化、教条化。"坚持马克思主义，坚持社会主义，一定要有发展的观点，一定要以我国改革开放和现代化建设的实际问题、以我们正在做的事情为中心。"③ 每个国家和民族的历史传统、文化积淀、基本国情不同，其发展道路必然有着自己的特色。如果不加分析把国外学术思想和学术方法奉为圭臬，一切以西方为中心、以西方为准绳，就不能有主体性与独创性。要想持续推进马克思主义中国化，就必须从中国实际出发，坚持实践的观点、历史的观点、辩证的观点、发展的观点，在实践中认识真理、检验真理、发展真理。习近平强调："不要

---

① 习近平：《关于坚持和发展中国特色社会主义的几个问题》，《求是》2019年第7期。
② 毛泽东：《论人民民主专政》，载《毛泽东选集》第4卷，第1471—1472页。
③ 习近平：《关于坚持和发展中国特色社会主义的几个问题》，《求是》2019年第7期。

忘了老祖宗,……解决中国的问题,提出解决人类问题的中国方案,要坚持中国人的世界观、方法论。"①如果"以洋为尊""唯洋是从",一切以国外为最高标准,亦步亦趋、东施效颦,热衷于去中国化、去主流化,一旦高贵的头颅低下,那再强大的身躯亦无法站立,最后一定会把中华民族引致歧途、危途!习近平多次强调要坚定文化自信,坚守中华文化立场。"如果没有自己的精神独立性,那政治、思想、文化、制度等方面的独立性就会被釜底抽薪。"②因此,我们必须从保持民族精神主体性、独立性的思想高度,来深刻认识习近平提出文化自信的战略意图。党的十九大报告亦明确强调:"坚守中华文化立场,立足当代中国现实。"③中华文明是中国特色社会主义植根的文化沃土,是中华民族最深厚的文化软实力。中华民族创造了源远流长的中华文化,也一定能够创造出中华文化新的辉煌。

马克思在《路易·波拿巴的雾月十八日》中指出:"人们自己创造自己的历史,但是他们并不是随心所欲地创造,并不是在他们自己选定的条件下创造,而是在直接碰到的、既定的、从过

---

①习近平:《在哲学社会科学工作座谈会上的讲话》(2016年5月17日),新华网,http://www.xinhuanet.com//politics/2016-05/18/c_1118891128_3.htm。

②习近平:《在省部级主要领导干部学习贯彻十八届三中全会精神全面深化改革专题研讨班上的讲话》(2014年2月17日),中国共产党新闻网,http://cpc.people.com.cn/xuexi/n1/2016/1128/c385476-28901100.html。

③习近平:《决胜全面建成小康社会 夺取新时代中国特色社会主义伟大胜利——在中国共产党第十九次全国代表大会上的报告》(2017年10月18日),人民出版社,2017年,第41页。

去承继下来的条件下创造。"① 新时代以来,习近平正心诚意对待中华文明,力图对中华文化之错误态度进行纠偏。受五四新文化运动激进反传统影响,一些极端观点认为以儒学为代表的传统文化是农耕时代的产物,属于封建文化。毛泽东曾指出:"中国几千年的文化,主要是封建时代的文化,但并不全是封建主义的东西,有人民的东西,有反封建的东西。要把封建主义的东西和非封建主义的东西区别开来。封建主义的东西也不全是坏的。"② 即使封建时代的东西亦不能全部否定,更何况其中还有中华文明绵延数千年的精神命脉。一种文化之诞生并不能横空出世,必须依托于一定的母体,以儒学为主流的中华文明就是诞生于以农耕文明为基础的中华大地,数千年来经历风风雨雨、绵延不绝。习近平指出:"我国农耕文明源远流长、博大精深,是中华优秀传统文化的根。"③ "在历史进程中凝聚下来的优秀文化传统,决不会随着时间推移而变成落后的东西。我们决不可抛弃中华民族的优秀文化传统,恰恰相反,我们要很好传承和弘扬,因为这是我们民族的'根'和'魂',丢了这个'根'和'魂',就没有根基

---

① 马克思:《路易·波拿巴的雾月十八日》,载《马克思恩格斯文集》第2卷,人民出版社,2009年,第470—471页。
② 毛泽东:《应当充分地批判地利用文化遗产》,《毛泽东文集》第8卷,第225页。
③ 习近平:《在中共中央政治局第八次集体学习时的讲话》(2018年9月21日),新华网,http://www.xinhuanet.com/politics/leaders/2018-09/22/c_1123470956.htm。

了。"① 他鲜明指出："我们走中国特色社会主义道路，一定要推进马克思主义中国化。如果没有中华五千年文明，哪里有什么中国特色？如果不是中国特色，哪有我们今天这么成功的中国特色社会主义道路？我们要特别重视挖掘中华五千年文明中的精华，弘扬优秀传统文化，把其中的精华同马克思主义立场观点方法结合起来，坚定不移走中国特色社会主义道路。"②

延安时期以来，毛泽东对"内容+形式"的马克思主义中国化理论框架始终不甚满意，力图有所突破，但受列宁、斯大林理论影响太大，对中国方法论的理论探索受限明显。"马克思主义传入中国后，科学社会主义的主张受到中国人民热烈欢迎，并最终扎根中国大地、开花结果，决不是偶然的，而是同我国传承了几千年的优秀历史文化和广大人民日用而不觉的价值观念融通的。"③ 进入新时代，习近平承继传统继续探索，带头从理论上破题，试图超越"内容+形式"理论模式。由此提出中华文明不仅是民族形式，亦是内容本身，是文化基因，不论过去还是现在，都有其鲜明的民族特色，都有其永不褪色的时代价值。早在2003年浙江省委工作期间，习近平在一次省委全会的插话中就

---

① 习近平：《在广东考察工作时的讲话》(2012年12月7日至11日)，载《习近平关于实现中华民族伟大复兴的中国梦论述摘编》，中央文献出版社，2013年，第33页。

② 《习近平考察朱熹园谈文化自信：没有中华五千年文明，哪有我们今天的成功道路》，中国政府网，http://www.gov.cn/xinwen/2021-03/23/content_5595049.htm

③ 习近平：《坚持和完善中国特色社会主义制度推进国家治理体系和治理能力现代化》(2019年10月31日)，《求是》2020年第1期。

已鲜明提出"文化基因"之概念①。党的十八大以来，习近平明确提出"文化基因论"②，彰显了马克思主义真正与中国历史、中国文化的深相结合。2013年12月习近平在中央政治局第十二次集体学习时指出："在5000多年文明发展进程中，中华民族创造了博大精深的灿烂文化，要使中华民族最基本的文化基因与当代文化相适应、与现代社会相协调，以人们喜闻乐见、具有广泛参与性的方式推广开来，把跨越时空、超越国度、富有永恒魅力、具有当代价值的文化精神弘扬起来。"③这是笔者目前所查到的习近平首次提及文化基因，他并明确指出中华文明就是中华民族最基本的文化基因，之后在多个重要场合反复提及。2014年10月习近平在中央政治局第十八次集体学习时指出："中华传统文化源远流长、博大精深，……其中最核心的内容已经成为中华民

---

① 习近平：《干在实处，走在前列》，中共中央党校出版社，2006年，第316页。

② 冯友兰晚年与人谈话时亦谈及中华文化基因问题："建设有中国特色的社会主义，这是党中央提出的战略目标。为什么要具有中国特色呢？这并不仅仅是出于中国人的爱国主义愿望，而是在中国这个历史条件下，社会内在发展的客观要求。这也不是哪几个人的主观想象，而是一种历史发展的必然结果。这就像人的肤色，不是一种外在的颜色，可以随心所欲地涂上的。这是由各人不同的生理构造、遗传基因所决定的。……中国古典哲学也将成为具有中国特色的社会主义精神文明的一个来源。虽然我们有了马克思主义毛泽东思想的指导，但是还得随历史的发展而发展。而在这个发展过程中，切不可忽视中国传统文化，尤其是中国古典哲学的影响。"见魏承思《访三松堂主冯友兰》，《南方人物周刊》2013年第26期。

③ 习近平：《在中共中央政治局第十二次集体学习时的讲话》（2013年12月30日），人民网，http://cpc.people.com.cn/n/2014/0101/c64094-23995307.html。

族最基本的文化基因。"①2015年10月习近平在文艺工作座谈会上指出:"我们要坚守中华文化立场、传承中华文化基因。"②2017年12月习近平在中国共产党与世界政党高层对话会上的主旨讲话中指出:"回顾历史,支撑我们这个古老民族走到今天的,支撑5000多年中华文明延绵至今的,是植根于中华民族血脉深处的文化基因。"③并在2020年9月22日的教育文化卫生体育领域专家代表座谈会上特别明确强调:"要深入研究中华文明、中华文化的起源和特质,形成较为完整的中国文化基因的理念体系。"④由此可见,在习近平看来,中华文明所蕴含的基本价值与精神道统,跨越时空、超越国界、富有永恒魅力、具有当代价值,已经与中华民族血肉相连、水乳交融,不论过去还是现在,都有其永不褪色的价值。

之所以罗列出关于"文化基因"的重要论述,目的在于强调习近平高度重视马克思主义与中华文化之关系问题,这关涉到马克思主义中国化能否彻底完成理论建构的方法论。马克思主义中国化之历史进程是一个双向互融的过程,并不仅仅是马克思主义

---

① 习近平:《解决中国的问题只能在中国大地上探寻适合自己的道路和办法》,新华网,http://www.xinhuanet.com/politics/2014-10/13/c_1112807354.htm。
② 习近平:《在文艺工作座谈会上的讲话》(2015年10月14日),新华网,http://www.xinhuanet.com/politics/2015-10/14/c_1116825558.htm。
③ 习近平:《携手建设更加美好的世界——在中国共产党与世界政党高层对话会上的主旨讲话》(2017年12月1日),新华网,http://www.xinhuanet.com//world/2017-12/01/c_1122045658.htm。
④ 习近平:《在教育文化卫生体育领域专家代表座谈会上的讲话》,新华网,http://www.xinhuanet.com/politics/leaders/2020-09/22/c_1126527570.htm。

作为内容与中华文明作为形式这样一种"内容+形式"的理论结构,其中既有马克思主义"化"中国,亦有中国"化"马克思主义,互化互融。一方面,马克思主义通过指导实践极大改变中国社会,并且改造提升了中华文明。一方面,马克思主义运用于中国亦要顾及国情,中华文明本身有其"放之四海而皆准"的价值原则与民族特点,即中华民族的文化基因,有中国方法论的意义。两者之结合,是一种既有马克思主义指导又有中华文化立场的一种新型的理论建构。正如习近平所言:"中国特色社会主义,是科学社会主义理论逻辑和中国社会发展历史逻辑的辩证统一。"①这即明确指出马克思主义中国化的最新理论成果是"两个逻辑"的辩证统一,鲜明强调中国逻辑是与马克思主义逻辑并列的逻辑之一,亦即中国逻辑独立于马克思主义逻辑的普遍性。就此而言的马克思主义中国化,中华文明在其中就不仅仅是一种民族形式,仅仅是为马克思主义内容服务,他本身亦是一种中华民族与生俱来的文化基因,只要是中国人在中国大地上运用马克思主义,就必然与生俱来传承这种文化基因,本身亦是作为基本内容之一,与作为内容的马克思主义一道,互相融合,锻造为适合中国国情的新型理论形态。"马克思主义进入中国,既引发了中华文明深刻变革,也走过了一个逐步中国化的过程。"②否则,马

---

① 习近平:《关于坚持和发展中国特色社会主义的几个问题》,《求是》2019年第7期。
② 习近平:《在哲学社会科学工作座谈会上的讲话》(2016年5月17日),新华网,http://www.xinhuanet.com//politics/2016-05/18/c_1118891128_2.htm。

克思主义中国化就不会有其蓬勃旺盛的生命力。习近平的文化基因论，超越了马克思主义，是内容、酒，而中华文化是形式、水的关系，真正实现马克思主义与中华文化，内容与内容，酒与酒的深度融合。由此，马克思主义与中华文化形成一个辩证交融过程，建构起新时代马克思主义中国化的理论新形态，对推进马克思主义中国化具有原创性贡献。

"不忘历史才能开辟未来，善于继承才能善于创新。只有坚持从历史走向未来，从延续民族文化血脉中开拓前进，我们才能做好今天的事业。"[1] 中国共产党从成立之日起，既是中国先进文化的积极引领者和践行者，又是中华优秀传统文化的忠实传承者和弘扬者。延安时期，毛泽东就强调中国共产党人是马克思主义的历史主义者，非常重视继承从孔夫子到孙中山的文化遗产，可以说这是我们党的第一次文化自觉。但迫于当时及建政后的国内外形势，这些都做得不够充分，不够彻底。改革开放后，虽也强调物质文明与精神文明两手抓、两手硬，但历史赋予的中心任务的确是经济建设。正如胡乔木所言："延安时期毛泽东同志提出要有计划地研究中国的历史文化，但没有完成。我们不能责备前人，因为那时没有这样的条件。全国解放后，虽然有了条件，但很可惜，应该做的努力做得很差。没有集中很大的力量来做深

---

[1] 习近平：《在纪念孔子诞辰2565周年国际学术研讨会暨国际儒学联合会第五届会员大会开幕会上的讲话》，人民网，http://politics.people.com.cn/n/2014/0924/c1001-25726389.html。

入的探讨工作,这有待于今后,还有很长的路要走。"①到了新时代,习近平站在文明复兴的战略高度,提出了文化自信的重要论述,从容地展示一个大党、一个大国、一个民族的历史观、文化观。"文化是一个国家、一个民族的灵魂。历史和现实都表明,一个抛弃了或者背叛了自己历史文化的民族,不仅不可能发展起来,而且很可能上演一幕幕历史悲剧。文化自信,是更基础、更广泛、更深厚的自信,是更基本、更深沉、更持久的力量。坚定文化自信,是事关国运兴衰、事关文化安全、事关民族精神独立性的大问题。"②由此,重新审视作为文化基因的中华文明,集中展示一个大党、大国的文化担当,完成历史与时代赋予中国共产党人的文化使命。

当然,这里必须说明的是,以中国为中心,以中国为方法,并非盲目自信,再一次闭关自守,主动与世隔绝。新世纪特别是近一段时间以来,逆全球化暗流涌动,但中国不会关闭开放的大门,反而只会越开越大!无论对于数千年的中华文明,还是面对先进的西方,今日之中国都能以一种理性平和的心态,展示一种大国的从容自信。回顾百余年中国历史发展的思想脉络,的确中国旧有的思想武器有些太过陈旧,已明显落后于工业革命后的世界潮流,虽然自鸦片战争以来效法西方的历次运动,都是以西方

---

① 胡乔木:《党史研究中的两个重要理论问题》,载《胡乔木谈中共党史》,人民出版社,2015年,第231页。
② 习近平:《在中国文联十大、中国作协九大开幕式上的讲话》(2016年11月30日),新华网,http://www.xinhuanet.com/politics/2016-11/30/c_1120025319.htm。

为方法，甚至出现极端的全盘西化派、全盘苏化派，但这却是一个后发现代性国家在追赶时代潮流路上之必然。有学者把这种以西方为中心的态度称为"答辩"心态："在今天，我们还不能说已经完全摆脱19世纪留下来的这种'答辩'心态。我们现在已经逐渐能够用西方自己讲的道理来批评西方国家，但还是不太敢自己主动提议建立新规则。"①作为帝国主义者的西方，近代以来的肆意侵略的确给中华民族和中国人民带来了太多苦难，但作为工业革命后代表先进生产力的西方亦让中国人开了眼界，引进其先进的方法亦让中国大踏步地追赶上了时代。特别是作为生长于西方内部，又对西方资本主义具有强烈批评精神的马克思主义的思想方法，一经被中国人所学习掌握，中国人在精神上变被动为主动，中国面貌从此焕然一新。经过近代以来先进的中国人，特别是中国共产党从毛泽东到习近平的持续努力探索，历经黑格尔辩证法式的"正反合"，力图回归以中国为中心，以中国为方法。

但这次回归，并非鸦片战争前传统夷夏观念式的以中国为中心，以中国为方法，而是如凤凰涅槃，在文化自信丧失百余年后，中国主体性与中国精神价值之重塑。无论是作为中心的中国，还是作为方法的中国，都并非狭隘地域性、传统守旧型或者民族主义意义上的中国，而是一个历经百余年现代化洗礼的，饱经帝国主义侵略与内战的求生存图复兴的更具包容性的中国，深知中国的发展进步离不开世界，既不能盲目复古又不会愚昧排

---

① 章永乐：《今天谈戊戌变法，我们在反思什么》，载《东方学刊》2018年第2期。

外,必须以我为主兼收并蓄,"以马克思主义为指导,坚守中华文化立场"①,坚持古为今用洋为中用,不忘本来,吸收外来,面向未来。中国道路并非无中生有,亦非如孙悟空那样从石头中突然蹦出,而是把其重新置于古今中西文明史视域下,进行客观理性的自我审视,这样对中国道路的理解才更加丰富深刻,对中国道路的未来发展才更有信心!正如有学者所言:"我不认为我们有一条只是中国能够走出来的路,中国真能走出来的一条路,一定是世界人类都能够接受的路,我们现在要走出的路应该是未来人类共同需要的一条路。"②以中国为中心,以中国为方法,这是中华民族在历经百年文化悲情后的文明自觉与文化自信,更是中国主体精神之重塑与回归,具有中国道路的方法论意义,并力图迈向原理的创造,实现人类文明之更新。

---

① 习近平:《决胜全面建成小康社会 夺取新时代中国特色社会主义伟大胜利——在中国共产党第十九次全国代表大会上的报告》(2017年10月18日),人民出版社,2017年,第41页。

② 杜维明:《我们需要自由,也需要正义》,澎湃新闻,https://www.thepaper.cn/newsDetail_forward_1397401。

后　记

一

最近几年比较关注马克思主义中国化问题，主要是从中国近现代思想史的研究视角进入，中国革命和中国道路自然就是其中需要思考的重要问题。中国革命之所以能够"柳岸花明又一村"，中国道路之所以能够"踏平坎坷成大道"，马克思主义之所以能够"从欧洲形式变为中国形式"，其中之关键在于中国共产党把马克思主义基本原理同中国具体实际相结合、同中华优秀传统文化相结合，即"两个结合"，赋予中国道路以革命之现实性和文明之主体性。中国共产党所领导的中国革命、所开辟的中国道路，是在我国历史传承、文化传统、经济社会发展的基础上长期发展、渐进改进、内生性演化的结果，是在马克思主义指导下走出来的，也是从五千多年中华文明史中走出来的，与中国文化密不可分，中华文明就是其内在的基因密码。这即决定了不能把中国视为西方现代化理论视野中的近现代民族国家，而只有立足波澜壮阔的中华五千多年文明史，才能真正读懂中国，才能真正理解中国道路的历史必然、文明内涵与独特优势。在中国近代以来独特的社会政治语境中，文明与革命、道路有一种内生性的逻辑关系，马克思主义中国化有其深刻的内在道理。

本书内容主要就是围绕文明、革命与道路问题的思考，主要是从早期思想格义、经史关系、社会主义启蒙叙事、梁漱溟的中国道路探索，以及中国道路的方法论等方面系统展开。其中部分章节已公开发表在《开放时代》《文史哲》等刊物上。刊发时文章的篇幅都较长，如《"六经皆史"与马克思主义中国化——经史观及其方法论启示》就有4万字之多，《中国语境的社会主义启蒙叙事》亦有3万余字，在版面如此紧张的年代，这些在学术界有重要思想引领力的刊物能拿出如此众多版面刊发拙文，实属是对一位初出茅庐的青年学者的提携眷顾，这是我时常感念于心的。在书稿相关章节写作过程中，亦得到众多前辈师友的悉心指教提携，这亦是学术之路上的幸运。同时，也要感谢学校和文史部提供了一个让人安心读书思考写作的办公环境，顿觉是对青年教师的特殊关照。最后，衷心感谢广西师范大学出版社社科分社刘隆进社长和责任编辑梁嗣辰先生为本书出版所付出的辛勤工作。

一切的感谢，都发自肺腑。唯有常怀一颗向上向善的初心，在学术之路上继续砥砺前行，以此回报师友的眷顾与提携。

二〇二三年七月十二日
浙江嘉兴南湖畔

"大学问"是广西师范大学出版社旗下的学术图书出版品牌。品牌以"始于问而终于明"为理念,以"守望学术的视界"为宗旨,致力于原创+引进的人文社会科学领域的学术图书出版。倡导以问题意识为核心,弘扬学术情怀、人文精神和探究意识,展现学术的时代性、思想性和思辨色彩。

截至目前,大学问品牌已推出《现代中国的形成(1600—1949)》《中华帝国晚期的性、法律与社会》等70多种图书,涵盖思想、文化、历史、政治、法学、社会、经济等人文社会科学领域的学术作品,力图在普及大众的同时,保证其文化内蕴。

"大学问"品牌书目

大学问·学术名家作品系列
朱孝远《学史之道》
朱孝远《宗教改革与德国近代化道路》
池田知久《问道:〈老子〉思想细读》
赵冬梅《大宋之变,1063—1086》
黄宗智《中国的新型正义体系:实践与理论》
黄宗智《中国的新型小农经济:实践与理论》
黄宗智《中国的新型非正规经济:实践与理论》
夏明方《文明的"双相":灾害与历史的缠绕》
王向远《宏观比较文学19讲》
张闻玉《铜器历日研究》
张闻玉《西周王年论稿》
谢天佑《专制主义统治下的臣民心理》
王向远《比较文学系谱学》
王向远《比较文学构造论》
刘彦君 廖奔《中外戏剧史(第三版)》
干春松《儒学的近代转型》
王瑞来《士人走向民间:宋元变革与社会转型》

大学问·国文名师课系列
龚鹏程《文心雕龙讲记》
张闻玉《古代天文历法讲座》
刘强《四书通讲》

刘强《论语新识》
王兆鹏《唐宋词小讲》
徐晋如《国文课：中国文脉十五讲》
胡大雷《岁月忽已晚：古诗十九首里的东汉世情》

大学问·明清以来文史研究系列
周绚隆《易代：侯岐曾和他的亲友们（修订本）》
巫仁恕《劫后"天堂"：抗战沦陷后的苏州城市生活》
台静农《亡明讲史》
张艺曦《结社的艺术：16—18世纪东亚世界的文人社集》
何冠彪《生与死：明季士大夫的抉择》
李孝悌《恋恋红尘：明清江南的城市、欲望和生活》
孙竞昊《经营地方：明清时期济宁的士绅与社会》

大学问·哲思系列
罗伯特·S.韦斯特曼《哥白尼问题：占星预言、怀疑主义与天体秩序（上）》
罗伯特·斯腾恩《黑格尔的〈精神现象学〉》
A.D.史密斯《胡塞尔与〈笛卡尔式的沉思〉》
约翰·利皮特《克尔凯郭尔的〈恐惧与颤栗〉》
迈克尔·莫里斯《维特根斯坦与〈逻辑哲学论〉》
M.麦金《维特根斯坦的〈哲学研究〉》
G·哈特费尔德《笛卡尔的〈第一哲学的沉思〉》
罗杰·F.库克《后电影视觉：运动影像媒介与观众的共同进化》

大学问·名人传记与思想系列
孙德鹏《乡下人：沈从文与近代中国（1902—1947）》
黄克武《笔醒山河：中国近代启蒙人严复》
黄克武《文字奇功：梁启超与中国学术思想的现代诠释》
王锐《革命儒生：章太炎传》
保罗·约翰逊《苏格拉底：我们的同时代人》
方志远《何处不归鸿：苏轼传》

大学问·实践社会科学系列
胡宗绮《意欲何为：清代以来刑事法律中的意图谱系》
黄宗智《实践社会科学研究指南》

黄宗智《国家与社会的二元合一》
黄宗智《华北的小农经济与社会变迁》
黄宗智《长江三角洲的小农家庭与乡村发展》
白德瑞《爪牙：清代县衙的书吏与差役》
赵刘洋《妇女、家庭与法律实践：清代以来的法律社会史》
李怀印《现代中国的形成（1600—1949）》
苏成捷《中华帝国晚期的性、法律与社会》
黄宗智《实践社会科学的方法、理论与前瞻》
黄宗智　周黎安《黄宗智对话周黎安：实践社会科学》

大学问·雅理系列
拉里·西登托普《发明个体：人在古典时代与中世纪的地位》
玛吉·伯格等《慢教授》
菲利普·范·帕里斯等《全民基本收入：实现自由社会与健全经济的方案》
田雷《继往以为序章：中国宪法的制度展开》
寺田浩明《清代传统法秩序》

大学问·桂子山史学丛书
张固也《先秦诸子与简帛研究》
田彤《生产关系、社会结构与阶级：民国时期劳资关系研究》
承红磊《"社会"的发现：晚清民初"社会"概念研究》

其他重点单品
郑荣华《城市的兴衰：基于经济、社会、制度的逻辑》
王锐《中国现代思想史十讲》
简·赫斯菲尔德《十扇窗：伟大的诗歌如何改变世界》
北鬼三郎《大清宪法案》
屈小玲《晚清西南社会与近代变迁：法国人来华考察笔记研究（1892—1910）》
徐鼎鼎《春秋时期齐、卫、晋、秦交通路线考论》
苏俊林《身份与秩序：走马楼吴简中的孙吴基层社会》
周玉波《庶民之声：近现代民歌与社会文化嬗递》
蔡万进等《里耶秦简编年考证（第一卷）》
张城《文明与革命：中国道路的内生性逻辑》